COLLECTION TEL

Henri Fluchère

Shakespeare, dramaturge élisabéthain

Gallimard

A YVONNE,

qui m'a été arrachée pendant la correction des épreuves, et qui souhaitait si ardemment l'achèvement de ce livre.

10 août 1947.

About any one so great as Shakespeare, it is probable that we can never be right ; and if we can never be right, it is better that we should from time to time change our way of being wrong.

T. S. ELIOT.

PRÉFACE

Il m'est apparu que cet ouvrage pouvait encore rendre quelque service à tout lecteur de Shakespeare soucieux d'aller un peu au-delà du sens littéral. On y trouvera quelques points de vue toujours valables malgré le quart de siècle écoulé depuis sa composition. C'est qu'à l'époque où il parut il pouvait faire figure de précurseur, puisque les commentaires qui entouraient l'œuvre de Shakespeare n'avaient pas encore été développés sous cette forme, en France du moins. Ma science (modeste) me venait de mon séjour à l'Université de Cambridge, où le docteur F. R. Leavis, qui commençait à peine un enseignement de la littérature promis à une influence extraordinaire, m'ouvrait les voies royales de la poésie anglaise et quelques autres...

Depuis, tant de choses ont été dites, et écrites, sur Shakespeare, surtout ces dernières années, qu'on éprouve (peut-être) quelque soulagement à revenir à ses anciennes amours. Il n'était pas encore question, dans les années où les pages qui suivent faisaient le fond de mon enseignement à la Faculté des Lettres d'Aix, d'un Skakespeare existentialiste ni marxiste. Mais déjà le contexte historique avait toute sa valeur, et le problème de l'angoisse, et celui de l'absurde, tout leur poids. Le Shakespeare ici évoqué, et qui fut mon « contemporain », l'est toujours par bien des côtés. Il n'est que de poursuivre la méditation commencée avec ce petit livre, qui va maintenant trouver d'autres lecteurs.

H. F.

Sainte-Tulle, le 5 février 1966.

AVANT-PROPOS

Le lecteur pourra s'étonner de ne trouver dans cet ouvrage aucune biographie de Shakespeare, hypothétique ou traditionnelle, étayée sur les derniers documents accessibles au chercheur. Aucune discussion non plus sur le « mystère shakespearien », aucun examen des droits respectifs des six ou sept candidats (malheureux) à l'honneur d'avoir produit l'œuvre du grand dramaturge.

Nous prenons le théâtre de Shakespeare tel qu'il se présente, suivant les canons établis par les érudits anglais, sans vouloir davantage y découvrir « la clé du cœur de Shakespeare », et nous l'examinons du simple point de vue critique et esthétique, après avoir essayé de le situer dans le cadre de l'époque où il a été écrit et joué.

C'est dire que l'œuvre seule nous intéresse, et non les faits et gestes — aussi circonstanciés soient-ils — de l'homme, reconstitués suivant des méthodes qui vont de l'érudition la plus patiente à la logique incertaine de théories attrayantes. Nous n'avons ni la compétence des érudits, ni l'ambition de l'historien, ni le goût des « découvertes sensationnelles ». L'homme et son mystère ont trop longtemps rélégué l'œuvre au second plan et détourné l'attention du fait infiniment plus important qu'elle est grande et qu'elle est belle, et qu'il doit y avoir des raisons valables pour faire de Hamlet *ou de* La Tempête *des pièces que l'on s'accorde à désigner comme des sommets de l'esprit humain. Nous croyons que la tâche du critique est avant tout de chercher les raisons de cette beauté et de cette grandeur, d'explorer les richesses qu'elles contiennent, de justifier aux yeux du lecteur contemporain le sens profond de cette permanence et de cette universalité.*

Une pareille entreprise, de la part d'un Français, serait bien prétentieuse, si elle prétendait négliger les indications véritablement exaltantes de la critique anglaise de ces quelque vingt-cinq dernières années. Je rends hommage à des hommes aussi divers que T. S. Eliot, Dover Wilson, Granville-Barker, F. R. Leavis, L. C. Knights ou Wilson Knight, pour n'en citer que quelques-uns, dont les travaux pénétrants et les analyses lucides m'ont constamment montré le chemin. Je voudrais que ma tentative fût, pour le lettré français, une incitation à aller puiser dans leurs œuvres la joie plus complète d'une investigation bien menée, à travers le dédale complexe des personnages et des thèmes, pour ensuite relire Shakespeare à la clarté des multiples révélations qu'elles contiennent, et jouir plus profondément de sa poésie.

L'ouvrage qui suit ne se présente donc pas comme une étude exhaustive. Les lacunes y sont nombreuses [1] *et l'appareil critique sans prétention. Il m'a fallu trop souvent omettre ou négliger des points importants et, bien à regret, tourner court* [2]*. C'est plutôt en fonction d'une attitude nouvelle qu'il faut le juger, en fonction des voies qu'il veut frayer, plutôt que de la somme des résultats acquis. C'est un départ, et non un aboutissement ; une « présentation », et non un livre achevé : pour tout dire,*

1. De la production proprement poétique, par exemple, et des *Sonnets* en particulier, il n'est rien dit ici, l'auteur se proposant, dans un ouvrage ultérieur, d'étudier les correspondances des thèmes qui en constituent l'armature avec ceux de l'œuvre dramatique.

2. Notamment pour les pièces de la fin, qui sont parmi les plus belles, les plus complexes, et que je n'ai sacrifiées dans ma conclusion que pour les reprendre plus complètement.

comme une préface aux développements futurs que j'espère pouvoir donner à cet ouvrage dont il faut que je me délivre aujourd'hui. Je crois devoir ajouter, en effet, que les idées qu'on y trouvera ont fait la base de mon enseignement à la Faculté des Lettres d'Aix pendant les années d'occupation.

H. F.

Oxford, mars 1947.

PREMIÈRE PARTIE

L'ESPRIT

O what a world of profit and delight,
Of power, of honour, of omnipotence...

DOCTOR FAUSTUS.

I

De toute évidence, l'expression dramatique, entre toutes les fonctions artistiques du langage, est la plus directe et la plus vivante. C'est elle aussi qui a dû se plier aux exigences formelles les plus rigoureuses. On n'a jamais tant parlé de règles qu'au théâtre, et nos classiques ont beau affirmer que « la seule règle est de plaire », il n'en est point qui ait osé tenter de plaire en dehors des règles. Toute l'optique dramatique française est régentée par la séparation des genres et la règle des trois unités, et l'insurrection romantique elle-même n'a de sens que contre cette loi. Il ne s'agissait pourtant que d'un cadre, et non d'un contenu ; que d'un moule, et non d'une substance. Mais ce cadre et ce moule étaient si austères et si rigides qu'à les briser il semblait qu'on modifiât la substance et le contenu. La vertu du drame, ou de la tragédie, repose dans la pâte, et non dans la boiserie : voilà ce qu'on a mis si longtemps à comprendre. La vérité était si simple qu'elle aveuglait sans éclairer. Il suffisait de se rendre compte que l'œuvre dramatique est portée par des mots, *relève de la fonction du langage*, et n'est rien d'autre, si elle doit être quelque chose, que l'expression esthétique d'une expérience de l'homme à une époque de son histoire.

Le héros parle. Il parle avec des mots : voilà la grande vérité salutaire, qui, seule, pourra nous tirer de l'impasse.

La fonction du critique, qui consiste à définir ce qu'il est par ce qu'il dit, consiste donc à examiner comment il parle, et si le langage dont il use convient à l'expression de ses émotions dans une situation donnée.

Toute forme d'art qui ne peut pas nous renseigner sur un état de la conscience humaine — que ce soit émotion, sentiment, pensée — ne remplit pas son objet. A travers le drame, œuvre d'art, il faut pouvoir discerner le drame de l'homme tout court. Mais ce drame de l'homme n'atteint son sens profond et ne revêt sa signification réelle que s'il s'exprime par l'œuvre d'art — l'expression esthétique et l'expression dramatique ne sauraient aller que de concert, que fusionner en une unité indissoluble et n'avoir de valeur que l'une avec l'autre, l'une par l'autre, si bien que l'analyse qui les dissocie n'est qu'un artifice du critique qui s'efforce à les mieux comprendre et à expliquer son plaisir.

Si donc l'on entreprend de juger d'une pièce de théâtre par l'étude de l'action, des caractères, du style séparément, de sa portée humaine ensuite, et de sa « philosophie », ce ne doit être que pour être plus à l'aise pour juger de son effet total, et sans jamais oublier qu'elle n'est rien d'autre qu'un certain arrangement de mots, unique et inimitable, et que c'est cet arrangement de mots qui, en définitive, produit cet effet total.

Je crois que nous nous faisons depuis longtemps de Shakespeare une image conventionnelle pour n'avoir pas su, ou pas voulu (ou peut-être pas pu!) reconnaître cette très simple vérité.

Les raisons que nous avons eues de l'admirer, de le tenir en méfiance, ou même de le détester [1] ont fluctué suivant le temps, suivant le degré de culture ou de luci-

1. Voltaire (la remarque vaut la peine d'être faite), après avoir été le « découvreur » de Shakespeare, a violemment attaqué son premier traducteur.

dité de la pensée critique, il est vrai. On l'a aimé pour sa « nouveauté », la liberté de son théâtre, la diversité de ses personnages, la hardiesse de son style, la magie de sa poésie. On l'a détesté pour les mêmes raisons, sous le prétexte d'exagération forcenée. Chaque génération apporte avec soi des esthétiques nouvelles, et révise la conception du goût de celle qui l'a précédée. Ainsi les chefs-d'œuvre du passé se contemplent dans les miroirs déformants des siècles, et d'image à image, se font des sourires souvent attristés. Car il est rare que le critique dise la chose juste pour la bonne raison. Suivant qu'on met l'accent sur tel point ou sur tel autre, on aborde la vérité ou l'on passe à côté d'elle. Et même si l'on a pris soin de replacer l'œuvre dans son temps, essayé de retrouver les conditions qui l'ont fait naître, et lui ont donné son visage.

Toutefois, il n'est pas interdit de croire à une certaine constante de l'art, non plus qu'à une certaine stabilité de ses divers moyens d'expression. Cette constante serait, si l'on veut, l'expression d'une expérience humaine réfractée à travers le prisme de la beauté ; cette stabilité trouverait son explication, et sans doute sa justification, dans l'obéissance instinctive à des conventions formelles valables pour une époque donnée. Le produit achevé témoignerait d'un équilibre parfait entre la conception du beau et les conventions d'expression. Les techniques parfois se survivent, même lorsque l'époque suivante les comprend mal, ou ne les comprend plus du tout ; d'autres, aussi bien, peuvent être complètement oubliées, et, dès lors, le jugement critique se trouve faussé d'avance aussi complètement. Ceci est singulièrement vrai, je le crois, pour l'expression dramatique, où, par on ne sait quel prestige, accru par les préjugés, la crédulité, l'habitude et le manque d'imagination, certaines techniques continuent de régenter, sinon le créateur, du moins le critique, avec une autorité que la vieillesse rend de plus en plus desséchante.

Nos habitudes critiques envers Shakespeare sont assez fâcheuses, c'est le moins que l'on puisse dire. Depuis « *les perles dans le fumier* » de Voltaire, nous n'avons pas cessé de le considérer comme un génie déréglé, bizarre, hors du commun. Il échappe à notre norme, il choque notre esprit cartésien et révulse parfois notre goût. Les romantiques ont jeté ses outrances à la barbe des classiques comme on fait une bonne plaisanterie. Mais les classiques n'ont pas pardonné, même lorsqu'ils sont revenus à de meilleurs sentiments. La « shakespearolâtrie » est toujours suspecte de quelque loufoquerie. La forme la plus basse de cette attitude est révélée par le « *à la manière de...* » — « *jeu de mots intraduisible en français* ». La forme la plus haute de l'admiration, par des essais d'un lyrisme inspiré, genre André Suarès. Mais de critique digne de ce nom, j'en vois fort peu. Seuls quelques spécialistes ont pu y atteindre, et le bon Taine lui-même fonce joyeusement dans l'erreur, si entraînante soit sa verve et si sympathiques ses intentions.

Les raisons de cette attitude française envers Shakespeare, dont l'essai de Louis Gillet représente le dernier mot de vulgarisation distinguée, et celui de Léon Lemonnier le dernier cri de l'orthodoxie diligente et romancée, ne sont pas seulement que les Anglais eux-mêmes nous ont montré la voie, ni que notre classicisme invétéré fait la moue devant ce qui cherche son salut en dehors de ses règles, mais sans doute que le plus grand mérite de Shakespeare, à savoir l'utilisation qu'il fait de la langue anglaise, ou bien a dépassé notre pouvoir d'appréciation, ou bien n'a pas reçu de nous une suffisante attention.

A défaut de cet exercice critique qui consiste précisément à étudier l'appareil du langage, nous avons cherché à saisir et à définir Shakespeare par ses attributs extérieurs, par ses apparences, ses excroissances ou ses monstruosités. Son prestige s'est d'abord élevé contre quelque chose qui nous était cher. On en a fait un drapeau, un symbole, presque un mythe. La liberté shakespearienne s'est opposée à la contrainte classique, la variété de ses personnages à l'uniformité des nôtres, le soi-disant « réalisme » de son style au dépouillement de nos meilleurs auteurs, la richesse de sa « pensée » à l'indifférence philosophique des tragiques du grand siècle. D'où, ce Shakespeare « romantique », créateur de personnages inimitables, poète lyrique et grand philosophe.

Tous ces poncifs ne résistent plus à l'examen : voilà ce que je voudrais établir, même si une telle entreprise doit faire sourire certains. Il me semble que la critique française se doit désormais de faire état de l'avancement des études shakespeariennes en Angleterre depuis un quart de siècle environ — avancement décisif, nouvelle étape dans la connaissance du plus grand dramaturge et du plus grand poète des temps modernes.

Dire que Shakespeare est « romantique » est aussi dépourvu de signification profonde que de parler du « romantisme des classiques ». Ce sont là des analogies verbales creuses, que la paresse intellectuelle ou le mal d'érudition suffisent à peine à justifier. Le théâtre « romantique » ne ressemble pas plus à celui de Shakespeare que, par exemple, les poèmes de Sully Prudhomme ne ressemblent à la *Divine Comédie.* Mais, dira-t-on, Shakespeare ne respectait pas les trois unités, les romantiques non plus ; il pratique le mélange des genres, les romantiques aussi ; son style est une rhétorique poétique, celui de Victor Hugo tout pareil ; il y a des bouffons chez l'un et chez l'autre ; on y médite sur le sens de la vie et de la mort — lyrisme, violence des passions, ironie, sarcasme, etc. Tout cela est vrai, mais ces parallèles ont la substance des ombres de la caverne. Il faut nous débarrasser de cette étiquette qui trompe sur la marchandise. Le mot « romantique » a perdu toute signification concrète dès qu'il s'applique à autre chose qu'à son objet propre. On a pu le définir de cent façons différentes, et le mettre à toutes les sauces, comme les mots « poésie », « lyrisme », « réalisme », et bien d'autres, qui dissimulent mal une impuissance à préciser des notions très vagues, ou une indolence de l'esprit devant la difficulté. Il ne signifie rien d'autre, à mon sens, qu'un certain dérèglement de la sensibilité qui s'oriente vers la rêverie et cherche à toucher le lecteur par des moyens souvent frauduleux. Ou bien disons, si vous voulez, que c'est un mot quelque peu déchu. Shakespeare, Hugo, Delacroix, Wagner : tous dans le même sac... On peut y mettre aussi Villon, et la cathédrale de Chartres, Cervantès et Ignace de Loyola, les cathares et les Jacobins, l'Inquisition et Dostoiewsky... Mais cessons de plaisanter : il y a aussi loin de Shakespeare à Victor Hugo que de Racine à Maurice Donnay, que de l'époque élisabéthaine au Paris de 1830, ou enfin que de Jacques Ier à Louis-Philippe, roi des Français.

Or, l'art dramatique est vivant en ce qu'il est précisément l'expression transposée d'une époque et d'une société. Toute forme d'art valable, je le répète, et digne de ce nom, ne peut être que cela. Entre tous les instruments d'expression, le langage est le plus complet, le plus subtil, comme aussi le plus exigeant. C'est qu'il se charge, non seulement de la pensée, mais aussi de l'émotion, sous une forme qui cherche à être belle et intelligible à la fois. La tragédie n'existe qu'avec les acteurs qui la jouent et le public auquel elle est destinée. Le goût du spectacle n'est rien d'autre qu'une ardente curiosité de l'homme vis-à-vis de lui-même, de l'homme tel qu'il se connaît ou tel qu'il s'ignore, peu importe — tel qu'il est, tel qu'il pourrait être, tel qu'il devrait être. Et jamais théâtre — sauf sans doute le théâtre grec — n'a si parfaitement répondu à sa fonction que le théâtre de la Renaissance anglaise. Le théâtre élisabéthain [1] — et

1. Je désigne provisoirement sous ce terme consacré par la critique française le théâtre jacobéen aussi bien, en bref toute la production dramatique de 1580 à 1640 environ.

j'entends, bien sûr, celui de Shakespeare aussi bien — n'est pas un genre littéraire comme le drame romantique en est un, c'est la voix de toute une époque qui parle sur tous les tons et de toutes les façons possibles, qui exprime, par le truchement des personnages créés, la somme de connaissances, de préoccupations, d'émotions et d'idées qui constituaient ce qu'il est convenu d'appeler l'âme de ce temps.

Entre le dramaturge et le public, le contact s'établit par le véhicule du langage, qui porte cette âme à la connaissance et à la délectation de l'auditeur. Le contenu du drame, l'histoire, l'expérience de laquelle il découle et sur laquelle il s'établit, n'a pas, en soi, plus de valeur ou d'importance que la façon dont il est exprimé. Il n'a de valeur que par elle. Il n'y a pas de primauté de l'intrigue, ou des personnages, ou de la philosophie, ou même de la poésie ; il y a un effet total qui est produit par un heureux arrangement de tous ces éléments en un tout indivisible. Si l'on pouvait percevoir le drame en dehors de la durée — mais le peut-on pour une fugue, le peut-on pour une cathédrale dont il faut, pour le moins, faire le tour ? — on s'apercevrait de cette cohérence sur laquelle je reviendrai. Les thèmes se succèdent, s'entrecroisent, se superposent, et de là naît une harmonie majeure qui confère son originalité à la pièce. Mais tous les sujets sont bons, quels qu'ils soient, comme toutes les figures qui hantent l'imagination de l'artisan peuvent venir peupler la façade de pierre — tous, depuis les thèmes cent fois rebattus de la légende ou de l'histoire, jusqu'au fait divers exotique ou familier le plus récent. Tous les personnages sont valables, depuis le dieu, le prince, le jardinier ou le valet d'écurie, puisqu'ils font partie du monde, et qu'ils sont hommes en quelque manière, même monstres, végétaux ou anges, créatures de l'imagination ou du réel, et que leur « caractère » n'est rien d'autre que leur comportement en face de circonstances particulières. A la ménagerie, il est aussi curieux d'observer le comportement du lion que celui du dompteur. Et ce comportement lui-même, qui nourrit l'action du drame, ne se résout en gestes précis ou en actes décisifs que pour autant que le personnage a d'abord cherché par le langage la ligne d'obstacles que lui propose le réel solide autour de lui. Le langage explique, justifie, soutient et prolonge cet effort, conscience vivante et intelligible de ce qui est fait ou à faire, image de nous-mêmes, entraînés dans une action irréversible et cheminant, par l'accidentel des épisodes, vers l'irrévocable dénouement.

Le problème critique essentiel me paraît donc être, non pas le classement en genres littéraires pour la satisfaction de la critique universitaire, ni l'étude théorique des diverses formes dans lesquelles l'apport poético-dramatique a pu s'insérer, ni même l'analyse dite psychologique des personnages, qui apporte à l'esprit l'illusion de se saisir d'un réel complexe et fuyant, mais bien l'étude de l'expérience humaine réfractée à travers le drame, et façonnée par l'instrument d'expression.

Il me semble donc que l'heure est venue de cesser de romancer le théâtre, comme on a romancé la vie de Shakespeare. Ou, si on le fait, que ce soit à meilleur escient. Il ne suffit plus de déclarer que Shakespeare est un « génie universel », ou « le plus grand dramaturge de tous les temps ».

Dire que son éminence suprême consiste à créer mieux que quiconque, et en plus grand nombre que quiconque, une foule de personnages divers, c'est faire comme si on croyait que la seule tâche du dramaturge est de créer des personnages. Disserter de sa « philosophie », suivre la courbe de sa « pensée », vouloir extraire « l'homme shakespeare » de la prodigieuse accumulation de sentences disparates, vérités ici, contre-vérités ailleurs, qui grouillent dans ses pièces, c'est une entreprise également illusoire qui n'atteindra jamais qu'à une objectivité relative. Les déclamations extatiques, hétéroclites et boursouflées de Victor Hugo, les rêveries élégantes de Louis Gillet, l'éloquence nerveuse et passionnée de Taine, le lyrisme ésotérique d'André Suarès : voilà autant d'hommages qui honorent à leur façon la mémoire de Shakespeare, mais qui ne laissent pas d'inquiéter et d'irriter parfois le lecteur. On a trouvé de tout dans Shakespeare, et même davantage. On y a trouvé ce qui n'y est pas, ce qu'il n'a jamais voulu y mettre — preuve évidente de richesse. Ce serait un travail passionnant que d'inventorier les sédiments apocryphes que chaque époque et chaque école ont déposés sur le continent shakespearien — voilà un beau sujet de thèse que je propose à nos jeunes agrégés d'anglais — il conduirait à de bien curieuses constatations sur les somnolences ou les fougues de l'esprit critique le long des générations, et, sans doute, contribuerait à éclairer d'une plus vive lumière cette image protéienne de Shakespeare que l'on a jusqu'ici tenté si vainement de fixer.

II

Depuis un quart de siècle, la critique anglaise a orienté les études shakespeariennes dans un sens tout nouveau, et que l'on peut dire révolutionnaire. Là, comme ailleurs, les méthodes traditionnelles ont été abandonnées. On ne s'est plus contenté de décrire, et souvent de divaguer en décrivant, on a voulu définir par l'analyse et la recherche rationnelles, en se dégageant du passé. Il s'est fait un travail prodigieux. Les années qui se sont écoulées entre les deux guerres ont été particulièrement fécondes, et seront considérées dans l'avenir comme une époque bénie pour la critique. Le mouvement s'est même installé dans les milieux universitaires, et Cambridge, par des hommes tels que I. A. Richards, R. F. Leavis, William Empson ou L. C. Knights, se trouve à l'avant-garde du renouveau. T. S. Eliot, Middleton Murry, Lytton Strachey et même Virginia Woolf avaient déjà posé les bases de la nouvelle attitude. Des revues comme *The Criterion*, *The Athenæum*, *The Calendar of Modern Letters*, *Scrutiny*, ont répandu les idées fécondes dans les cercles intellectuels et accru l'intérêt du public pour les problèmes du langage, de l'expression poétique et plus généralement de l'œuvre écrite en tant qu'œuvre d'art. Il était naturel qu'une nouvelle « évaluation » des grandes œuvres littéraires s'appliquât également à Shakespeare, et la critique shakespearienne, qui n'avait pas fait de progrès sérieux depuis Coleridge, s'est trouvée portée en avant d'un élan prodigieux.

Je n'entends pas parler ici des recherches érudites concernant la personnalité propre de Shakespeare, le « mystère » de sa vie, ou l'authenticité de sa production. Je n'ai point de goût pour la querelle stratfordienne, et nulle envie de prendre position pour les orthodoxes ou contre eux. Je ne sais pas grand-chose d'Homère ni d'Eschyle : le peu que je sais me suffit, car l'œuvre est à la portée de ma main. Ce sont là jeux savants pour spécialistes, colonels en retraite, pasteurs épris de cryptogrammomanie, ou familiers des investigations policières. Les résultats de tant d'heures passées à scruter l'alignement typographique des premières éditions, à examiner à la loupe la broussaille des minutes de notaires ou des registres de paroisses, sont aussi décevants qu'ils sont parfois pittoresques. Certes, pour le biographe ou l'historien, la connaissance minutieuse des faits est précieuse, et sans doute est-il bon que des chercheurs se passionnent à la poursuite des menuailles dont l'assemblage, un jour, reconstituera la fresque entière d'une vie faite de couleurs fuyantes et de lignes inachevées. Ces détectives patients et tenaces ont rendu, et rendront encore, d'inestimables services, ne serait-ce que celui de soulever des problèmes. Mais ce n'est pas vers eux qu'il faut se tourner pour enrichir notre connaissance de l'œuvre.

La réaction s'est faite également contre ceux des critiques du siècle passé qui n'ont su trouver en Shakespeare qu'un splendide prétexte à littérature personnelle, et dont les romantiques, que ce soit Hazlitt, Lamb, et, plus tard, Swinburne, sont les protagonistes par excellence. Brillants écrivains à des titres divers, émouvants panégyristes, ils se sont faits les raconteurs au second degré et les peintres copistes d'une belle série d'histoires et d'une « incomparable galerie » de héros et d'héroïnes qui leur tiraient des larmes attendries. Leur attitude est celle de disciples ou d'amis, monnayant leur émotion en essais d'heureuse venue, chargés du prestige de leur nom et de leur style, et qui ont fixé pour un long temps l'attitude et les formules qu'il convenait d'adopter envers le « grand Will ». Ce faisant, ils nous renseignent plus sur leur temps, ou sur eux-mêmes, que sur Shakespeare. Mais, Coleridge mis à part, qui demeure un grand critique, la portée critique de ces essais est largement dépassée.

Reste enfin l'industrieuse cohorte universitaire, prise entre le double devoir de pédagogie et de recherche, dont les immenses travaux et les diverses initiatives sont de très inégale valeur. Le professeur peut être un historien de la littérature, un glossateur, ou un critique : fonctions bien différentes, qui peuvent s'étayer l'une l'autre, mais se confondent rarement. On a compté les mots, les images, les rimes, les rythmes, on a fouillé toutes les allusions, on a sondé toutes les sources, expliqué toutes les ambiguïtés, justifié toutes les incohérences, confronté tous les personnages de la légende ou de l'histoire avec leurs répliques shakespeariennes, désarticulé le texte, analysé la prose, scandé les vers, bref, on a si bien écartelé, pressuré Shakespeare en long et en large, on l'a si bien paraphrasé, scruté, passé au crible, aux rayons X et au sismographe qu'il n'est pas une syllabe, pas un frisson, pas une subtilité de style ou de pensée qui n'ait trouvé son détecteur et son rapporteur. Sous cette masse gigantesque de commentaires et de gloses savantes ou puériles, Shakespeare devrait être enseveli, s'il n'était pas plus vivace que tous ceux qui se sont acharnés sur lui. L'admirable vitalité de Shakespeare a bravé tous les assauts. On se fatigue plus vite des commentaires que du texte lui-même, et rares sont ceux qui consultent, par exemple, les éditions Furness. Toutefois, cet énorme apparat critique a laissé des résultats positifs. Le texte, d'abord, se trouve établi de façon quasi indiscutable. Des glossaires, des grammaires sont accessibles qui rendent aisée sa compréhension. Des ouvrages de référence précieux facilitent la tâche du lecteur. On peut faire des rapprochements, établir des comparaisons, dissiper des malentendus. Bref, on peut commencer le véritable travail critique. C'est grâce à cette somme de recherches qu'a pu s'accomplir le saisissant progrès qui nous conduit, à l'entour des années 40, à une attitude entièrement nouvelle à l'égard de la période élisabéthaine et de l'œuvre de Shakespeare, dont il est très souhaitable que la critique française fasse désormais état.

Il me semble discerner deux ou trois voies qui ont conduit aux positions présentes, dont il est possible que certains spécialistes abusent, et qui, peut-être, seront ultérieurement dépassées. Il serait absurde de prétendre qu'on a dit le dernier mot. L'esprit se cherche toujours de nouvelles raisons d'admirer, et chaque fois qu'il découvre une raison nouvelle, il croit tenir la bonne. Féconde, mais dangereuse illusion, si l'on devait s'en tenir là : c'est justement parce que l'orientation nouvelle donnée aux études shakespeariennes ouvre des horizons illimités qu'il convient de faire le point.

D'abord, les yeux se sont tournés avec une curiosité plus avertie vers les conditions historiques dans lesquelles le théâtre élisabéthain a fleuri. Le phénomène dépasse en ampleur toutes les tentatives d'expression jusqu'alors connues, le théâtre grec excepté. Il semble que le théâtre fut aussi nécessaire aux foules élisabéthaines que la course de taureaux aux foules espagnoles. A défaut de gazettes, de réunions politiques, de clubs ou autres lieux de plaisir, c'est au théâtre que la foule communiait, s'informait, s'instruisait, raillait, riait ou pleurait en commun. On venait y chercher du rêve, de la morale, de la politique, des émotions fortes, des leçons d'esprit, le spectacle de la violence comme le sens de la finesse, du sang, de la bouffonnerie, de la magie. On y retrouvait les grands noms du passé, les héros légendaires, les héros du jour, les amants, les assassins, les grotesques, qui avaient fait parler d'eux. On écoutait avec passion les joutes d'esprit, les débats politiques, les confessions machiavéliques, les cris de désespoir ou de vengeance, les aveux d'impuissance ou les professions de foi. La réceptivité de cette foule était telle qu'il faut prendre à la lettre la réflexion de Hamlet dans son fameux monologue, acte II, scène 2 :

« ... *j'ai entendu dire que des criminels, assis au théâtre ont été tellement touchés au vif de l'âme par le seul art de la pièce qu'ils ont aussitôt avoué leurs crimes publiquement* [1]. »

Le théâtre trouvait dans les conditions politiques, économiques et sociales régnantes alors son aliment naturel. Les thèmes religieux ou philosophiques le hantaient, traduits par le langage poétique des symboles ou des allégories, haussés par les situations à des hauteurs jusqu'alors insoupçonnées, et pourtant accessibles à tous. Un tel théâtre prend pour objet toute l'expérience humaine de ce temps. Il n'en offre pas une image, ou un reflet, comme le fera plus tard la comédie de mœurs de la Restauration ou le drame bourgeois du XVIIIe siècle. Il ne s'érige pas en théâtre de propagande, pour défendre des idées, mener l'assaut des abus ou prêcher la vertu sur ses tréteaux, comme le fera la pièce à thèse du XXe. Il *n'est pas* une philosophie, une morale, une doctrine sociale, mais il *tient lieu* de tout cela, parce qu'il est avant tout théâtre, et donc œuvre d'art. Ou, plus exactement, il opère, comme un catalyseur, la transmutation de la matière — pensée ou émotion — en œuvre d'art. Tout ce qui passe, sur la scène, par la bouche d'un personnage, devient *autre*. Telle est la grande règle de ce jeu.

Il n'est donc pas surprenant que l'on ait étudié avec application ce que les Anglais appellent le *background*,

1. Toutes les citations ont été traduites par l'auteur de cet ouvrage, sauf indication contraire.

la toile de fond, du théâtre élisabéthain. L'idée n'est pas neuve, certes, et, depuis Taine, bien des critiques l'ont exploitée. Mais les remarques qu'elle comporte sont soumises à la connaissance que l'on a du « milieu » et du « moment ». Or, cette connaissance est longtemps restée fragmentaire et erronée. Elle a donné lieu à des développements (qui ont entraîné des jugements) dont le moins qu'on puisse dire est qu'ils sont romanesques, et doivent plus à l'imagination qu'à un souci réel de vérité. La thèse, par exemple, que le public moyen de l'époque élisabéthaine, sans parler du populaire — ceux que l'on appelle les portefaix, les marins, les petits artisans, les apprentis, les sans-métier, bref le public des montreurs d'ours, la populace — était inculte et grossier, s'est révélée singulièrement fausse, comme en témoignent les études de Mme Q. D. Leavis, de M. L. C. Knights ou de M. Louis B. Wright [1]. Il était étrange, en effet, que ce public hétéroclite et sans culture pût s'intéresser à des œuvres dont les subtilités de langage, la profondeur de pensée, la finesse, la densité poétique et les suavités musicales s'égalent aux poèmes les plus remarquables, disons d'un Baudelaire, d'un Mallarmé ou d'un Valéry. Car c'est bien dans ces termes que le problème doit être posé. Alors que les trois poètes français que je prends pour termes de comparaison n'ont jamais songé que leurs vers pussent être lus et goûtés par le public qui fréquente la taverne ou le cirque, Shakespeare écrit pour la populace comme pour le courtisan. Ne disons pas qu'il fait alterner la farce et la haute poésie pour plaire *successivement* à la cour et au parterre — la cour, aussi bien lui réclame de la bouffonnerie, et le parterre (ces gens debout sur la terre battue et sous la pluie) goûtent, comme le familier d'Élisabeth ou de Jacques, les monologues de Hamlet, le jeu précieux de Rosalinde

1. Voir : *Fiction and the reading public*, par Q. D. Leavis, Londres, 1932

et d'Orlando, et les effusions lyriques de Roméo. Il suffit, pour chasser le dernier doute, de penser à la *qualité* des chansons parsemées dans presque toutes les pièces du temps. Non, il n'y a pas de solution de continuité, pas de rupture, entre le « public cultivé » et la populace. Ce n'est pas que celle-ci fût *instruite* au sens que nous donnons à ce mot, mais la masse illettrée n'avait pas perdu le contact avec les trésors de la culture populaire, transmis par la tradition orale, folklore, légendes, hauts faits des héros nationaux, ancien et nouveau Testament, richesses culturelles des corporations, tout ce qui passait par les ballades, les chansons, les *pageants*, les contes de bonnes femmes, les abécédaires d'école primaire, les almanachs, les sermons, les recueils de proverbes, d'anecdotes ou de plaisanteries, les livraisons bon marché. La langue parlée était savoureuse et riche, hardie, directe et imagée. Une syntaxe encore incertaine, des mots au sens variable à côté de termes concrets nuancés et précis, permettaient à l'expression d'être dense et allusive, sans qu'elle fût banale et, pour tout dire, journalistique. Cette richesse était au service d'un instinct profond de la fonction du langage, qui est avant tout d'être expressif. Instinct qui ira s'amenuisant, s'affadissant, poli par la culture dite classique, embourgeoisé par la « société », les clubs, les universités, les salons, les périodiques, les romans à gros tirage, la presse moderne enfin, et la radio (pour parcourir tout le cycle de la décadence) ; et que seuls quelques grands écrivains sauveront du désastre final. Il n'est pas sans intérêt de constater qu'à partir du XVIIIe siècle, on « *bowdlerise* »[1] Shakespeare, on traite les élisabéthains de barbares, et que, lorsqu'un grand poète romantique s'insurge contre la « diction poétique » de l'âge classique, ou plus exactement pseudo-classique, il prétend lui substituer un

1. « Bowdleriser », mot issu du nom de T. Bowdler, qui expurgea Shakespeare en 1818.

style poétique le plus proche possible de la prose — mais cette prose qu'il imagine si proche de la poésie, ou vice versa, est aussi conventionnelle dans la platitude que la diction poétique l'était dans la paraphrase, la litote, ou la métaphore.

La grande erreur de Wordsworth a été de croire précisément qu'il n'y avait pas de différence entre la poésie et la prose, ou qu'il ne devait pas y en avoir. L'intention était louable, car il s'agissait de débarrasser la poésie de sa croûte exsangue de conventions de style léguées par l'âge classique, et qui avaient fini par dessécher toute sève poétique. C'est que l'expression poétique avait été trop polie et repolie. C'est aussi qu'elle s'éloignait trop du langage parlé. La barbarie élisabéthaine n'était certes pas exempte de recherches, de préciosité, de tournures extravagantes, bref, de « conventions » — nous reviendrons sur ce point — mais ce qu'elle avait de « naturel », c'était précisément cet effort constant pour aller jusqu'au bout de son désir d'expression. Que l'esprit soit tendu vers le fin et le grossier, vers la rhétorique ou vers la musique, il faut qu'il arrive, d'une façon ou d'une autre, à épuiser son contenu, il faut qu'il fasse passer dans les mots, avec toute la passion désirable pour amener la conviction et faire naître « l'émerveillement », le frisson qui l'agite, la foi qui le soutient, la joie qui le transporte, la douleur qui le ravage. Tous les moyens sont bons, lorsque la langue est assez souple et assez riche, lorsque l'esprit est assez *alerte*, et la passion assez forte. Le public élisabéthain comprenait, et sentait, un tel langage, parce que le sien était pareillement vivant et expressif, parce que son esprit était pareillement alerte. La dignité, la *qualité* du langage poétique, n'était pas encore usée ou affadie. Les poètes, il est vrai, commençaient à glisser aux jeux, qui se révéleront si faciles et si séduisants, des suavités musicales. Qui dira jamais le bien et le mal qu'a pu faire un Spenser à la poésie anglaise ? Ce qui est terrible, c'est qu'il érige un vrai monument, un palais féerique architecturé, diapré, une interminable perspective de strophes, chacune sur le socle de son alexandrin, et que dans cette galerie des mille colonnes circulent les souffles mélodieux de toutes les consonnes assagies portées par les sœurs voyelles en ordre expressif raffiné. Il propose cette magie à l'admiration, et à l'imitation — mais voilà bien la poésie la plus morte qui soit, la plus glacée, la plus d'un monde de miroirs éteints. Spenser porte très haut le prestige de l'art verbal, il ennoblit la fonction du poète et lui donne un éclat qu'elle n'avait pas encore eu — mais il la fige et l'éloigne de la vie avec une telle application et un tel succès qu'il va rester le point de mire, le modèle inégalé, l'atelier de luxe où ses successeurs viendront admirer les joyaux et chercher les recettes de l'art majeur. Déjà cette poésie se veut poésie savante (Spenser met, ou fait mettre, des gloses à son *Calendrier du Berger*), et se veut musique, elle ne se veut plus *expression.* (Il se peut, d'ailleurs, que Spenser n'ait rien à exprimer — pas même l'amour ne l'émeut véritablement.) Elle n'a rien de dramatique ; elle n'est pas *populaire* — non pas parce qu'elle est difficile, mais parce qu'elle est froide. Il y a dans Shakespeare, et ailleurs autour de lui, des musiques aussi suaves, mais elles sont la voix de la tendresse, par exemple, ou de la pitié, ou de l'amour, ou de la simple admiration devant le beau. Elles *expriment* une émotion, elles vibrent — le public élisabéthain n'est pas sourd à ces voix, elles le font vibrer à son tour, même si le langage est « difficile » ou « barbare ».

Il y a donc, je crois, une *qualité* de ce public, comme il y a *qualité* du langage, et une *qualité* des auteurs. Cette masse était peut-être bien une aristocratie, en ce sens que sa culture avait des racines profondes plongeant dans le passé, dans la mémoire de la race, dans cet humus fertile qui est la conscience d'un peuple voué aux grandes aventures de la chair et de l'esprit. Cette conscience s'éveille et embrasse à la fois, son présent et son avenir. Elle porte à tout un vorace intérêt, et surtout à ces expériences qu'allégorisent les passions tendues vers la possession des choses — amour, ambition, patriotisme, désir de vengeance ou de conquête, la possession, le pouvoir, fût-ce dans la destruction, y compris la destruction de soi. Les auteurs le savaient bien, eux pour qui la suprême aventure était l'expression poétique, et les thèmes foisonnaient dont ils pouvaient s'emparer par le langage. Nulle subtilité comme nulle grandeur ne les arrêtait, et chaque fois c'est au bout de leur élan qu'ils vont. Nulle finesse, comme nulle verdeur. Leur champ est démesuré, et la langue est prête à tous les services. Ils se ne soucient pas de digérer la matière qu'ils offrent, et ce sont souvent des noix dures à casser. Mais le public a de bonnes dents, et sa faim est joyeuse et omnivore. D'où cette richesse de substance, ce ton épique ou suave, conquérant, insolent. Toutes les expériences sont permises, de la virtuosité à la rhétorique, de l'éloquence à la farce. Et toutes les préoccupations de l'époque sont présentes.

Ainsi, des rapports étroits se nouent entre le drame et la pensée vivante d'un peuple en attente du merveilleux poétique. Les grands changements politiques, économiques et sociaux de la fin du XVIe siècle ne sont pas exclus, et la pensée sociale en formation se fait jour à travers les œuvres de quelques-uns des plus grands dramaturges de l'époque. Les thèmes de l'ordre, de l'autorité, du pouvoir royal, de la vertu ou du machiavélisme politiques, voire de la démocratie, celui des richesses, de l'or, les thèmes dits d'acquisition, de gouvernement, ceux de la guerre ou de la paix, de la misère ou de l'opulence, les religieux, les philosophiques, les métaphysiques, les surnaturels : tout s'y trouve et s'y retrouve, mille nerfs qui donnent vie à ce grands corps pantelant. Ici, le philosophe, l'historien, l'économiste doivent venir en aide au critique littéraire, et celui-ci a dû réviser ses jugements à la lumière des découvertes de ceux-là. Les romanciers, les pamphlétaires, les mémorialistes, les prédicateurs et les moralistes du temps, consultés et étudiés de près, ont ajouté à notre connaissance directe une foule de renseignements qu'il est impossible de négliger. Peu à peu s'est ainsi composé un tableau de plus en plus complet, de plus en plus complexe, où le phénomène floraison du drame trouve sa place normale et se comprend sans difficulté. Les grands courants de la pensée, les curiosités passionnées, les appréhensions secrètes, qui ont traversé ou hanté les hommes de cette époque se lisent, non plus en filigrane dans les textes dramatiques, mais s'avèrent la force inspiratrice et tourmentée de ces œuvres. Le demi-siècle environ qui voit l'éclosion, l'épanouissement et la mort du drame (1580-1640), est une période de transition, on pourrait presque dire de révolution. Les vieilles croyances s'effritent, les anciennes valeurs s'écroulent ; un monde nouveau s'élabore lentement dans l'enthousiasme et l'angoisse, et tantôt c'est l'espoir bouillonnant, l'orgueil conquérant, l'ambition démesurée qui s'expriment, tantôt les nostalgies indicibles, les tortures agoniques de l'âme et les désespoirs souverains.

Entre la volonté de puissance qui veut affirmer son empire sur l'espace, le temps, la matière et même Dieu, et le sentiment de l'échec que les faiblesses et les contradictions de la nature humaine rendent inévitable, fût-ce à l'instant des triomphes les plus éclatants, si proche de la défaite est la victoire, s'enfle et déferle le tumultueux torrent des cris de joie et des plaintes angoissées, des éclats de rire et des appels à la révolte, des extases mélodieuses et des prophétiques effrois. Ces hommes qui entreprennent d'intruire et d'émouvoir leurs contemporains sont chargés, plus peut-être qu'en aucune autre période de l'histoire, de la nature complexe dont l'âme du temps est pétrie. Chair et sang, souffle et mouvement, ils pensent et sentent, ils espèrent et maudissent, ils ont l'allégresse et l'épouvante, comme sent et pense, jouit et souffre, cette âme qui ne s'est pas encore dissociée de la chair, mais qui déjà appréhende le schisme, la rupture entre les valeurs spirituelles qui se désagrègent et les valeurs matérielles qui s'appesantissent sur eux.

Le splendide humanisme de la fin du siècle précédent et du début du XVIe siècle (Thomas More est décapité en 1535, Erasme meurt un an plus tard, accablé par l'écroulement qu'il pressent) se disloque sous les assauts répétés de la Réforme (qui veut être une libération mais qui déchire l'unité spirituelle), des guerres de religion, des rivalités économiques naissantes, des matérialismes bientôt triomphants. Tous ont conscience, obscure ou lucide, de la révolution qui s'opère. Les plus lucides sont ceux qui ont tenté d'exprimer, sous une forme ou sous une autre, l'escroquerie spirituelle qui déjà se dessine et prend sa forme sournoise et dogmatique dans les aphorismes aigus de Bacon.

L'étude des dramaturges, si heureusement complétée par la connaissance du fait contemporain, enrichit ainsi et complète à son tour la connaissance que nous avons des faits historiques. Shakespeare, bien qu'immortel, ne se situe pas en dehors du temps : il n'est pas un jeu gratuit de la nature, un monstre solitaire, ingénieux et génial, mais il se situe très exactement entre 1590 et 1610 — il n'eût pas été Shakespeare à un autre moment de l'histoire. Ce n'est pas dire qu'il n'ait été qu'un « écho sonore », ou qu'un reflet, même plus harmonieux ou plus lumineux qu'un autre. Sa grandeur ne vient pas uniquement de ce qu'il a dépassé ses contemporains par l'originalité, la multiplicité ou la profondeur des thèmes qu'il a traités. Elle est ailleurs, comme nous le verrons plus loin. Sa gloire est précisément d'avoir été authentiquement, et magnifiquement de son temps. C'est en le replaçant dans cette époque, au milieu des courants d'idées ou d'émotions, au fil de l'esthétique qui se dégage et s'affirme, parmi les contradictions et les disjonctions qui bouleversent l'image du monde qu'on se fait alors, c'est en le situant dans cette lumière d'aurore qui se connaît crépuscule et redoute les ténèbres, en même temps qu'elle aspire aux lueurs rouges du jour nouveau, qu'il brille de tout son éclat.

Aussi suis-je peu enclin à croire que la courbe de l'œuvre de Shakespeare s'inscrit le long des seuls accidents de sa vie. Je sais qu'il est satisfaisant pour l'esprit d'imaginer cette existence avec une aube exubérante et pleine de promesses, une maturité douloureuse et déçue qui aborde enfin au havre de la sérénité. Comédies frivoles ou tragédies lyriques, drames noirs, pièces romanesques où le poète laisse la bonté, l'indulgence, le pardon, prendre le pas sur la férocité du destin. Les *Sonnets*, a-t-on dit, donnent la clé qui ouvre le cœur de Shakespeare. Mais que vient faire « le cœur de Shakespeare » dans une appréciation de son œuvre, alors qu'on discute encore sur le fait de savoir si les *Sonnets* sont l'expression tourmentée d'une douleur réelle, ou de simples exercices littéraires au goût du temps ? Toute explication biographique de cette œuvre ne peut être que conjecturale et hasardeuse, et donc ne relève que de l'imagination. L'essentiel est ailleurs. Le moindre aveu en clair, la moindre page de journal ferait bien mieux l'affaire du biographe, et quant au critique, que lui importe que la « dame brune » se soit, ou non, appelée Mary Fitton ? Le mystère n'est pas de savoir si Shakespeare a été trompé, mais pourquoi, s'il l'a été, il s'est exprimé en de tels accents. Que ne faudrait-il pas imaginer, si l'on croyait vraiment que Shakespeare a projeté dans ses drames le résultat de ses cogitations bouleversantes en rapport étroit avec une expérience personnelle, en présence de la démence frénétique de Lear, de la folie douloureuse de Hamlet, de la jalousie mortelle d'Othello, du goût du néant qui rend si amère la bouche tordue deMacbeth ? Oui, Shakespeare a été tous ses personnages, en ce sens qu'il les a créés, qu'il les a tirés du néant, leur a donné vie sur la scène, les a fait parler comme ils parleraient en face de la situation où il les place, avec le caractère qu'il leur attribue : ceci relève de l'*art*, et non de l'étude biographique de l'auteur. Shakespeare avait entrepris d'écrire des pièces, pour un public déterminé, dans une époque déterminée, et non de raconter sa vie et de livrer « son cœur ». La courbe du théâtre de Shakespeare s'inscrit bien plutôt dans la courbe des états d'âme de son temps.

III

En effet, des Elisabéthains proprement dits aux Jacobéens, dont Ford est le plus représentatif, et sans doute le plus pur, cette adhérence est remarquable entre les événements, les courants d'opinion, les états de la sensibilité contemporaine, et les thèmes traités, les sujets choisis, et l'atmosphère qui baigne la production dramatique. La critique anglaise divise sommairement en trois phases le développement de l'attitude élisabéthaine en face des problèmes que posent l'existence et le destin de l'homme à cette époque.

C'est d'abord dans la première période, âge élisabéthain proprement dit, où éclôt le drame de Greene, de Kyd, de Peele, de Marlowe et du premier Shakespeare, un culte rayonnant pour la vie, une foi solide dans les possibilités des conquêtes humaines, une exubérance de l'esprit, qui correspondent directement au mouvement ascendant d'une société en pleine prospérité. De *Tamerlan* (1587) à *Hamlet* (1601), l'Angleterre jette les bases de sa future prépondérance en écrasant la grande rivale catholique (Armada, 1588), assure provisoirement la stabilité du trône (exécution de Marie Stuart, 1587 ; d'Essex, 1601), prépare son expansion coloniale avec les Raleigh, les Drake, les Hawkins. Les corporations sont florissantes, les épices enrichissent les marchands, le mirage de Venise l'opulente devient pour la

Cité une réalité tangible. Au milieu du siècle (1556) sir Thomas Gresham avait fondé le *Royal Exchange*, et déjà la Cité était devenue si riche qu'elle avait pu, en 1588, armer à ses frais vingt navires de guerre pour lutter contre les Espagnols. La Compagnie des Marchands Aventuriers, qui dispute aux Hanséates les marchés européens depuis deux siècles et plus, triomphe finalement, après avoir obtenu la révocation des privilèges de leurs concurrents étrangers et leur expulsion de la Cité en 1597. Le tenace Burghley, réaliste et finassier, se préoccupe des intérêts matériels du royaume, comme la reine se tourne à la fois vers les grands capitaines pirates, partageant leurs dépouilles avec eux, et vers les « petites gens », dont elle aime la loyauté et l'industrie. D'immenses perspectives s'ouvrent sur les mers, on conquiert des marchés, on abat ses ennemis, on explore les gloires du passé, on sent monter la sève d'une émotion nouvelle qui va fertiliser la conscience de la race : le sentiment patriotique. Les poètes vont s'égaler à ceux des renaissances étrangères (Spenser et une foule de sonnettistes établissent la renommée de la poésie anglaise aux alentours de 1590), Hakluyt rassemble les récits de voyages et d'aventures (*Navigations, Voyages and Discoveries of the English Nation*, 1589), Hooker dresse le premier monument de la pensée ecclésiastique anglaise (*Ecclesiastical Polity*, 1594), Bacon entreprend de réformer et d'ordonner la pensée scientifique, les dramaturges enfin s'emparent de tous les thèmes, tandis que quelques essayistes ou poètes fondent la pensée critique au milieu de ce grand bouillonnement (*Défense of Poesy* de Sidney, 1595). L'Angleterre prend conscience de sa grandeur. Les menaces sont écartées, les richesses affluent, il semble que tous les espoirs soient permis.

Les qualités les plus évidentes du drame de cette période d'ascension sont alors une robustesse d'accent, une simplicité de vision, un goût marqué pour la violence, ou au contraire le dépaysement féerique, qui feront place sous peu à plus de complexité. Il n'y a pas encore cette ironie nuancée, qui, même au sein des horreurs sanglantes du drame noir d'après 1600, fera des héros malheureux d'âpres critiques de la destinée humaine. Les personnages de la tragédie sont tout d'une pièce, vaillants, sanguinaires, lancés droit devant eux vers la conquête, le meurtre ou la folie. Simples jusqu'à être puérils, mais robustes et sains. Aussi bien, ce n'est pas le *ton* de la tragédie qui domine, même dans les pièces que l'on peut le plus justement appeler des tragédies. Le sang coule, mais l'âme est intacte : le meurtre, le massacre sont, pour ainsi dire, joyeux. L'amour, la mort, le temps, l'espace, la solitude, ne sont pas enveloppés des brumes maléfiques exhalées par une conscience torturée, obscurcis par toutes les contradictions que comportent ces thèmes, aussi simples qu'ils sont éternels. On pourrait presque dire, si l'expression possède encore quelque sens, que l'horreur y est chimiquement pure. Le héros fonce dans le sang, dans la nuit, dans la rage, comme l'ours fonce sur les chiens, et personne ne discute ni la chaîne qui le tient lié au poteau, ni les griffes ou les crocs qui déchirent la chair pantelante, ni cette chair elle-même, et pourquoi elle souffre ainsi. Le condamné marche au supplice avec la grandeur inconsciente de son insolence instinctive qui s'apparente au blasphème du fanatique, et lui emprunte souvent des éclats désespérés. Le moment n'est pas encore venu des monologues de Hamlet, où l'on pose des questions, où les dilemmes apparaissent insolubles : « *être ou ne pas être* », « ... *le feu naturel de la résolution s'alanguit aux reflets livides de l'angoisse...* ». La pensée est tout entière dirigée vers l'action, avec violence, avec frénésie. Les fantômes jouent très exactement leur rôle — ils sont implacables ; l'amant trompé ne pardonne pas et lave sa honte dans le sang ; le criminel poursuit sa victime jusqu'à ce qu'il l'ait abattue, l'offensé s'attache à sa vengeance avec une incroyable ténacité, l'ambition exulte de joie à chaque conquête nouvelle, comme le bourreau à chaque tête tombée. Que ce soit la *Tragédie Espagnole* (1589? — Kyd), *Titus Andronicus* (1592 — Shakespeare) ou le *Juif de Malte* (1590? — Marlowe), le climat est le même : celui d'une terre où la violence ne connaît point d'entraves, où les passions sont des fauves que nulle grâce insolite ne vient parer, où les obstacles qui se dressent devant la force vive de l'action ne la retardent que pour mieux la précipiter. Mais en dépit des apparences, ces actions violentes, ces drames cruels, ne dégagent nul pessimisme et n'inspirent point de découragement. Cette tragédie ne se laisse pas accabler par le poids de l'échec, et poursuit hardiment l'exploration de toutes les formes de la vie, sans se laisser inquiéter par les vicissitudes qu'elle traverse. Seul le génie de Marlowe, auquel le drame ultérieur devra tant, que ce soit pour la forme ou pour le fond, génie divinatoire et quasi prophétique, laisse percer sous l'exubérance orgueilleuse de ses personnages ce sentiment intime de la défaite qui fera le fond du drame jacobéen.

Cette virulence de la vie qui s'impose et s'affirme dans la rhétorique passionnée de Kyd ou de Marlowe, monotone et sans nuance, mécanique et raide souvent, n'ayant pas discipliné sa vigueur ni assagi ses élans, ne se contente pas de s'étaler dans le drame proprement dit. Elle se fait également sentir avec force, et non sans une grande variété de formes, dans le domaine, nouvellement découvert et aussitôt exploité, du drame historique. Voici que le peuple anglais prend conscience de son identité et de sa mission, et qu'il se complaît, pour accroître sa confiance en son avenir, à se donner le spectacle des gloires de son passé. La scène lui offre le miroir où viennent se réfléchir les images des rois et des chevaliers qui ont mené quelque bruit dans l'histoire, et dont le souvenir est loin d'être effacé. Là, aussi bien, sont discutés les problèmes de politique intérieure ou étrangère, élucidés les mystères du gouvernement, mis à nu les caractères des rois et des grands seigneurs aux prises avec leur mission, dévoilés les secrets de la guerre et de la paix, éclairés d'une vive lumière les vertus et les vices des hommes qui ont présidé aux destinées du pays. Il faut bien reconnaître, d'ailleurs, que l'histoire anglaise, de la Guerre de Cent ans aux confins de la Renaissance, se prêtait admirablement à la mission dramatique que les poètes lui confiaient. Que d'intrigues, que de meurtres, que de sang, que de grands caractères, tortueux ou passionnés... Que de grands seigneurs arrogants, ambitieux et féroces... Que de rois détrônés, que de frères ennemis... Mais aussi que d'actions héroïques, que de fougue, que de pittoresque!... La galerie des personnages historiques et les péripéties dans lesquelles ils sont engagés (pour conduire à cette Elisabeth, incomparable de force de caractère et d'astuce, dont on n'ose certes pas encore parler, si ce n'est en termes hyperboliques qui feraient pâlir les déesses, mais dont le père brutal et retors est encore vivant dans le souvenir du peuple), offre au dramaturge une richesse et une variété de caractères et de problèmes que vingt ans de production n'épuiseront pas. De Peele à Shakespeare, et de Marlowe à Fletcher, la plupart des poètes se laisseront tenter par la *chronicle play*, soit qu'ils l'abordent franchement, soit qu'ils combinent une action romanesque avec quelque fait historique. Le passage est facile de la technique primitive du mystère, ou de la moralité, à la pièce historique, puisque celle-ci n'est souvent, à ses débuts, qu'un découpage plus ou moins habile dans le déroulement des faits narrés par les chroniqueurs ou retenus par la mémoire populaire, sur la foi de traditions orales ou de récits légendaires. On n'atteint pas dès l'abord à la cohérence des caractères, ni à la vraisemblance des enchaînements de faits qui doivent être leur suite logique et naturelle, mais, si on n'évite ni les morceaux d'éloquence ampoulée, ni le chauvinisme excessif, ni même la déformation parfois systématique de la « vérité historique », ces pièces remplissent une fonction bien définie et répondent à un besoin. La curiosité populaire s'y assouvit, en même temps que s'exalte le sentiment patriotique, et que se précisent les notions qui nourriront l'âme du citoyen britannique. Déjà se dessinent les débats futurs — on ne savait pas encore combien le temps était proche où ils seraient posés en termes urgents — entre le souverain et le sujet, entre le peuple et ses commettants ; déjà le conflit entre le vice et la vertu dans le domaine politique, entre la justice et l'abus de pouvoir, entre la légitimité et l'usurpation — et, dans l'ensemble, se dégage comme une conception, aux contours encore vagues, mais parfois illustrée par des points de détail précis et brillants, du gouvernement, de la hiérarchie, de l'ordre, du souverain idéal. Confrontés avec les problèmes pratiques de la réussite et de l'échec, de la stabilité des dynasties, de la fragilité des faveurs, de la violence et de la ruse, de l'inévitabilité enfin des faits eux-mêmes, les dramaturges élaborent peut-être malgré eux, et offrent à la réflexion de leurs auditeurs, un système politique qui viendra lentement à maturité dans le déroulement des années. Ils iront étendant leurs investigations en dehors de l'histoire nationale elle-même, traversant les frontières de la France ou de l'Italie, et poseront à l'histoire de l'antiquité — de Rome surtout — les mêmes questions venues de préoccupations identiques. Mais ces questions restent toujours, si l'on peut dire, d'ordre temporel. On ne s'élève pas, comme dans le drame grec, où, il est vrai, l'histoire se fond avec la légende et se vivifie de mythologie, à l'examen métaphysique de la destinée humaine. Les problèmes relèvent de l'immédiat, même lorsqu'ils sont posés et discutés en termes abstraits. Il sera réservé au drame proprement dit de hausser et d'élargir la vision, sans doute parce que les caractères y seront dépouillés de leur armure historique déjà déposée dans le musée des chroniqueurs, et apparaîtront librement dans leur nudité simplement humaine : la confrontation pourra se faire sans obstacles entre eux et les données de l'expérience.

Mais si l'Élisabéthain écoute avec ravissement la première déclaration d'amour de l'Anglais à son pays, proférée par les lèvres exsangues de Jean de Gant à son lit de mort, ou applaudit frénétiquement aux *Fameuses Victoires de Henri V*, il se délecte sans réserve au dépaysement que lui proposent des auteurs épris de fantaisie ou de romanesque. Aussi bien, la féerie, même lorsqu'elle emprunte ses attributs à une mythologie surannée et se vêt des atours compliqués d'une préciosité savante, bien qu'un peu mécanique, ne quitte guère le sol anglais. Les mythes diaphanes, les allégories fragiles de Lyly poursuivent leur jeu délicat sous les charmilles anglaises, même si sa matière lui vient de l'antiquité, et sa pensée de l'Italie. Ses dieux et ses déesses, ses princesses et ses amoureux, tiennent le langage de courtisans raffinés, spirituels et subtils, protagonistes non négligeables des grandes comédies au style si vif, au rythme si allègre, que Shakespeare va bientôt écrire. Lyly donne du *ton* à la comédie, du ton et du style, comme Peele lui donnera de la grâce et de l'humour, et la sauvera du romanesque échevelé, soit qu'il écrive une pastorale aimable et fleurie (*Le Jugement de Paris*, 1580), où Elisabeth se voir attribuer la pomme promise à l'une des trois déesses, soit qu'il s'amuse à la parodie (déjà) dans ce fantasque *Conte de bonne femme*, où la satire de l'incohérence romanesque s'allie à un sens très vif du réalisme du terroir et à un goût marqué pour les jeux légers et subtils des sonorités de la langue. Greene, pour sa part, bien que tributaire de Marlowe pour l'allure générale et pour le vers, développe et enrichit la comédie romanesque, à laquelle il sait donner un cadre réaliste et familier, qu'il agence habilement, et des sentiments humains.

Ainsi Lyly, Peele et Greene préparent, chacun à sa façon, la floraison des brillantes comédies de Shakespeare où le réalisme et la grâce, l'esprit et le sentiment, se joueront dans l'enchevêtrement compliqué, mais non invraisemblable, d'une intrigue rapide et bien menée. Déjà chez eux, la façon d'exprimer les sentiments a une importance égale à ces sentiments eux-mêmes, et le souci d'*expression* (ce sont tous des hommes d'Université) place très haut la fonction du théâtre populaire. Le goût du réalisme et de la poésie, le mélange du romanesque et du familier, l'alliance de la grâce et de la tendresse, le désir d'explorer les recoins de l'âme humaine où se cachent les mobiles des actions, et de leur donner forme artistique, la place de choix réservée à l'amour comme ressort essentiel du mouvement de la pièce, le sens de l'humour, la pointe de satire et d'ironie qui déjà se retourne *contre son inventeur*, et tout cela dans une atmosphère de gaieté libre et d'émerveillement sans nuage, voilà ce qu'on trouve dans cette comédie. La faveur populaire se tourne autant vers elle que vers le drame historique, ou vers la tragédie à horreurs. L'appétit est également grand, qu'il s'agisse d'explorer la conscience nationale, de sonder les âmes vertigineuses de ceux que rongent les passions, ou de se divertir aux arabesques d'une imagination enjouée.

IV

Mais cette vue serait trop sommaire qui se contenterait de distinguer dans la production élisabéthaine des périodes aux contours nettement délimités. Si, à l'éclosion du théâtre correspond un temps où subsiste encore l'unité spirituelle qui sert si puissamment les conquêtes de l'imagination et les jeux de la poésie, si les premières œuvres reposent sur des certitudes, poussent dans la joie ou l'insouciance des rameaux fleuris ou sanglants, et explorent un vaste champ d'expérience sans se laisser arrêter par des obstacles sournois ni troubler par l'irritant aiguillon du doute, un homme toutefois, au génie turbulent et de vorace ambition, malgré l'élan prodigieux qu'il donne à ses héros, déjà prépare et détermine cette atmosphère de débâcle et de désarroi qui baignera la production jacobéenne proprement dite.

Marlowe, dont l'œuvre est contemporaine de celle de Kyd, qui, comme Kyd, partage les faveurs du public et, plus que lui, donne substance et forme au drame élisabéthain, le plus véhément de la première cohorte, le plus éloquent, le plus *tragique*, sans doute aussi le plus *poétique*, est déjà miné, malgré son orgueil démesuré et son appétit de conquête, par le sentiment de l'échec. Dans toutes ses pièces passe un souffle prodigieux. Ses héros sont des conquérants qui visent à l'absolu de la conquête. Devant le berger scythe Tamerlan, les trônes sont emportés « comme des feuilles mortes », l'espace est vaincu, la terre est soumise, les rois deviennent des bêtes de somme. Il se grise de son pouvoir comme jamais tyran n'a joui de son autorité et de ses privilèges. Sa frénésie de puissance exulte — — « *Un Dieu n'est pas aussi glorieux qu'un roi* », — comme s'il pouvait aller au-delà des possibilités humaines. Mais, sans toutefois que la notion du *destin* supérieur aux hommes les plus chéris par la fortune soit un clair élément de désillusion, sa cruauté incroyable, sa capacité de jouissance, son ambition elle-même, si démesurée soit-elle, ses victoires sur ses ennemis, tout cela est limité par sa nature d'homme, seule chose réelle et indiscutable lorsque le délire verbal s'épuise et que le simple fait d'expérience demeure — l'impossibilité, par exemple, de saisir par des mots adéquats la beauté de Zénocrate, la femme aimée ; davantage encore, l'inutilité de la révolte ou du chagrin devant la mort ; enfin et surtout la vanité de ces immenses efforts et de ces puissants bruits de voix, lorsque la mort saisit Tamerlan à son tour. Tamerlan a jeté au ciel un inutile défi.

Le *Juif de Malte* offre un autre aspect de l'appétit de puissance : la convoitise de Barabbas se tourne vers les richesses, comme sans doute il se doit. Le lyrisme avec lequel il énumère ses joyaux et ses ors, tout d'un mouvement souple et sensuel, est plus directement efficace que la rhétorique enflammée de Tamerlan. La pièce s'ouvre (Ben Jonson s'en souviendra dans *Volpone*) sur ces splendeurs rutilantes que Barabbas brasse à pleins bras. Mais ce n'est point de l'avarice, et cette passion des richesses ne s'accompagne pas, comme chez Volpone, de la joie suspecte de les acquérir par vile ruse — c'est la pure extase de connaître que toutes les richesses du monde affluent dans ses coffres déjà débordants, de supputer la nature des cargaisons qui voguent vers lui :

« ... *Eh bien, j'espère alors que mes vaisseaux... ont atteint les méandres du Nil ; et que mes galions, venant d'Alexandrie, chargés d'épices et de soie, naviguent maintenant, toutes voiles dehors, au large de la Crète, mettant le cap sur Malte à travers l'onde lisse de notre Méditerranée* [1]... »

A son tour, ce chercheur d'absolu, dont la passion majeure est l'acquisition des richesses, est bafoué par le destin, et cela non seulement parce que les péripéties de la pièce le conduisent à sa ruine après avoir fait de lui un frénétique de la vengeance et du dépit, mais parce que Marlowe lui-même, une fois le sujet posé, ne sait pas — ou ne veut pas — conserver à la pièce son unité. Partie sur un beau mouvement lyrique, en effet, et soutenue par le problème humain de la justice chrétienne à l'égard des Juifs (a-t-on le droit de dépouiller Barabbas, et, en tout cas, comment Barabbas dépouillé va-t-il se comporter ?), la pièce, après le deuxième acte, se perd dans les mouvements de scène et dans les coups de théâtre. Preuve à mon sens (je n'ai pas qualité pour juger s'il s'agit d'une suite ou d'interpolations de mains étrangères) que l'esprit de Marlowe lui-même est divisé par le sentiment grandissant de l'échec.

Mais c'est surtout dans *La Tragique Histoire du docteur Faust* que se lit le douloureux débat entre deux mondes irréconciliables. L'ambition de Faust reprend et complète celle des deux autres héros marlowiens. Elle s'applique au monde matériel, comme au monde spirituel. Faust troque son âme contre remise d'un pouvoir illimité. Sa soif de pouvoir et des avoir est inextinguible : il a épuisé toutes les ressources du savoir humain, médecine, droit, théologie, philosophie. Il veut accumuler les richesses les plus exquises :

1. *Le Juif de Malte*, acte I, sc. II, 41.

Je les dépêcherai aux Indes chercher de l'or, ravir à l'océan ses perles radieuses et fouiller tous les coins des continents nouveaux pour m'apporter des fruits délicieux et des friandises princières[1]... »

vaincre le temps et l'espace, se débarrasser des servitudes humaines, l'opacité, le poids, le vieillissement, régner sur les esprits, connaître tous les secrets de la création, boire à toutes les sources de la volupté. Mais, pratiquement, son exaltation lyrique, malgré quelques envolées magnifiques,

Etait-ce là le visage qui a lancé mille vaisseaux et incendié les tours orgueilleuses de Troie[2]... »

retombe chaque fois, les ailes coupées. De la beauté, il ne peut saisir que l'ombre, de la richesse, que les attributs extérieurs, de la science, que l'exercice maléfique, du pouvoir, que la dextérité d'un prestigiditateur. Ni l'espace, ni le temps, ni la substance, ni la mort ne sont vaincus. Tout lui échappe, tout lui glisse entre les doigts, et surtout la satisfaction suprême de se sentir assuré dans ses conquêtes éphémères. Cet orgueilleux est le plus inquiet des hommes, ce conquérant, le plus fragile, cet athée, le plus douloureusement incertain de ses certitudes. Le voilà bien l'homme faible, épouvanté de ses audaces, irrésolu au moment même où il se vante le plus de son inflexibilité, jetant son défi à Dieu et au diable, mais aussitôt fou de terreur, choisissant tantôt l'âme, tantôt la matière, incapable de saisir l'unité du monde, de faire la synthèse entre cette âme qu'il ne peut nier, et cette matière qui lui impose ses lois. Il espère, et il renonce, il appelle et il repousse, il fanfaronne et il

1. *La Tragique Histoire du docteur Faust*, acte I, sc. II, 81. (Toute la tirade est frémissante de cet appétit de puissance et de cet orgueil démesuré.)
2. *Ibid.*, acte V, sc. I, 94.

tremble. C'est bien une « tragique histoire », non pas parce qu'elle se termine par la mort du héros, mais parce qu'elle est comme le point de cristallisation d'un long débat, engagé depuis trois siècles et plus, entre le monde spirituel et celui de tous les jours. Faust se débat comme un oiseau en cage, et se brise le crâne à tous les barreaux. Le soleil refuse de s'arrêter, son corps de se dissoudre, son âme de s'annihiler, Dieu d'accorder son pardon. Au dernier moment, tout fuit devant lui ; il ne reste que la mort et la damnation. Le péché de l'homme est-il donc d'aspirer, de se vouloir semblable à Dieu? de *réussir*, dans le monde matériel, à vaincre sa faiblesse, à s'emparer des biens pour en jouir, du pouvoir pour l'exercer, de la connaissance pour accroître encore ce pouvoir? de viser à étendre sa puissance au-delà même du monde matériel? Péché d'orgueil que de nier sa fragilité, sa dépendance à l'égard des lois divines, sa soumission devant ce qui nous dépasse. Le pire péché, celui qui consiste à se refuser à voir l'unité de la création, à poursuivre deux absolus qui ne sont point interchangeables, mais intimement liés, et, en désespoir de cause, se ruer tête baissée dans l'une ou l'autre impasse du dilemme.

La pièce sonne presque comme une moralité. Faust ou Tout-Homme, ce sont les mêmes accents tragiques. Mais tandis que le dépouillement progressif de Tout-Homme n'atteint pas la conscience intime, le cœur vivant où s'opère le miracle du repentir et que la grâce peut toucher, Faust, dans sa grandeur hasardeuse, jette l'immortalité aux chiens sans parvenir à se débarrasser de l'angoisse :

Ainsi donc nous devons pécher et par conséquent mourir.
Oui, il nous faut mourir une mort éternelle [1].

Il prétend ne se soucier que du monde matériel, et

1. *Ibid.*, acte I, sc. I, 44.

pourtant l'autre le trouble ; à chaque élan vers le repentir, son cœur se durcit :

Je me repens, et cependant je désespère[1].

Que signifie ce désespoir, sinon l'aveu que ni l'orgueil, ni la révolte, ni l'ambition ne résoudront le problème moral et métaphysique, pour tout dire le problème religieux que pose la dualité de l'homme, et que les dramaturges, préoccupés d'action, de conscience et de la finalité de la destinée humaine, trouveront, sans y penser, toujours devant leur chemin ?

L'œuvre de Marlowe se sépare donc nettement de l'humanisme de la fin du xve siècle auquel je faisais allusion plus haut, humanisme qui avait si heureusement tenté de concilier la pensée nouvelle issue des trésors d'expérience et de méditation de l'antiquité, et la vie spirituelle lentement élaborée par dix siècles et plus d'expérience et de méditation chrétiennes. Le point d'équilibre, toujours instable, auquel étaient parvenus les grands humanistes de la Renaissance, fût-ce au prix du martyre couronnant le labeur et le renoncement, se trouve dépassé. L'« athéisme » de Marlowe n'est rien d'autre que la claire conscience de ce dépassement de crédit spirituel. Marlowe tire sur l'avenir un chèque illimité, mais non sans appréhensions secrètes. Ce pragmatiste ardent, ce penseur hardi prêt à la violence, qui vit avec son temps, à l'avant-garde des pionniers du salut temporel de l'Angleterre élisabéthaine, libère définitivement le théâtre de l'empire de l'Église, comme il annonce et prépare la grandeur tragique de ses successeurs immédiats. Cette libération, en effet, n'ira pas sans des pleurs et des grincements de dents.

L'Église maîtresse du théâtre au Moyen Age, d'où, en vérité, le théâtre est issu, a enfanté un fils prodigue

1. *Ibid.*, acte V, sc. I, 66.

qui ne retournera plus dans son giron. Les mystères et les moralités, qui se jouaient sur les parvis ou dans les cathédrales mêmes, circuleront sur des tréteaux ambulants et s'installeront dans les cours d'auberge. A mesure que le spectacle se diversifiera et que le meneur du jeu prendra toute la vie pour son domaine, toute la vie, toute l'histoire, toute l'expérience humaine, il aura besoin d'un lieu particulier, plus souple, mieux adapté à ses multiples fonctions. On aura des théâtres réguliers. Et le spectacle ne sera plus dirigé par des fins apologétiques, d'édification ou de prédication. Sa mission religieuse évoluera vers des buts profanes. Mais il faudra du temps avant que le schisme spirituel soit consommé. Toutefois, c'est au théâtre qu'il se produira le premier. Les penseurs et les poètes, si préoccupés qu'ils soient de chercher un sens à la vie, s'évaderont moins vite de la cage dorée de l'unité spirituelle. Entre le monde de l'expérience pratique et celui de l'expérience intérieure, le passage est toujours aisé, les ponts ne sont pas rompus. Les réalistes les plus fougueux et les plus exigeants, les grands voyageurs, les soldats, les hommes d'État, pour qui le monde est un champ de bataille où le danger est leur constant compagnon, peuvent faire des morts édifiantes, et passer tranquillement d'un univers illusoire — celui où ils ont combattu — à un univers d'éclatantes certitudes : le royaume de Dieu toujours intact. Ils ne meurent point, l'amertume ou le défi aux lèvres, avec la pensée que leur vie, s'ils ont échoué dans leurs ambitions terrestres, leur donne le droit de demander des comptes à Dieu. La parabole des talents conserve ainsi tout son sens. Il est du devoir du serviteur de faire fructifier les talents à lui confiés, mais il sait aussi qu'il doit rendre compte à son Seigneur pour entrer dans la pleine jouissance de ses acquêts et de ses gains. Ainsi meurt Raleigh, après une vie agitée d'explorateur, de combattant, d'homme d'État et de poète ; ainsi le turbulent comte d'Essex, ainsi l'admirable Sir Philip Sidney. Et il n'est pas certain que Bacon lui-même, si acharné à son succès matériel, si épris de vérité, fondateur du pragmatisme philosophique qui place en premier lieu les données de l'expérience soumises à la primauté de la raison, qui, de plus, écrit un manuel d'arrivisme où la fourberie semble être le principal ressort, et la morale religieuse le dernier souci, n'ait pas conservé intacte son âme aux heures de la grande épreuve.

Le héros marlowien prétend mener son combat dans le seul univers matériel. Mais ses éclatantes victoires sont la fugacité des choses temporelles, et il s'insurge en vain contre la subsistance, au fond obscur de sa conscience, du sentiment d'une autre présence, celle d'un monde spirituel dont celui de ses activités n'aurait dû être qu'un reflet. On comprend que « l'athéisme » de Marlowe ait pu être jugé dangereux. Il opérait la disjonction redoutable qui frappera d'angoisse et d'interdit les grands héros tragiques de ses successeurs. Entre Faust et Macbeth, ce n'est pas une question de nature, mais de qualité, comme nous le verrons plus loin.

Quoi qu'il en soit, le monde est désormais coupé en deux. La vie terrestre ouvre de vastes horizons que des aventuriers de toute espèce vont exploiter sans trop se soucier des moyens. Libéré, ou du moins le croit-il, du dogme religieux et des restrictions qu'il imposait aux diverses formes de sa pensée et de son activité, l'homme devient en quelque sorte son propre bourreau. Rien n'arrêtera plus la hardiesse de ses curiosités, l'outrance de son ambition, la perversité de son orgueil. Que ce monde, son domaine, du moins, fasse un univers parfait, cohérent, inattaquable. Mais ce n'est pas le cas, car comment nier l'existence du mal, comment nier la souffrance, la mort et les contradictions où sa nature l'enferment? L'exaltation des premières victoires cédera bientôt la place, à mesure que la lucidité jettera sa lumière froide sur les cerveaux enfiévrés par la lutte et trop vite triomphants, à une immense désillusion.

V

C'est approximativement à la mort d'Elisabeth que s'ouvre la deuxième période du drame, la grande, où se situent les chefs-d'œuvre de Shakespeare, et qui est caractérisée par ce changement d'atmosphère que le théâtre de Marlowe fait entrevoir. Elle laisse une lourde successsion, et les esprits les plus lucides le prévoyaient déjà quelques années avant sa mort. La conscience du siècle agonise avec elle, lourde de sentir que tout va être remis en question, que rien n'est réglé, que de profonds changements politiques et sociaux sont imminents, et que l'on s'engage dans une période d'instabilité, de confusion, d'incertitude. Dix ans ont passé depuis la retentissante victoire sur l'Armada, et pourtant la guerre languit, avec des alternatives de brillants faits d'armes et de revers qui n'excluent pas des paniques subites, comme celle d'août 1599, où l'on crut à une autre invasion espagnole. Les expéditions transocéanes de 1595, d'où Hawkins et Drake ne reviennent pas, et de 1597, qui consacre l'incapacité d'Essex, la chute de Calais enlevé par les Espagnols, sont à peine compensées par l'éclatant succès de la prise de Cadix. L'Irlande, en pleine révolte, n'est ni domptée ni pacifiée, malgré la considérable expédition d'Essex, qui comprend plus de seize mille hommes, force énorme pour l'époque. L'alliance avec Henri IV, contre l'Espagne, est des plus incertaines, et l'Angleterre redoute de se trouver seule dans une guerre interminable, contre un ennemi auquel on ne peut donner le coup décisif. La prolongation de la guerre ne signifie pas seulement d'énormes dépenses et la perte de vies humaines, mais aussi des bandes de soldats arrogants qui terrorisent le pays, la menace constante de l'invasion étrangère, danger pour les institutions, danger surtout pour la stabilité religieuse, acquise au prix de si sanglantes persécutions, et qu'une victoire catholique anéantirait. Cette guerre lointaine et peu spectaculaire, qui à part la Victoire sur l'Armada, le sac de Cadix et le siège d'Ostende, sanglant et prolongé, n'a pas laissé de haut fait militaire, et que l'on n'a pas coutume d'associer dans sa pensée avec l'époque élisabéthaine, est pourtant une guerre que les hommes de ce temps ont vécue. Elle a touché la noblesse comme le peuple, et bien des écrivains y ont pris part. Elle a tué Sir Philip Sidney, Donne faisait partie de l'expédition de Cadix, Ben Jonson a combattu aux Pays-Bas — et Spenser a vu de très près les horreurs de la guerre d'Irlande. Si les premières victoires soulèvent l'enthousiasme populaire et font applaudir avec frénésie les discours de Talbot, dans la *Première partie de Henri VI*, ou les derniers vers du Bâtard dans le *Roi Jean*, quelques années plus tard, Falstaff, parodie de héros, réglera bien autrement son compte à la gloire militaire. Le cynisme est venu avec la fatigue et les désillusions.

L'ère ardente de la marche en avant, de l'exultation simple, du divertissement gratuit, en un mot de la jeunesse, est passée. Une grande reine coriace a pu se survivre, mais l'Angleterre a vieilli. Son faste éclatant, joyaux et brocarts, ses six mille robes, ses grands seigneurs qui vont à la mort en la bénissant, qu'elle exalte d'amour, de gloire et de luxe, la beauté qu'elle incarne, la chevalerie qu'elle inspire, la poésie qu'elle illustre, la musique qu'elle goûtait, tout ce qui était fait pour elle, en fonction d'elle, passe et disparaît avec elle. C'est une civilisation qui tombe en ruines après sa mort. Les Tudor ont donné au siècle seizième l'élan du joyeux appétit de Henry VIII, le goût du sang de Marie, la rigueur précise, suave et ornée d'Elisabeth. Cette coquette était implacable, mais non sans raison. Elle avait ses certitudes et une haute conscience de son rang. Elle se sentait aussi la dernière de sa race et savait qu'après elle des mains moins fermes conduiraient le pays à des destinées hasardeuses. Non qu'elle doutât de sa grandeur future, mais on irait au salut par d'autres voies. Rien n'est plus pathétique que son raidissement devant la mort, cette attitude figée, ce refus. Et pourtant, l'heure sonne où le Stuart peureux, fantasque et laid, s'inclinera devant son lit d'apparat.

Jacques Ier amène dans son cortège toute une démonologie grimaçante qui va chasser les fées vieillies de la certitude confiante, de l'espoir bleu, de l'ardeur, de l'émerveillement. Il y aura le doute, le regret, l'angoisse, la désillusion, et surtout la curiosité anxieuse, l'ironie, la satire, et cette hyène aux dents blanches qu'est le cynisme. Les joies de la découverte seront contestables et contestées, les voies du succès tortueuses et périlleuses, l'espoir battra de l'aile comme une chauve-souris, l'esprit d'aventure n'aura plus, pour un temps, cette hardiesse, ce goût du péril, cet air de casse-cou qu'il avait, cette témérité folle des illustres forbans de la mer. Les hommes qui auront atteint leur pleine vigueur sur le déclin de l'âge élisabethain n'en continueront pas moins de produire, mais ce sera dans une atmosphère changée. Parvenus à maturité, et sous la pression des faits, c'est l'esprit critique plus que le goût de la découverte qui les animera. Ainsi, au lendemain des grandes époques, comme au lendemain des guerres, on fait le bilan spirituel du passé.

Le drame, comme il fallait s'y attendre, va vivre de cette investigation. Plus que jamais, c'est au théâtre que s'exprimera, et sans doute se forgera, la conscience complexe des temps nouveaux. Les thèmes abordés seront plus nombreux, l'examen plus critique, l'émotion aussi gagnera en profondeur, comme l'intelligence en lucidité. Les poètes eux-mêmes ne se contenteront plus de broder, sur des thèmes pétrarquéens et platoniciens, une poésie savante ou précieuse, mais ils vont s'appliquer à résoudre en termes personnels les contradictions insolubles que comportent les concepts ou les sentiments les plus simples, à la lumière de l'expérience nouvelle qui, rappelons-le, est placée sous le signe de la dualité des mondes matériel et spirituel. Ce sera l'école dite « métaphysique », qui, parallèlement au théâtre, mais avec des moyens plus secrets et plus rares, posera les mêmes problèmes et connaîtra les mêmes angoisses. La tension de la pensée produira chez certains une densité d'expression égale à celle des meilleurs dramaturges : Donne est aussi grand poète que Shakespeare.

L'héritage de la pensée élisabethaine est contenu, peut-on dire, dans la formule baconienne. : « *Je veux prendre toute la connaissance pour mon domaine.* » Mais cette ambition de savoir s'exerce à des fins précises. « *Les études servent pour l'ornement, pour le savoir, et pour l'habileté.*[1] » Le monde est un champ d'expériences, et l'homme est fait pour réussir. Ce qui importe, c'est la technique du succès. Soit, diront les jacobéens, mais à quoi bon ? La chute, la mort, sont inéluctables. Et, sommairement, deux thèmes : les moyens de parvenir, le face à face avec la mort. Un thème politique, un thème métaphysique. De la façon de les traiter découle

1. Bacon, *Essais. Des Études.*

le sens qu'on donne à la vie. Optimisme rayonnant, ou défaitisme inquiet. Pragmatisme plein de détours, mais sûr de son affaire, ou pénombre inconfortable, où sont tapis le doute et le désespoir. Mais ces alternatives elles-mêmes voisinent et s'enchevêtrent dans la conscience du drame qui ne cesse de se nourrir des apports de la tradition créée la veille, de souvenirs d'un lointain passé, et des découvertes, des aspirations du monde contemporain.

Marlowe a marqué le drame plus qu'aucun des hommes de son âge. C'est qu'il avait la forme et la pensée. Il a légué la figure héroïque de Tamerlan, orgueil démesuré, fougue infatigable, tout d'une pièce et qu'abat seule la massue du destin, mais aussi les calculateurs retors que sont Barabbas dans la seconde partie du *Juif de Malte*, et Guise et Mortimer dans *Le Massacre de Paris* et *Edouard II*. Le défi surhumain au destin, et le combat rusé et cruel. Deux aspects du mode tragique qui vont donner lieu à des développements infinis. Il n'en est pas précisément l'inventeur, puisque, dans une certaine mesure, l'un vient de Sénèque, et l'autre a déjà substance dans le Lorenzo de Kyd. Mais c'est Marlowe qui leur donne vie par la vigueur de son souffle et le lyrisme de son vers. Ces deux types de personnages dominent désormais toute la production tragique de l'époque jacobéenne, et il convient de les examiner d'un peu plus près.

Dans un monde où le succès est le ressort essentiel de l'action, il est naturel que les hommes se cherchent une technique de l'avancement. Le personnage tragique se meut vers un but, il rencontre des obstacles extérieurs qui fournissent les péripéties du drame, et des obstacles intérieurs qui façonnent son comportement. Il lutte contre le monde, et contre lui-même. En d'autres termes, il y a la résistance de la matière et celle de la conscience morale. L'action sort de ces débats. Nous disons que le personnage *vit* pour autant que le débat dans la conscience a la primauté et conditionne l'action. Nul jusqu'alors n'avait osé s'affranchir de la loi morale, ou, le faisant chercher les raisons nobles pour servir à sa justification devant les hommes et devant Dieu. Le héros tragique est essentiellement vertueux, ou, s'il se dresse contre la loi morale, c'est que les Destins l'ont pris en particulière haine. *Jupiter dementat quos vult perdere.* On dira plus tard qu'il leur a manqué la grâce. Mais celui qui transgresse est poursuivi par les Furies. Chez Sénèque, Hercule, le massacreur de sa famille, est frappé de folie, et ne recouvre sa lucidité qu'après une longue torpeur, pour se plaindre en terribles lamentations. La malédiction divine s'acharne sur Oreste, sur Œdipe, c'est elle qui fait leur grandeur, criminels conduits par la main des dieux. Ni l'un ni l'autre ne se trompe sur le sens de sa destinée. Oreste s'enfuit, Œdipe se crève les yeux. Mais si cruel que soit le monde, il conserve son équilibre, son unité. Les lois non écrites restent plus fortes que tout. Antigone est plus grande que Créon. L'homme croule, mais les dieux demeurent debout. La pensée hardie, la poussée de révolte des tragiques grecs ne vont pas jusqu'à mettre en question l'architecture de l'univers. Au contraire, la douleur a une vertu rédemptrice. Le monde antique ne se sent vraiment crouler qu'avec Sénèque le Tragique, et le monde ne s'affranchit qu'avec Machiavel.

Étrange assemblage que celui de ces deux noms pour aider à une enquête sur le théâtre jacobéen. Un dramaturge de second ordre, que seules retiennent les histoires de la littérature, et un politicien qui a manqué sa vie, et dont la renommée est plutôt fâcheuse. Sur ce point, mes propres convictions, depuis longtemps établies, se trouvent confirmées et renforcées par les remarques profondes de Miss Ellis Fermor [1]. S'il faut chercher un sens aux œuvres qui s'échelonnent de

1. Ellis Fermor, *The Jacobean drama.*

Marlowe à Webster, c'est bien ce qu'on a injustement appelé le bric-à-brac mélodramatique de Sénèque, et le manuel le plus sincère et le plus précis qui soit de la conduite des princes, de Nicolas Machiavel, Florentin, qui peuvent le plus nous aider.

VI

La vogue et l'influence de Machiavel reposent d'ailleurs sur un malentendu. Comment croire en effet que la pensée sévère, l'esprit calculateur, bien que hardi, ce matérialisme apparemment insensible aux aspirations les plus hautes et les plus désintéressées de l'âme humaine, cet examen implacable des mobiles, cet assaut froid et réfléchi contre la citadelle de la pensée médiévale, cette absence même de « folie » dans l'appel grave et passionné à l'unité du peuple italien, aient pu séduire dès l'abord les dramaturges élisabéthains ? Cette influence et cette vogue ne cesseront de grandir dans la période jacobéenne, et le personnage « machiavélique », ou, si l'on veut, le « traître du mélodrame », enrichi et approfondi, va devenir un des personnages essentiels du théâtre, souvent cheville ouvrière de l'action, porteur de messages, doté d'une philosophie, grande stature et impressionnant caractère, qui se haussera parfois jusqu'au stoïcisme. Il n'est rien d'autre au début que le « traître » caractérisé, ou l'arriviste diligent et cruel, subtil et plein de tours, comme le Vice des moralités. Il a certes des accents tragiques, comme le Lorenzo de Kyd, mais pas de système cohérent. Il aide aux péripéties du drame, il est loin d'en être l'âme ou la pensée. Mais déjà Marlowe, là encore hardi précurseur, a absorbé le système, si déformé qu'il lui soit parvenu, et lui a donné vie.

Une traduction française du *Prince* avait paru en 1553, et une traduction latine (langue des lettrés et des philosophes, ne l'oublions pas) en 1560. De plus, Innocent Gentillet, par son *Discours contre Nicolas Machiavel* (1576), bien qu'il eût singulièrement gauchi la doctrine, en avait accru la célébrité. *Le Prince*, écrit par un Italien, pour des Italiens, représente toutefois le premier et le plus sagace effort de la pensée moderne pour libérer l'homme de la tutelle de la pensée médiévale, à la fois dans le domaine politique, social et religieux. La pensée médiévale fournissait une explication totale du monde. Les formes sociales, les conceptions et les institutions politiques s'étayaient sur des conceptions métaphysiques qui, quel que fût l'état des choses, étaient valables pour tous. Le code de l'honneur, par exemple, était le même pour le souverain et le dernier de ses sujets. Les vertus étaient indivisibles et avaient le même parfum chez le grand et le misérable. Le chevalier et le manant ne pensaient guère autrement devant la mort. Le droit divin des rois ne fait pas plus de doute pour l'usurpateur que pour la victime, et le bourreau s'agenouille devant le supplicié. Le miracle de la foi réalise et maintient l'unité spirituelle dont l'équilibre, sans cesse menacé par les excès possibles que le dualisme chrétien semble autoriser, subsiste à travers toutes les tourmentes et résiste à tous les assauts. Le corps périssable et l'âme immortelle se réconcilient au moment de leur séparation, car ainsi l'ordonnent les indiscutables desseins de Dieu. Ce sont là pour Machiavel des formes de pensée périmées, que démentent l'évolution historique et l'état actuel des choses. La morale et le système social du Moyen Age ne sont plus en accord avec les faits. Politique et métaphysique sont deux jeux divergents dont l'unité apparente ne se maintient que par le mensonge et l'hypocrisie. Il faut prendre conscience d'une réalité sans voiles, et se débarrasser des abstractions, pour enfin discerner la véritable nature de l'homme, non plus champ de bataille entre le corps et l'âme qui veut le soumettre, deux ennemis que les humanistes avaient un temps réconciliés, mais « source d'énergie jetée pour un temps dans le monde social, et qu'une force interne entraîne vers la conquête d'objets qui sont, plutôt que les buts d'appétits stables, les illusions que l'homme se forge à soi-même pour alimenter son invincible besoin d'agir »[1]. Et l'auteur de l'introduction à une édition récente du *Prince* d'où je tire cette phrase, qui semble écrite pour illustrer quelque commentaire sur le héros marlowien, d'ajouter cette citation de Machiavel : « Dans le malheur il (l'homme) s'afflige ; dans le bonheur il s'ennuie. Et de l'un et de l'autre de ces deux sentiments naissent les mêmes effets ; car toutes les fois où les hommes n'ont pas à combattre par nécessité, ils combattent par *ambition*, laquelle est si puissante dans les cœurs humains que jamais, à quelque haute fortune qu'ils parviennent, elle ne les abandonne. La raison en est que la nature a créé les hommes en sorte qu'ils peuvent tout désirer et ne peuvent tout obtenir. »

L'homme est donc né pour agir et non pour méditer ou se perdre dans le dédale de l'analyse et du repentir. C'est sur les modalités de cette action que Machiavel va maintenant jeter une lumière crue. Il peut paraître paradoxal de dire que la première qualité du Florentin est la franchise : bien que « machiavélisme » en soit venu presque dès l'abord à signifier mensonge et hypocrisie, Machiavel veut libérer la conscience de l'homme, et de l'homme qui l'intéresse le plus, à savoir l'homme d'action, le chef d'État, de cette hypocrisie même. Il base sa règle d'action sur une franche acceptation de la nature méchante et vicieuse des hommes : « ... les hommes ne vont point dans la direction du bien, à moins qu'ils n'y soient contraints par la nécessité[2] »

1. Nicolas Machiavel, *Le Prince*, introduction par Yves Lévy, éd. Cluny.
2. *Discorsi*, I, 3.

ou encore : « ... étant mon intention d'écrire choses profitables à ceux qui les entendront, il m'a semblé plus convenable de suivre la vérité des faits que certaines fantaisies... il y a si loin de la sorte qu'on vit à celle selon laquelle on devrait vivre, que celui qui laissera ce qui se fait pour cela qui se devrait faire il apprend plutôt à se détruire qu'à se maintenir ; car, qui veut faire entièrement profession d'homme de bien, il ne peut éviter d'être détruit entre tant d'autres qui ne valent rien [1]. » Un peu plus loin, dans le même chapitre, examinant les voies, vice ou vertu, par lesquelles le Prince peut acquérir blâme ou louange, mais préoccupé surtout de la bonne conduite du gouvernement, Machiavel ajoute : « Et surtout qu'il (le Prince) ne se soucie pas d'encourir le blâme de ces vices sans lesquels il ne peut aisément conserver ses États ; car si l'on regarde bien à tout, on trouvera quelque chose qui *semble* être vertu, et en la suivant ce serait la ruine ; et quelque autre qui *semble* être vice, mais à la fin la sûreté et la commodité en viennent [2]. » Bien que ces formules n'aient pas la brutalité du fameux *Oderint dum metuant*, placé dans l'alternative d'être aimé ou d'être craint, le Prince doit résolument préférer la haine à l'amour : « Là-dessus naît une dispute, s'il est meilleur d'être aimé que craint, ou le contraire. Je réponds qu'il faudrait être l'un et l'autre ; mais comme il est bien difficile qu'ils soient ensemble, il est beaucoup plus sûr de se faire craindre qu'aimer, s'il faut qu'il n'y ait seulement que l'un des deux. Car on peut dire généralement une chose de tous les hommes : qu'ils sont ingrats, changeants, dissimulés, ennemis du danger, avides de gagner ; tant que tu leur fais du bien, ils sont tous à toi, ils t'offrent leur sang, leurs biens, leur vie et leurs enfants, comme j'ai dessus dit, quand il n'en est pas besoin, mais quand l'affaire presse, ils se révol-

1. *Discorsi*, I, 3.
2. *Le Prince*, éd. Cluny, chap. XV, p. 97.

tent. Et le Prince qui s'est fondé seulement sur leurs paroles, se trouvant tout dénué d'autres préparatifs, il est perdu ; car les amitiés qui s'acquièrent avec argent et non par cœur noble et hautain, on mérite bien d'en éprouver l'effet, mais elles ne sont pas tenues, et dans le besoin on ne les peut employer; les hommes hésitent moins à nuire à un homme qui se fait aimer qu'à un autre qui se fait redouter ; car l'amour se maintient par un lien d'obligations lequel, parce que les hommes sont méchants, là où l'occasion s'offrira de profit particulier, il est rompu ; mais la crainte se maintient par une peur du châtiment qui ne s'éloigne jamais. Néanmoins, le Prince doit se faire craindre en sorte que, s'il n'acquiert point l'amitié, pour le moins il fuit l'inimitié... [1]». Le chapitre XIII tout entier est chargé lui aussi d'un terrible explosif. Jamais encore l'intelligence de l'homme n'avait projeté une lumière aussi crue, aussi destructive, sur la conscience morale qui, jusqu'alors n'avait osé sourire à ses mauvais penchants qu'en les répudiant dans le secret, pour les désavouer et les maudire devant le tribunal de Dieu. Il ne s'agit pas pour Machiavel de la dualité ange-bête, mais bien homme-bête. Il est « nécessaire au Prince de savoir bien pratiquer la bête et l'homme [2] ». Et Machiavel de trouver un sens nouveau à la fable du Centaure Chiron, éducateur de quelques « grands seigneurs du temps passé ». « Ce qui ne signifie autre chose, d'avoir ainsi pour gouverneur un demi-bête et demi-homme, sinon qu'il faut qu'un Prince sache user de l'une et l'autre nature, et que l'une sans l'autre n'est pas durable. Puis donc qu'un Prince doit savoir bien user de la bête, il doit en choisir le renard et le lion ; car le lion ne peut se défendre des rêts, le renard des loups ; il faut donc être renard pour connaître les filets et lion pour faire peur aux loups.

1. *Ibid.*, chap. XVII, p. 104.
2. *Ibid.*, chap. XVII, p. 104.

Ceux qui simplement veulent faire les lions, ils n'y entendent rien. Partant, le sage Seigneur ne peut garder sa foi si cette observance lui tourne à rebours, et que les causes qui l'ont induit à promettre soient éteintes. D'autant que si les hommes étaient tous gens de bien, mon précepte serait nul ; mais comme ils sont méchants, et qu'ils ne te la garderaient pas, toi non plus tu n'as pas à la leur tenir... Et même, j'oserai bien dire que, s'il les a (les vertus) et qu'il les observe toujours, elles lui portent dommage, mais faisant beau semblant de les avoir, alors elles sont profitables ; comme se sembler être pitoyable, fidèle, humain, intègre, religieux ; et de l'être ; mais arrêtant alors son esprit à cela que, s'il ne le faut être point, on puisse et sache user du contraire »[1]. Il est donc légitime, et bien plus profitable que le Prince « qui organise une république et en ordonne les lois, présuppose nécessairement que tous les hommes sont mauvais, et qu'ils essayeront d'exercer la malignité de leurs instincts toutes les fois que l'occasion favorable se présentera »[2].

Cette interprétation réaliste de la société ne se contente pas d'élever la mauvaise foi à la hauteur d'un principe de gouvernement, elle est logiquement conduite à s'emparer des choses les plus sacrées pour les faire servir au même usage. Ainsi la religion elle-même ne doit être rien d'autre qu'un moyen de rendre les peuples plus dociles et plus gouvernables. Le christianisme, qui avait opéré l'immense révolution de l'amour et étayé le progrès moral sur la vertu majeure de la charité, se voit ravalé au rang d'instrument du prince, tout comme une idolâtrie ou une superstition. L'analyse impitoyable de Machiavel le rend responsable de cette décadence des hautes vertus antiques, courage, grandeur d'âme, résolution, dureté du caractère, à des fins

1. *Ibid.*, p. 109-111.
2. *Discorsi*, I, 3.

réalistes et immédiates — dont il ne subsiste plus que le faible reflet chez les hommes modernes, auxquels on a trop longtemps enseigné que leur royaume n'était pas de ce monde.

« Notre religion a plus glorifié les hommes humbles et contemplatifs que les hommes d'action. Elle a, en fait, proclamé que le bien souverain était dans l'humilité et l'abjection, et le mépris des choses humaines ; alors que l'autre (la religion antique) le plaçait plutôt dans la grandeur d'âme, la vigueur du corps, et dans toutes ces autres choses qui tendent à rendre les hommes vaillants. Et si notre religion nous recommande jamais la force, elle veut que l'on soit apte à souffrir plutôt qu'à accomplir une grande action. Cette façon de vivre, par conséquent, paraît avoir rendu le monde débile et l'avoir livré en proie aux scélérats. Ils sont certains d'en posséder le contrôle, sachant que la majorité des hommes, pour accéder au Paradis, pensent davantage à subir les coups qu'à les venger »[1].

Et Machiavel de placer au premier rang des qualités du Prince cette fameuse *virtù*, à la fois force de caractère et résolution, intelligence et lucidité, courage et promptitude du jugement, qui lui permettra de remplir son rôle éminent de chef dans les circonstances les plus difficiles. Dans le jeu complexe, subtil ou brutal, des faits historiques, que Machiavel désigne sous le terme vague de *fortune*, le succès appartient à qui a l'esprit de décision rapide comme l'éclair, sens divinatoire en quelque sorte de la meilleure conduite à adopter (les erreurs sont fatales, comme on le vit pour César Borgia), et ambition illimitée pour son pays. On sait que le modèle du Prince était, historiquement, César Borgia, homme de décision s'il en fut, et qui ne s'embarrassait guère de scrupules. La carrière foudroyante du jeune condottiere remplissait l'Italie du bruit de ses succès insolents,

1. *Discorsi*, I, 2.

et offrait à Machiavel l'expression la plus réaliste et la plus heureuse, jusqu'à ses erreurs fatales, de cette *virtù* qui devait assurer le salut de l'Italie.

Et c'est ici que l'interprétation de la doctrine du Prince fut faussée par ses admirateurs de l'époque élisabéthaine. Machiaval écrivait, mû par un ardent patriotisme, le premier des Italiens à avoir pensé et senti au plus profond de soi la nécessité d'unir et d'unifier une Italie partagée en vingt principautés se déchirant entre elles, ravagée par les factions, champ de bataille des convoitises étrangères que le moindre signe de faiblesse ou de dissension allumait, que la moindre invite à intervenir attirait — unir et unifier cette Italie sous une main forte et capable. Il ne cherchait rien d'autre qu'une solution politique à un problème en apparence insoluble, tant que cette unité ne serait pas consommée. Il n'est que de relire l'admirable chapitre XXVI du Prince pour sentir le frémissement d'espoir qui soulève le style habituellement analytique et froid de Machiavel jusqu'à la plus émouvante éloquence : « On ne doit pas, donc, laisser perdre cette occasion, afin que l'Italie puisse voir, après un si long temps, lui apparaître quelqu'un qui la délivre. Je ne saurais pas suffisamment déclarer avec quelle grande affection il serait reçu en tous ces pays, qui en ont enduré par ces descentes d'étrangers en Italie, avec quelle soif de vengeance, avec quelle foi opiniâtre, quelle piété, quelles larmes. Quelles portes lui fermerait-on? Quel peuple lui refuserait obéissance? Quelle envie s'opposerait à lui? Quel Italien lui refuserait hommage[1]? » Ah! si les Médicis avaient compris...

Les dramaturges élisabéthains ne devaient pas retenir cette vision grandiose d'un pays aspirant à l'unité dans les larmes et dans le sang, ni associer le réalisme politique, aussitôt appelé « machiavélisme »,

1. *Le Prince*, fin du chap. XXVI.

à des nécessités historiques. Mais ils retiennent l'interprétation, pessimiste jusqu'au cynisme, de l'univers, et les traits de caractère de l'ambitieux hypocrite et brutal qui veut faire son chemin dans la vie par n'importe quel moyen. Ils retiennent l'amoralisme foncier de la doctrine lorsqu'elle n'a même plus, pour tenter de se justifier, la tentation brûlante de l'amour du pays. Tout homme au caractère bien trempé, quel que soit son rang dans la vie, et pour des motifs purement égoïstes, va s'arroger les droits du Prince. Machiavel, ce clerc qui a trahi l'humanisme, et dont la trahison retentira dans l'histoire au cours des siècles à venir, épouvantant ceux-ci, enthousiasmant ceux-là, avait conscience de faire œuvre pie, œuvre sacrée. Il n'aura écrit qu'un bréviaire de l'arrivisme auprès duquel celui de Bacon, venu plus tard et tellement plus timide, n'est qu'un élégant missel. Le premier résultat de la diffusion du *Prince* en dehors de l'Italie aura été de donner aux dramaturges anglais un corps de doctrine et un personnage qui allait le mettre en action.

On comprend maintenant la séduction qu'exercèrent cette doctrine et cet homme sur des esprits qui s'allaient donner pour tâche de sonder les mobiles des actions humaines, et pour divertissement de mettre en scène des personnages que la loi du genre poussait nécessairement à l'action, et surtout dans une période d'ascension, de turbulence spirituelle, de curiosité inouïe. Le puissant levier de l'ambition soulève le monde nouveau, et voici le fait reconnu. L'histoire nationale, l'anecdote étrangère, sinon le fait divers contemporain, fournissent cent exemples d'hommes ainsi jetés en avant par la *virtù*, que leur ruse rend subtils, leur cynisme cruels, leur courage admirables. Ils vivent dans le mensonge et dans l'audace, jettent leur défi au destin, narguent les lois humaines et divines, montent très haut, et puis, comme déjà le jeune Mortimer, savent mourir en stoïciens — rejoignant par là le héros sénéquéen qui est l'autre face de leur double visage.

Vile Fortune

s'écrie Mortimer conduit au supplice.

« *je vois maintenant que sur ta roue il est un point duquel, lorsque les hommes y aspirent, ils sont précipités en bas. Ce point je l'ai touché, et puisqu'il n'en était pas de plus haut à gravir, pourquoi me lamenter de mon déclin et de ma chute...* [1] »

Machiavel hante Marlowe au point que celui-ci lui demande de servir de Prologue à son *Juif de Malte*, et le Machiavel-Prologue s'étonne lui-même de ce rôle étrange qu'il joue :

Mais que dis-je ?...

s'écrie-t-il, après une tirade d'apologie personnelle remplie de sentences (de près ou de loin) « machiavéliques ».

Quoique certains attaquent ouvertement mes livres, toutefois, ils les lisent, et grâce à eux accèdent au trône de Pierre...

Je tiens la religion pour un colifichet, et je crois qu'il n'est point d'autre péché que l'ignorance...

C'est la force d'abord qui fit les rois... [2]

Il s'avise qu'il n'est pas venu pour lire une homélie en Angleterre, mais pour présenter au public le personnage de Barabbas, qui doit ses fabuleuses riches-

1. *Edouard II*, acte V, sc. VI, 58.
2. *Le Juif de Malte: Prologue* dit par Machiavel, *passim*.

ses autant à son industrie qu'à l'application des principes du Florentin. Barabbas, d'ailleurs, n'est, en vérité, qu'une dégradation mélodramatique du « Machiavel », fourbe et cruel avec frénésie, comme le jeune Mortimer n'en possède, avec l'orgueil cynique, que les traits les plus grossiers : « *On me craint plus qu'on ne m'aime — eh bien, soit...* » s'écrie-t-il orgueilleusement. Le duc de Guise, dans le *Massacre de Paris*, qui devait la fâcheuse réputation dont il jouissait en Angleterre autant à son « papisme » fanatique qu'au rôle qu'il joua dans la Saint-Barthélemy, est sans doute l'étude la plus poussée du « Machiavel » que Marlowe ait entreprise. Fourbe et insensible, cruel jusqu'à l'atrocité, lucide et calculateur, il a, de plus, la résolution (*virtù*), pour de grands desseins.

«... *Enfin, j'ai appris que le danger est la meilleure route du bonheur, et la résolution le but le plus beau de l'honneur.*
« *Ce que j'aime le mieux, c'est ce qui m'échappe...* »

Il convoite le diadème d'une soif inextinguible, et l'emphase brûlante de son premier monologue (d'où sont extraits les vers cités) ne le cède pas à celle de Tamerlan. Mais il a, par surcroît, l'intelligence, et le mépris des sots :

« *Pour cela, cette tête, ce cœur, cette main, cette épée, inventent, imaginent et exécutent jusqu'au bout ces grandes actions que tant voudraient accomplir, et qu'ils ne comprennent pas* [1]... »

Il meurt avec la même grandeur que Mortimer, ne regrettant que sa vengeance qui lui échappe, la malédiction aux lèvres, et plus hautain que César.

1. *Le Massacre de Paris, passim.*

S'il est difficile de dire jusqu'à quel point la pensée personnelle de Marlowe s'identifie à celle du pseudo-Machiavel auquel il donne le premier un rôle essentiel dans son théâtre, il faut constater, pour Marlowe comme pour les autres, l'étrange fascination qu'exerce, ce personnage sinistre, et la persistance avec laquelle l'exemple de Marlowe sera suivi. A tout prendre, ce n'est point tant la valeur dramatique du « Machiavel » qui pousse la pièce et force l'attention, que l'expérience humaine dont il est le symbole agissant qui porte le message du drame. Pour lui, la vie a un sens déterminé, et ses actes ne sont que l'application de ses principes. Le dramaturge met cette interprétation à l'épreuve décisive des faits — et, presque toujours, le jeu se solde par un échec. « Les hommes peuvent tout espérer, et ne peuvent tout obtenir. » Une fois montés au faîte du pouvoir, de la gloire, de la richesse, des jouissances et du crime, c'est la chute, rapide et inévitable. Le monde a-t-il donc trahi, ou la doctrine? Restait-il des valeurs spirituelles que le « Machiavel » avait eu le tort de négliger? Faut-il donc tout remettre en question? Même cela ne serait pas valable? Pour que le personnage conserve sa valeur humaine, et soit psychologiquement vraisemblable, ou plus simplement viable du point de vue dramatique, il se doit de finir par un cri de rage et une malédiction, ou par un repentir tardif, une abjuration, impuissante à écarter de lui son instinct de bête abattue, mais pouvant encore assurer le salut de ce qu'il lui reste d'âme. Le héros plonge dans la damnation, ou s'enfonce dans les brumes équivoques d'une possible rédemption. De toute façon, la preuve sera faite — la preuve par l'épreuve — que le système est un échec.

La période de la négation blasphématoire, du cynisme joyeux et du stoïcisme insultant à la faiblesse ou à la lâcheté, est celle qui rend le son le plus authentiquement dramatique jusqu'au mélodrame; celle de la reconnaissance ultime des valeurs spirituelles marque le vain, mais émouvant retour à un ordre de choses aboli. De Marlowe à Webster, tel est à peu près le chemin parcouru. On passe de l'orgueilleuse allégresse sans reniement à ce mollissement de l'âme après la lutte et la tension qui s'accommode du pessimisme et de la foi. Tares humaines, si l'on veut, « ... *dont la chair a l'apanage* [1] ». Le « Machiavel », homme de fer, incorruptible et absolu, est bien davantage une créature de l'imagination, imparfaite et faillible, qu'une *réalité* dramatique. Il n'en est point de parfait, sauf peut-être le cardinal de Webster, dans *La Duchesse d'Amalfi*. Greene s'insurge contre cette « peste ». Chapman n'en dessine que les traits superficiels. Ben Jonson le pervertit avec raffinement et le dépasse à la fois. Shakespeare, héritier lui aussi de la tradition marlowienne, tantôt le taille à grands coups, comme Marlowe, et c'est Richard de Gloucester, qui ricane sur ses victoires, et lutte avec frénésie jusqu'au bout, « *Un cheval... un cheval, mon royaume pour un cheval* [2]... » tantôt l'esquisse d'une main qui ne s'appesantit pas sur la besogne, et c'est le Don John de *Much Ado*, tantôt usant de sa technique, peint un Iago aux vues limitées, à peine motivé, mal incarné dans la chair d'Othello que les pleins feux de la douleur et de la grâce n'éclairent pas, tantôt encore, et c'est Edmund du *Roi Lear*, le fait bâtard, comme il avait fait Richard difforme, pour conjuguer, dans un personnage épisodique, les tares pittoresques du destin et celles de l'âme. Mais Shakespeare est trop lucide, et sa vision s'intéresse à trop d'objets divers, pour ne pas tenir le « Machiavel » pour autre chose qu'une expérience entre tant d'autres. Si quelques-uns de ses grands héros, Macbeth par exemple, sont teintés de « machiavélisme », ce n'est qu'un

1. Monologue de *Hamlet*.
2. *Richard III*.

trait, et non un système ; la grandeur est ailleurs. Chez aucun des « Machiavels » shakespeariens le frémissement du discours, le ton du langage, ne prêtent à penser qu'ils considèrent comme valables les solutions qu'ils apportent au problème de la vie. Mais le personnage est impossible à exclure, même s'il ne doit figurer que pour être finalement bafoué, puni ou pardonné.

Webster, au contraire, est celui des jacobéens qui s'intéresse le plus au « Machiavel ». Flamineo, Bosola, le Cardinal et Romélio sont, après celles de Marlowe, les études les plus poussées, les plus fouillées que nous ayons. Ils ne sont que les comparses, à vrai dire, des personnages majeurs que Webster anime d'une flamme ardente et qui portent les responsabilités les plus lourdes devant les problèmes moraux et métaphysiques que leur propose la vie. Mais ces comparses ne sont point de simples accidents techniques traditionnels, jetés là pour embrouiller le jeu, ou pour rehausser par opposition l'éclat plus brûlant des figures qui les dépassent. Ils sont vivants, animés, agissants, personnels et lucides, et la *virtù* ne leur fait point défaut. On sent bien que Webster veut venir à bout de leur expérience et de leur philosophie de la vie. Sa curiosité à leur égard est aussi vive que celle de Marlowe, mais moins passionnée, plus discriminative. Marlowe s'empare du « Machiavel » avec l'appétit peu regardant d'un jeune affamé, et l'esprit entier d'un homme qui ne connaît pas encore la profondeur de ses désillusions. Webster cherche à reconstruire un monde irrémédiablement divisé, et lutte pour la vérité, non pour la conquête. Son propre esprit s'efforce vainement d'échapper à la disjonction. La vertu commune à tous ses personnages, et même parmi les plus humbles, est, certes, la résolution, le courage, et ce qu'on appelle aujourd'hui le « cran ». Mais la lumière ne se fait que lentement en eux, à la faveur du choc entre l'action et la pensée, la pensée d'abord convulsive, même lorsqu'elle est préméditée, et qui, peu à peu, prend conscience d'elle-même, les éclaire sur leur véritable nature et fait ressortir le sens réel de la vie. Ce peut être alors un éblouissement (« *mes yeux sont éblouis* » [1], dit Ferdinand, devant le cadavre de sa sœur), ou la plongée dans la folie et le remords (lycanthropie du même Ferdinand, conversion subite de Bosola), ou encore la révélation tardive du caractère illusoire de tout espoir de rachat ou de salut. D'autres personnages, eux, sont restés fidèles, à travers le tourbillon sanglant des actions violentes, aux anciennes valeurs spirituelles, et considèrent avec terreur, dégoût ou colère, les aberrations où se ruine l'âme. Cette réaction saine, timide et impuissante au cours de l'action, triomphe au dénouement, sur les décombres accumulés par tant d'acharnement dans la ruse ou dans la brutalité. Quand les protagonistes ont été vaincus, les choreutes expriment leur satisfaction et prennent l'avenir en charge. Mais que de cadavres, que de cendres... Ce qui montre, après tout, qu'il n'est point certain que l'interprétation machiavélienne de l'univers, si séduisante qu'elle soit pour des hommes tenaillés par l'angoisse de l'action, offre un système cohérent, malgré la ténacité avec laquelle les personnages essayent de répondre aux problèmes que pose la vie, malgré le stoïcisme qui couronne leur carrière avant qu'ils ne soient précipités dans l'abîme, ou enveloppés de la brume froide de la mort.

C'est bien le suprême effort que tente la pensée jacobéenne pour assimiler une doctrine insatisfaisante et malsaine, dont l'essentiel lui échappe, mais qui répondait à un besoin urgent de coordonner en un système nouveau les données bouleversantes d'un univers décevant. Sous le « Machiavel », l'homme reparaît, et avec lui, la pitié, l'angoisse, la douleur. Le masque se déchire, et la grimace tord le visage, même lorsque

1. *La Duchesse d'Amalfi.*

l'homme serre les dents, et use, comme le cardinal de Webster, de la suprême élégance de la réticence au seuil de l'au-delà :

« ... *Comme est lourde une conscience coupable... Quand je regarde dans les viviers de mon jardin, je crois y voir quelqu'un armé d'un râteau qui chercherait à me frapper* [1]. »

1. *La Duchesse d'Amalfi*, acte V, sc. v.

VII

Sans doute, le « machiavélisme » était la seule réponse que pouvait tenter de faire aux exigences de la raison le monde jacobéen désaccordé, où le spirituel était en désarroi, pour échapper à la stérilité et au désespoir. Mais cette réponse s'avère impuissante à concilier les inconciliables. La dualité subsiste, esprit, matière, et, comme les émanations d'un feu souterrain que l'amoncellement des laves ne parvient pas à étouffer, les fumées nostalgiques des feux intérieurs percent à travers la croûte inégale des résolutions imparfaites. La lassitude s'installe, le découragement oppresse ceux des hommes qui ne sont pas jetés à corps et âmes perdus dans la matière, et qu'assiègent l'ingratitude, l'injustice, la trahison, la violence, la cruauté. Un sentiment profond de l'imperfection et de l'imperfectibilité des choses vient accabler les âmes les mieux trempées. Tant de pièges tendus, tant de vices fourmillants, sabbat des sorcières chevauchant les égoïsmes obscènes, rythme affolant des passions lancées à la poursuite des possessions — pouvoir, jouissances — et, au bout de la course, le mur contre lequel vient s'écraser le héros vertigineux. Ténèbres et vapeurs sulfureuses, bains de sang, éclairs de la folie, supplice de Tantale et rocher de Sisyphe dans un paysage de cauchemar. Falsification universelle des valeurs, crime et souffrance, le mal partout souverain. C'est vraiment un euphémisme que de dire, en 1602 : « Il y a quelque chose de pourri dans le royaume de Danemark » — le souffle de la défaite passe sur le monde assombri, va devenir un ouragan qui emportera tout sur la lande où Lear se dépouille, et cette nuit, c'est la nuit de Sénèque le Tragique, avec sa poésie puissante, cette fois sentie et ressuscitée. Le suicide partiel d'Œdipe, avec la « grêle de sang » qui jaillit de ses yeux crevés, est un sentiment que s'inflige un être épouvanté par ses crimes, qui le rachète et le grandit à la taille des dieux ; les orbites sanglantes de Gloucester irradient l'horreur pour l'horreur, comme le morne festin de Thyeste, le massacre aveugle d'Hercule, ou la cruauté sadique de Médée. Comment, alors, ne pas accueillir la mort en libératrice, même si elle mène au néant ? Comment ne pas la souhaiter, ne pas l'aimer, ne pas se ruer vers elle ? « *Brève flamme, éteins-toi* [1]... » « ... *Le reste est silence* [2]. »

Sénèque, aussi bien, était déjà l'enfant chéri des élisabéthains. Bien plus que les Grecs, il avait été le modèle classique, le dieu du théâtre, sur lequel les dramaturges avaient fixé leurs regards éblouis, et à l'imitation duquel ils avaient forgé leurs armes. Ces élèves allaient à l'école chez le Maître. Mais, comme il arrive souvent aux imitateurs que pousse l'émulative admiration, ils restèrent sourds aux accents puissants de sa voix dont ils ne pouvaient comprendre le sens profond. Ils imitèrent la forme plus qu'ils n'absorbèrent l'esprit. Voilà une tragédie robuste, violente, réaliste, pleine de sages « sentences » que les rhéteurs ou les philosophes latins ont rendu familières jusqu'à leur faire perdre leur portée réelle, à la forme très étudiée, très savante, émaillée d'effets de style subtils et vigou-

1. *Macbeth*, acte V, sc. v.
2. Mort de Hamlet.

reux, rhétorique de tonnerre ou de salon, où se dressent des personnages aux passions effrénées, de taille gigantesque, haussés au sublime par la légende et par l'énormité de leurs crimes ou de leurs souffrances, gluants de sang, enveloppés d'horreur, traqués par la fatalité, soumis à la colère, à la vengeance, à l'amour, et familiers hautains de la mort. Personnages surhumains, tragédie du sublime et de l'épouvante, rhétorique poétique aux confins du mauvais goût et du grandiose : œuvre, en un mot, qui attire et qui éblouit, modèle incontesté qui fixe les limites et les lois de la tragédie.

Mais on extrait, pour ainsi dire, Sénèque du fond du temps. On le sépare de son époque, on ignore les raisons profondes qui donnent à ses tragédies l'accent qu'elles ont. C'est la technique, les formes du style, les figures de rhétorique, le jeu verbal, les ornements, qui vont séduire les imitateurs, et non l'esprit qui va les toucher. Sénèque tient lieu de magasin aux accessoires, de réserve à effets, de détaillant du précieux ou du sublime, dont la qualité, chez lui, est supérieure. On lui emprunte les morceaux plus que les thèmes, les développements plus que le pathétique, les *sententiae* plus que la philosophie, tous les procédés de style qui vont de l'hyperbole à la stichomythie, en passant par l'anaphore et les antithèses, la préciosité et l'emphase, la subtilité et la pompe, bien plutôt qu'on ne s'imprègne de son esprit, et qu'on ne recrée cette vision du monde si particulière dont le drame élisabéthain, dans sa féconde crise de croissance, ne pouvait, évidemment, faire état. En apparence, de *Gorboduc* (1561) à *Titus Andronicus* (1592) ou aux *Richard II et III* (1592-95), y compris, bien entendu, *La Tragédie espagnole* de Kyd et les pièces de Marlowe, ce sont les mêmes ressorts qui portent et font se mouvoir la tragédie : curiosité et admiration, terreur et pitié — l'horreur, surtout, dont Sénèque outre la dose, qui saisit le cœur et fige l'imagination. Partout crimes atroces, passions monstrueuses, personnages surhumains dans la haine et dans le mal. Partout des tyrans frénétiques, des rois et des reines captifs ou exilés, des fantômes exsangues clamant vengeance, des nécromanciers, des devins ou devineresses, des victimes innocentes, des suppliciés bravant la mort, des criminels arrogants, des frères ennemis. C'est une joyeuse orgie de l'horrible, qui ne met pas encore en cause les grands problèmes, et qui n'accable pas l'esprit. Tant de fureurs et tant de crimes, à quelques pieds au-dessus du sol, sont des exercices exubérants, et non des réponses à des questions angoissantes sur le sens de la vie, la réalité de l'univers, ou les notions du bien et du mal. Ou encore de simples imitations d'école, comme celles de Daniel ou les traductions de Kyd, adaptées d'ailleurs du sénéquisant français Garnier [1].

La grande ombre de Sénèque s'étend sur tout le demi-siècle de préparation à la tragédie, et nul n'échappera à son influence. Mais, une fois passé le cap de l'imitation, c'est encore vers Sénèque qu'on tourne des regards plus lucides et plus pénétrants. Ce noir soleil aux reflets sanglants brille toujours d'un éclat soutenu, et sa lumière maintenant s'harmonise avec les lueurs indécises des crépuscules menaçants de la fin du siècle et de l'aube trouble du XVIIe naissant. On a vidé le sac aux accessoires, on s'est familiarisé avec tous les tours, tous les trucs du vieux tragique, et on s'aperçoit qu'il reste de la substance, de la pensée, de la poésie. L'attitude stoïcienne devant la souffrance et la mort est la seule qui puisse sauver de l'ignominie le héros criminel malmené par le destin. Les discours « tragiques », les ruisseaux de sang, ne ronflent, ou ne coulent plus seulement pour l'effet. Il se trouve que les idées de Sénèque, exprimées dans les « sentences » pleines de sagesse et de désillusion, correspondent à celles que peuvent se faire sur la

1. *Cornelia* (1593) par exemple.

déchéance de l'homme les jacobéens désabusés par un « machiavélisme » inhabile à assurer le salut du héros. Sénèque sonne le glas d'une société qui se déprave, d'une métaphysique qui s'effondre, d'une morale qui s'avilit, d'un empire qui s'écroule. Sa tragédie est un crépuscule des dieux, comme un crépuscule des hommes. Il y court des reflets de l'incendie de Rome, on y sent le « goût morbide et dépravé des contemporains de Néron pour les beaux crimes et les passions monstrueuses »[1], l'angoisse et le doute obscurcissant la foi dans une justice immanente. L'innocent périt sans raison valable, les Dieux eux-mêmes sont enchaînés par le Destin (ils ne sont peut-être pas même immortels) — *et mortis dominus petrimuit mori*[2] — l'humanité est en pleine décadence, et rien ne pourra la sauver ; l'âge d'or, depuis longtemps disparu, n'est qu'un thème douloureux de nostalgiques regrets. La fin du monde, au contraire, menace l'humanité déchue, préoccupation commune à Sénèque le Philosophe et à Sénèque le Tragique, thème qui hante également ses contemporains :

« *Un jour, un jour viendra pour l'univers où toutes ses lois seront bouleversées ; le pôle austral écrasera toutes les étendues Libyennes, tout le pays des Garamantes nomades ; le pôle arctique écrasera tout ce qui domine son axe et ce que bat le sec Borée. Tremblant et détaché du ciel, le Soleil fera tomber son disque lumineux ; le palais céleste en sa chute entraînera orient et occident ; tous les dieux périront aussi de quelque mort et tomberont dans le chaos. Enfin la mort prononcera l'arrêt suprême du fatal trépas contre elle-même*[3]. »

1. Léon Herrmann, *Le Théâtre de Sénèque* (Les Belles Lettres), p. 469. Je renvoie le lecteur à cette excellente étude de Sénèque, qui, toutefois, à mon sens, ne fait pas la part assez belle à la poésie du grand tragique latin.
2. *Hercule furieux*, v. 565.
3. *Hercule sur l'Œta*, v. 1102 sq.

Le chœur de Thyeste reprend et développe le même thème en des accents d'une puissante poésie :

« *Le Soleil... est surpris de voir l'Aurore en se couchant : il force les ténèbres à surgir quand la nuit n'est pas encore prête : aussi les astres ne montent-ils point et le firmament ne brille-t-il pas du moindre feu ; la Lune n'allège pas ces profondes ténèbres. Quel que soit ce prodige (plût au ciel que ce fût une nuit...) nos cœurs tremblent, oui, tremblent, frappés d'une immense crainte, celle que l'univers ne s'écroule, fracassé, dans l'ébranlement général que président les destins, et que le chaos difforme n'accable à nouveau les dieux et les hommes, enfin que la nature n'engloutisse à nouveau les terres, la mer qui les entoure et les astres errants qui pointillent le ciel... Ainsi, c'est nous qui parmi tant de générations avons paru dignes d'être écrasés par la chute du ciel désaxé ? C'est nous qu'atteint la fin du monde ? O avec quelle dure destinée sommes-nous nés, infortunés, soit que nous ayons perdu le Soleil, soit que nous l'ayons mis en fuite. Faisons trêve à nos plaintes. Crainte, éloigne-toi... C'est être trop avide de vie que de ne pas consentir à la mort quand l'univers périt avec soi...* [1] »

Voilà bien le désespoir total, l'impasse définitive, où l'homme n'a d'autre recours que la stoïque acceptation de son destin. *Crainte, éloigne-toi...* L'atmosphère est si lourde, les ténèbres si épaisses, le dérangement du ciel et de la terre si extravagant, que le héros se meut dans une glue de boue et de sang, d'où la seule issue possible, suprême épreuve, est l'évasion dans le néant, le seul salut, le mépris total de la mort : *contempsit omnes ille qui mortem prius* [2]. Nous sommes à la limite extrême de ce que les dieux et les hommes peuvent désirer, vouloir,

1. *Thyeste*, v. 822 sq.
2. *Hercule sur l'Œta*, v. 443.

ou subir. Se ruer dans la vengeance, comme Atrée, comme Médée, avec le seul regret que l'imagination ne puisse inventer de crime plus atroce ; détruire l'être aimé, comme Déjanire, ou comme Phèdre, parce que l'amour, la jalousie, ne peuvent s'assouvir, comme la haine, que par la destruction ; se jeter sur son épée — *libet ire in enses* — ou, comme Hercule, élever son propre bûcher, et offrir à la flamme dévorante ses membres meurtris, son cœur rongé par le feu plus cruel de la honte et du désespoir, pour triompher enfin des dieux eux-mêmes et du destin : *Inferna vici rursus Alcides loca...* [1]. Et la gigantesque stature d'Hercule se dresse dans le théologeion, symbole du Sage qui a vaincu par le courage et le mépris du mal la souffrance et la mort elle-même, qui, une fois qu'elle est, n'est rien. Par ailleurs, le chœur des *Troyennes* fait entendre des accents aussi pathétiques, mais moins consolants : « Il n'y a rien après la mort, et la mort elle-même n'est rien. C'est la borne suprême de notre vertigineuse carrière ; hommes cupides, quittez vos espoirs, hommes inquiets, quittez vos craintes : le temps avide et le chaos nous engloutissent. La mort est indivisible, mal inhérent au corps, elle n'épargne point l'âme » [2].

L'esprit de Sénèque, comme celui des Jacobéens, est profondément divisé. Ce sage qui a passé à côté de la grandeur, a vécu à côté du crime, témoin lucide et désabusé d'un grandiose écroulement. Les seules valeurs spirituelles encore valables dans l'immense désarroi qui saisit l'âme sont celles qui le raidissent et le grandissent dans la souffrance et le mépris de son destin. Le héros vertueux peut croire à la survivance de ses vertus au sein même de l'épreuve, et jeter au néant le défi de sa propre grandeur. Mais celui qui est la proie des passions, et ne trouve que dans leur frénésie ce

1. *Ibid.*, v. 1976.
2. *Les Troyennes*, v. 397 sq.

goût de l'absolu nécessaire à l'homme pour se dépasser, est condamné à se détruire spirituellement. Terrible morale, et qui n'avait pas été comprise et sentie par les premiers admirateurs de Sénèque. On s'est peu à peu haussé jusqu'à lui. Tamerlan est immoral comme il respire : il ne *pense* pas sa destinée, il est « une force qui va ». Tyran joyeux et sain, repu de victoires et de cruautés, il n'a ni le désir ni le loisir d'approfondir son imperfection humaine. Mais Macbeth... Il entre dans le crime à pas sournois et sourds, et de quel délire verbal il a besoin de se griser... Ses incantations, pour être moins oratoires et plus denses que celles de Médée ou d'Atrée, rendent le son équivoque de celles de l'enchanteresse qui trouvent un écho dans la bouche de Lady Macbeth, ou celles de l'effroyable fils de Pélops, générateur de crimes affreux.

Il ne s'agit plus maintenant de pillage ou d'imitation. La « pensée » de Sénèque, diffuse à travers tant d'ouvrages, vulgarisée, « normalisée » en quelque sorte, a moins d'importance par son contenu que par son accent. Le lyrisme, qui touche plus directement que les sentences, retentit diversement chez les Jacobéens, mais il retentit chez tous. Il colore la vision du monde, il exaspère les passions, il commande l'action et les dénouements. Invectives, invocations, incantations, monologues où le héros s'analyse, sonde ses mobiles, prend ses décisions, apostrophes aux dieux protecteurs ou cruels, réflexions désabusées, cris de désespoir, rhétorique, cette fois-ci non plus purement oratoire et creuse, mais cherchant à exprimer la substance même du contenu dramatique de l'âme. L'atmosphère est lourde, dense, chargée de symboles menaçants. Un souffle puissant passe partout, raidissant la volonté des forts, emportant les faibles, ravageant toutes les perspectives. Le ton ne trompe pas : c'est celui du désespoir majeur. Aux heures de grande crise, confronté avec le problème insoluble de son triomphe ou de sa chute, de son triomphe *dans* sa chute, le héros déchiré ricane, maudit, se lacère volontairement. Il demande aux mots enflammés, aux images fulgurantes, au rythme haletant ou soutenu du discours, la suprême justification de son attitude. Les astres, les saisons, la sorcellerie, la nature, la maladie, lui fournissent spontanément les métaphores qui vont le mieux épuiser la connaissance de son mal. Il jongle avec les étoiles, les enfers, les dieux déchus, les cataclysmes, les ouragans. Il atteint à cette réalité profonde des choses que seule la poésie peut toucher, et qui seule peut nous toucher. Ainsi le vieux Sénèque, emphatique et brutal, qui a vécu du sang des tragiques grecs, leur empruntant jusqu'à leurs déchets, et qui a su faire du grandiose avec leurs défauts, parce que, sans doute, il demandait à la tragédie d'exprimer et d'ennoblir ses propres angoisses, devient à son tour un inspirateur véritable. Les Jacobéens vivront du sang de Sénèque, portant encore plus loin que lui la magnitude de l'horreur, mais transformant ses images, recréant pour eux-mêmes cet univers dangereux où les maléfices du destin et des passions dépassent les forces humaines.

L'amour contrarié se perd dans l'absence brutale de la mort, dégénère en tyran perfide ou furieux, en un « monstre aux yeux verts » acharné sur sa proie, prépare avec raffinement sa propre destruction ; l'ambition enchaîne les crimes, maillon sur maillon, dans un cercle infernal trempé de sang, et, pas à pas, se meut vers le gouffre ; la vengeance allume ses torches, hérisse ses cheveux de furie, tandis que des ombres livides, remontées des sépulcres, de leur voix sèche et brûlante, soufflent des ordres imprescriptibles aux oreilles des hésitants épouvantés : le crime partout, qui conduit au crime, au blasphème, au néant. Et les héros purs de toute souillure ont l'âme trop fragile pour résister aux assauts incessants du mal. Quelques-uns, les mieux trempés, démissionnent de leur pureté, et se mettent à maudire à leur tour, comme Timon d'Athènes ;

d'autres, moins robustes, n'ont que la folie pour seul refuge : ainsi Lear, vieillard imbécile, dont la raison est aveuglée par les éclairs fulgurants de la méchanceté de ses filles, ainsi Ophélie, que les sarcasmes désespérés de Hamlet réduisent à la terrible douceur de sa folie ; d'autres encore, que l'on croyait implacables et plus résistants, sont vaincus à leur insu dans le clair-obscur de la conscience — et Lady Macbeth cherche à effacer la tache de sang sur sa petite main. Mais tous voient le chaos, l'universel désordre, l'amour bafoué, l'honneur trahi, le mal triomphant du bien, le laid écrasant le beau, l'ignominie éclaboussant la vertu, la souffrance et la mort sûres de leurs victimes impuissantes.

Tels sont les thèmes fondamentaux. On les retrouve dans les tragédies de Chapman, dont les héros ambitieux et insolents, individualistes forcenés, jetés bas par le destin, aspirent à on ne sait quelle apothéose ; chez Marston, qui dessine avec vigueur, et non sans incohérence, des personnages qui doivent autant à Machiavel qu'à Sénèque, empruntant çà et là une allusion, un passage, un jeu d'images, qui obscurcissent le fond de son tableau ; chez Middleton, qui, malgré son sens du comique et ses analyses pénétrantes du caractère féminin, mène à leur perte inévitable des criminels que la souffrance n'ennoblit pas. Webster, plein de sentences, esprit divisé s'il en fut, maître du pathétique et de l'horreur, curieusement épris du « Machiavel », dont tous les personnages vont à la mort la tête haute et la résolution au cœur, cherche à percer la brume du néant qui enveloppe leur fin, sans y parvenir. Tourneur, le plus atroce, le plus sénéquéen de tous, pour qui décidément les étoiles ne brillent pas, insensible à la pitié, à la sympathie, à la nostalgie même de l'au-delà, fait évoluer les siens dans les ténèbres les plus épaisses, traversées de lueurs maléfiques, peuplées de cadavres et de fantômes pourrissants et glauques, régies par une Nature (interminablement invoquée par d'Amville, « l'athée ») aux lois dévorantes, qui pousse la victime à son supplice et le bourreau à son châtiment. Si Webster livre aux regards épouvantés de la duchesse d'Amalfi les cadavres de ses enfants, ce ne sont que figures de cire, dignes de quelque musée Tussaud du théâtre ; Tourneur va plus loin : il vêt un vrai cadavre de femme de défroques engageantes, sans oublier le rouge sur le rictus des lèvres rongées, sans oublier surtout le poison, et il propose, dans l'ombre propice aux embrassements coupables, le squelette lascif de sa bien-aimée aux étreintes convulsives d'un duc lubrique et assassin. Cet appétit de luxure que tente un cadavre, dans une nuit empuantie, sous les yeux avides de vengeance d'un monstre sadique et macabre, dépasse en horreur la rage infanticide de Médée, dépeçant ses propres enfants. C'est un cauchemar livide et glacé, où les voix sont métalliques et surnaturelles, joué par des fous, dans une atmosphère de soufre et de mort.

Avec tous ses contemporains, Shakespeare, lui aussi, cède à l'étrange et envoûtante magie du mal. Sénéquéen superficiel et bruyant dans sa période élisabéthaine, avec *Titus Andronicus*, par exemple, nous le verrons participer aux fastes du désarroi spirituel et de la négation. Les débats amers de Hamlet, les ambiguïtés d'Angelo, les invectives de Thersite ou de Timon, les sarcasmes furieux de Lear, le dégoût sublime de Macbeth : tout cela relève du même esprit. Le conflit entre le bien et le mal, le laid et le beau, l'innocence et le crime, la pureté et la souillure, l'espérance et le dégoût, l'amour et la haine, l'ordre et le désordre, les lois naturelles et l'anarchie que suscitent les passions, se résout chez lui, dans la période dite « noire », avec un désespoir infini. Mais Shakespeare a su transfigurer cet univers incompréhensible. L'expression de son mal métaphysique se subordonne toujours à une situation sans issue. Ce mal, toutefois, est aussi profond, aussi absolu qu'il peut l'être. L'âme est rongée dans sa substance, la nature est bouleversée dans ses lois. Les racines de l'être sont arrachées. Ce mal humain atteint des proportions surhumaines, ni la foi ni la raison ne peuvent y survivre. Ce n'est pas assez de dire avec Hamlet : « *Ce temps est disloqué* [1] », il faut insulter l'épopée comme Thersite, avilir la pudeur comme Angelo, maudire Athènes, la cité de l'éternelle sagesse, comme Timon, défier les éléments comme Lear, assassiner l'innocence comme Othello, descendre à l'enfer de la peur comme Macbeth, et, comme lui encore, s'anéantir dans le mépris total de la vie.

1. *Hamlet*, acte I, sc. v, fin.

VIII

Ainsi se fixe l'atmosphère du drame jacobéen dans un univers déspiritualisé, où l'excès du mal barre provisoirement la route à l'espoir. Emporté par sa passion conquérante, l'âge élisabéthain avait bravement foulé aux pieds les scrupules et les appréhensions pour assurer le triomphe d'une conception de la vie pleine de promesses, mais qui devait s'avérer un échec à l'épreuve des faits et des passions. Le « Machiavel » impétueux et florissant des premiers jours se mue en héros sénéquéen, dont il portait déjà les traits en filigrane. Le fourbe est entraîné dans les ténèbres et dans le sang, et ne sort de son horrible nuit que pour entrer dans une autre nuit, plus redoutable, parce qu'inconnue. Le monde lui échappe, et le fatalisme du mal fait de ce chevalier de l'imposture un martyr de la destinée. Si quelques-uns ont des regrets ou des remords, s'ils lèvent les yeux vers des constellations lointaines dont ils perçoivent vaguement les feux à demi éteints, la plupart scrutent en vain les ténèbres pour découvrir la porte du salut. Les mille portes de la mort s'ouvrent sur le même vide. Le même vertige les saisit tous. Une fois la proie du monde de la matière, l'homme y est engouffré tout entier, et la lucidité qui lui reste accroît sa torture, car ce monde seul est insatisfaisant. Il faut ou bien y périr, ou tenter l'aventure spirituelle, renier ce qu'on a été, ce qu'on a voulu être. Ce qui était unité ne peut se satisfaire d'un compromis. Le fossé est trop profond, trop large pour être franchi d'un pas indolent. On ne peut que sauter par-dessus, sans regarder en arrière. Ailleurs, les solutions divines, plus loin, l'apaisement. Le profane tourne le dos au sacré sans réconciliation possible, et le sacré se dépouille du profane s'il veut garder sa pureté. Ainsi la disjonction s'achève, le schisme se parfait. Le théâtre est la brûlante forge où, dans les pleurs et les grincements de dents, les frères ennemis consomment leur brouille définitive. Marlowe a frappé les premiers coups, les Jacobéens finissent la tâche. L'homme qui s'est voulu Dieu dans un univers fait pour lui est en passe de perdre les deux royaumes qu'il a imprudemment séparés. Il faut choisir d'être maudit ou racheté. Le premier gémissement de repentir est poussé par Greene, à la fin de la période élisabéthaine, dans ses *Confessions*, qui, me semble-t-il, sont sincères. Mais l'avertissement venait trop tôt, ou trop tard... L'expérience devait être faite. Une fois engagés dans la voie tracée par Marlowe, ses successeurs durent aller jusqu'au bout. Ils y allèrent. Ainsi l'indépendance se conquiert, non sans ruines, au prix de sacrifices infinis.

Chassé du théâtre, le sentiment du divin perd également ses droits dans le domaine philosophique, où Bacon d'abord, plus tard Locke et les empiristes — fussent-ils idéalistes — ne lui laisseront guère d'espoir de reprendre pied. La science, aussi bien, se détache de la religion comme un fruit mûr. Et, hors du cercle ardent des dramaturges, les purs poètes eux-mêmes devront trancher entre les jeux profanes et l'inspiration divine. Donne, après une jeunesse agitée, quitte le siècle et, la foi retrouvée, baigné de repentir, réserve au service de Dieu sa vigueur poétique purifiée. Ceux qui n'avaient pas fléchi dans leurs convictions et présenté une solide armure de foi à l'assaut de la corruption, horrifiés par les insolences du péché de chair et d'esprit, dissidents du siècle eux aussi, préparent la morne révolution puritaine. Les premiers frappés par la Révolution des Têtes Rondes seront, ne l'oublions pas, les dramaturges turbulents [1]. C'est trop peu de dire que ces divertissements sont dangereux pour la vertu : ils l'étaient surtout pour l'esprit. En a-t-on sonné des charges contre l'« athéisme » de Marlowe... Du moins, le profit valait qu'on courût le risque, puisque la somme de beauté due aux créations humaines y gagnait. Mais la beauté, bête noire des puritains, restait dangereuse. Ils ne pouvaient pas comprendre que l'ère tragique du blasphème, du dégoût, et du refus d'accepter la vie était révolue. Il est vrai qu'il y avait d'autres dangers. Qu'il y ait rupture ou non entre les deux générations, fermeture des théâtres ou non, le héros dramatique s'infléchissait vers Almanzor.

C'est que l'apaisement venait, l'angoisse se dissipait peu à peu. Vingt ans de tension, de violents espoirs, de graves désillusions portent un coup sérieux au métabolisme d'une génération, fût-elle élisabéthaine. L'ordre dynastique semblait assuré, les dangers de révolution, d'invasion, écartés, la prospérité revenue. Le drame de la vie se mue en tragi-comédie, où l'on côtoie la mort sans être entraîné par elle. Si la tête de Raleigh roule encore sur le billot aussi tard qu'en 1618, c'est une vieille querelle à régler, qui date de 1603. Raleigh, d'ailleurs, meurt en véritable élisabéthain, comme Essex était mort. Mais le sensationnel procès de Bacon n'est qu'une affaire de corruption fin de régime, qui n'implique pas de débat secret sur l'au-delà. La politique de réconciliation avec l'Espagne, pratiquée par Jacques, secrètement, puis ouvertement, et qui coûte sa tête à Raleigh, a du moins pour avantage d'éloigner la guerre du sol

1. En 1642, les théâtres seront fermés par le Long Parlement. Ils ne rouvriront plus jusqu'à la Restauration, en 1660.

britannique, même si le catholicisme a irrémédiablement perdu la partie en Angleterre. Finis, les brillants exploits des corsaires, plus de Sir Philip Sidney pour mourir en chevalier sur les nouveaux champs de bataille de la Guerre de Trente Ans. Jacques déconsidère le pouvoir royal, mais le Parlement y gagne. Les problèmes ne seront plus spirituels ou métaphysiques, mais se poseront sur le plan politique et économique : la révolte puritaine s'allume à la volonté de Hampden de ne pas payer les taxes non votées par le Parlement. L'héroïsme va tourner à la grisaille, le débat à la politicaillerie, l'autorité à l'intrigue, la fermeté au caprice ; il y aura encore du panache, mais trop de panache, même lorsqu'il sera éclaboussé du sang d'un roi.

Mais c'est aller trop loin dans le temps pour expliquer comment le drame jacobéen cesse de buter contre le mur des propositions et des solutions imparfaites. L'amertume des héros au cœur noir s'est finalement dissipée. L'or scintillant des chevelures élisabéthaines, un moment obscurci par les nuages, resplendit à nouveau sur la perruque de Buckingham. Cette fin de période est vraiment couleur dorée. Sur les sables jaunes de l'île de Prospéro, meurent les vagues, violettes de colère et noires de désespoir, du crime et de la trahison. Ariel mène le jeu. Il y a de la musique dans l'air ; elle coule dans le cœur de Caliban, comme elle émeut le Prince Charmant qu'elle conduit par le bout de l'oreille au carrefour de la Beauté et de la Vertu, réconciliées par l'Amour. Les complots, les orages de la passion, les morsures de la jalousie, le goût du sang, l'âpre querelle au Temps et à l'Espace, les angoisses de la mortalité, le défi au Destin : tout se résout en épisodes qui ont désappris d'être vénéneux. Shakespeare, qui a été le plus noir des noirs, aussi satanique que Marston, aussi divisé que Chapman, sanguinaire comme Webster, hallucinant comme Tourneur, féroce comme Ben Jonson, mais qui a su échapper à la damnation par la vigueur de son lyrisme et, sans doute, l'équilibre supérieur de son génie, sans rien renier de son expérience passée, sans trouver dans le romanesque irréel un refuge de tout repos pour une âme lasse et meurtrie, glisse peu à peu sur la pente de l'apaisement. Dans le même temps que Timon d'Athènes (1607) jette sa malédiction frénétique, le suicide de Cléopâtre prépare le réveil du sens de l'immortalité. Antoine, Cléopâtre, les plus prestigieux des héros que Shakespeare ait créés, malgré leurs faiblesses, et même leurs tares, redivinisent l'amour humain et réhabilitent les aspirations les plus hautes. Puis, de *Périclès* (1608) à *La Tempête* (1611 ?), c'est l'abandon progressif de l'angoisse au profit de la vision plus sereine d'un monde où les valeurs naguère exclues retrouvent leur place. La complexité demeure, mais change de couleur. La jalousie reste aveugle et violente, mais les forces bénéfiques du hasard et des hommes préviennent ses coups meurtriers. La sottise, aussi vile et cruelle, mais la pureté échappe à ses pièges grossiers. La trahison enfin cède devant le miracle, et la formule magique ne confond plus, dans les éclairs d'un ciel souillé, les aspects antagonistes des forces du beau et du laid. Les colères de Prospéro se réduisent aux grondements d'un orage d'été, dans un ciel repeint d'azur, au-dessus d'une île mélodieuse et parfumée.

D'autres iront plus loin que lui dans la forêt pastorale des incidents romanesques, où les larmes ont des reflets de clair de lune, et les cœurs des étouffements de bergerie. Beaumont et Fletcher créent leur monde irréel, où le tragique affleure à peine, où le réalisme perd ses droits. Si Marlowe a pu se dégager, vingt ans plus tôt, de l'influence des musiques spensériennes qui l'avaient un instant séduit, c'est qu'il avait une âme de feu, et une ambition spirituelle que les suavités de langage étaient loin de pouvoir combler. Mais ici, semble-t-il, l'ambition toujours présente est de satisfaire à la nostalgie du beau. On ne respire plus l'atmosphère tragique, même en pleine tragédie. Il ne reste que l'illusion de la tragédie lorsque le sang coule enfin, sous les poignards brandis des héroïnes, que révulse leur péché.

La fameuse scène II, acte V, de *La Tragédie d'une vierge*, qui porte si habilement la tension dramatique jusqu'au coup de poignard dont Evadné punit le roi licencieux dans le lit même de sa faute, ne nous touche que comme l'apparat d'un crime qui sort moins d'une passion aveugle et exaspérée que des nécessités du sujet. Comme il y a loin du délire verbal de Macbeth dans l'antichambre du roi Duncan, au monologue tempéré, conscient, volontaire, d'une Evadné que ne parcourent pas les frissons de l'épouvante! Elle peut bien dire : « *La nuit devient horrible, et tout autour de moi aussi noire que mon dessein* [1]... » ce n'est plus la nuit d'Inverness, avec ses maléfices gluants et ses horreurs tapies dans l'épaisseur du silence. La scène, toutefois, est belle, et même vigoureuse. Mais Evadné, si féroce soit-elle, est un peu plus *loin* que son crime et que sa souffrance, dans les régions indéterminées où la souffrance et le crime *humains* perdent couleur de réel pour devenir illusoires et touchants, sans détruire notre foi dans l'irresponsabilité du héros. Un rien, à peine, sépare la tragédie de la tragi-comédie, que Fletcher invente et définit. On meurt dans la tragédie; dans la tragi-comédie, on passe à côté de la mort. C'est à la fois trop dire, et pas assez. Comment croire, en effet, que *Mesure pour Mesure* n'est pas une tragédie, en dépit qu'on n'y meure point? et comment ne pas voir toute la différence d'atmosphère entre cette pièce inclassable et la « tragédie » d'Evadné? *Mesure pour Mesure* se nourrit du thème de la corruption et du péché ; l'équivoque du mal séduit et souille

1. *La Tragédie d'une vierge*, acte V, sc. I.

les purs par vocation ou par profession de foi ; la grimace du désir impur tord le masque immobile du juge, et l'épouvante de la souillure déforme les traits virginaux d'Isabelle plus que la terreur de la mort ; la mort enfin, pour n'être qu'un épouvantail, surgit des mots brûlants d'un Claudio qui la redoute comme nulle part ailleurs, peut-être, Shakespeare ne sait l'évoquer, aussi redoutable et sordide. Le thème de *La Tragédie d'une vierge* est aussi celui de l'horreur du péché, et la souillure s'y lave dans le sang. Mais il y faut la véhémence d'un frère, à l'inverse de la situation Claudio-Isabelle, pour que le sens de la pureté s'éveille et pousse la pécheresse à l'action. Tout cela, sans nulle angoisse de la faute enfin révélée. L'âme ne peine pas sous le fardeau des contradictions insolubles : elle est redevenue simple, sinon joyeuse — l'âme du dramaturge, comme celle de ses héros.

Aussi bien, c'est dans la tragi-comédie que triomphent Beaumont et Fletcher. Là, vraiment, nulle ambiguïté n'est possible. Nous entrons dans le conte de fées, où le vraisemblable n'est plus tributaire des mêmes conventions. Je sais bien (et nous reviendrons là-dessus) que notre sens du vraisemblable est soumis à une rude épreuve dans toutes les pièces de la période élisabéthaine. Non seulement en ce qui concerne les incidents eux-mêmes, mais surtout lorsqu'il s'agit des mobiles qui poussent les personnages à l'action. Mais si l'absence de suite logique dans le comportement d'un personnage ne compromet pas son unité, ni sa crédibilité, dans la plupart des ouvrages de ce temps, c'est que la conduite de l'action, non plus que le comportement du personnage, ne demandent rien à la logique. L'auteur ne se fonde en rien sur le vraisemblable psychologique dont la nécessité fait loi dans le théâtre classique. Dans la tragi-comédie, au contraire, il semble que Beaumont et Fletcher veuillent éviter le reproche de gratuité pour donner une assise plus crédible aux libertés de l'imagination. La transformation d'Evadné en une vengeresse résolue de son honneur paraît déjà surprenante après la simple scène d'intimidation que lui fait son frère Mélantius [1], mais que dire du fait sur lequel repose toute l'action de *Philaster*, à savoir la jalousie dangereuse (mais non mortelle) que Philaster éprouve à l'encontre de Bellario, le page d'Aréthusa, son amante, lequel page se trouve être une femme déguisée... Dans la forêt où s'enchevêtre l'intrigue, forêt qui préfigure les décors somptueux des futurs opéras, le noble fer de l'épée brode sur la chair des arabesques émouvantes, mais ne plonge pas droit au cœur. La mort n'est plus ce mystère terrifiant qui faisait frémir Claudio.

Comparez l'épouvante de Claudio devant la mort :

« *Oui, mais mourir, aller on ne sait où ; être étendu dans un étau glacé et y pourrir ; ce corps mouvant, tiède et sensible, devenir une motte d'argile, et l'âme réjouie aller baigner dans des torrents de feu, ou résider dans les déserts terrifiants aux épaisses nervures de glace* [2]... »

avec cette tranquille acceptation d'une mort poétisée :

PHILASTER : « *Oh ! mais tu ne sais pas ce que c'est que mourir.* »

BELLARIO : « *Oui, je le sais, Seigneur. C'est moins que naître — c'est un sommeil qui se prolonge — un paisible repos après la jalousie — une chose que nous souhaitons tous. Je sais, en outre, que c'est sortir d'un jeu, perdu d'avance* [3] ».

1. *La Tragédie d'une vierge*, acte IV, sc. I — surtout après l'aveu : *I love my life well*, à la fin de la scène ; acte III, sc. I, entre le roi son amant, Amintor son mari, et elle-même.
2. *Mesure pour Mesure*, acte III, sc. I.
3. *Philaster*, acte III, sc. I.

La lassitude de la vie se contente du doux repos du sommeil. Bellario, chassé par Philaster, se réfugie dans la forêt. Harassé de fatigue, il s'étend sur un tertre gazonné :

« *Une lourdeur proche de la mort me pèse sur le front, et je dois céder au sommeil.*
« *Recueille-moi, ô doux gazon, à jamais si tu veux !*
« *Et vous, fleurs innombrables, souffrez le poids de mon indignité.*
« *Je souhaiterais presque être un cadavre jonché de vos corolles plutôt que vif et vous sous moi. La fatigue me ferme les yeux, et j'en ai le vertige. Oh ! puissé-je m'endormir d'un sommeil si profond à ne jamais me réveiller*[1] » (il s'endort).

Le mal s'évanouit comme un mauvais rêve sous les mains bénissantes du roi, et une vague finalité du bien clôt l'agitation de la pièce, note aussi suavement irréelle que l'angoisse réticente et bien conduite de toute l'action :

« *Enfin, joignez vos mains* »
(dit le roi à la fin de la pièce).

« *Recevez, Philaster, ce royaume, qui est à vous, et, après moi, tout ce qui m'appartient. Je vous bénis. Puissent les heures joyeuses vous assister aux joies du mariage ! Et puissiez-vous tous deux croître sur toutes les terres et vivre assez pour voir vos rejetons vigoureux pousser partout où brille le soleil ! Que les princes apprennent par cet exemple à dompter les passions de leur sang — car ce que le ciel veut, nul n'y peut faire obstacle*[2] *!* »

1. *Ibid.*, acte IV, sc. VI.
2. *Philaster*, acte V, sc. V, *fin.*

Que dire enfin de la pastorale proprement dite, de cette exquise *Bergère fidèle*, où se jouent toutes les séductions du style spensérien dépouillé de ses archaïsmes affectés, plus suave enchantement de l'oreille s'il se peut, claire, liquide comme de source, divertissement qui n'est qu'un délassement, luxe suprême de ce théâtre qui avait déjà tant de joyaux! Fletcher, n'ayant pas pour le soutenir la robustesse de Beaumont, glisse aux sortilèges opalins de la lune, des larmes, de la virginité. Il use d'une mythologie qui ne soulève pas de problèmes, et de personnages diaphanes dont il est surprenant qu'une piqûre puisse faire perler une goutte de sang. Le Satyre et sa magie n'est même pas un personnage conventionnel, menant le jeu, mais l'ombre insubstantielle et accessoire d'un faste païen suranné.

La chasteté n'est pas une vertu, ni même un symbole, elle est une poésie mélodieuse de l'exquis. On s'étonne que Lamb ait pu faire reproche à Fletcher d'avoir « mêlé à cette félicité la hideuse difformité de Cloé, la bergère dissolue », comme si Cloé, qui recherche avec obstination et maladresse des joies moins éthérées que Clorine ou Amoret, pouvait, quel que fût son appétit de luxure, souiller une pièce où l'amour est un air de flûte, grave et lent, dans le clair obscur d'une forêt à demi magique, traversée d'irréelles apparitions. Le débat entre la pureté et la souillure, entre la vertu et le vice, qui grondait naguère de ses voix irritées et menaçantes, est devenu une passe d'armes élégantes entre la chasteté et le désir — chasteté tendre et plaintive, désir qui mène mollement l'assaut. Tout se passe dans les régions indéterminées du rêve mélodieux, celles de l'évasion dans une féerie bien ordonnée, sans caprices ni surprises, où l'idéalisation de l'univers englobe la nature et les êtres, les émotions et les idées, toute angoisse et tout conflit spirituel.

Ce poème « semi-dramatique », comme dit Swinburne,

plein de fleurs et de frémissements, d'une beauté languide et veloutée, chef-d'œuvre de la pièce pastorale, dépasse le prototype du genre, *Il Pastor fido*, de Guarini, traduit par Daniel en 1602. Daniel s'était lui-même essayé au genre, un peu trop tôt, en 1605, avec *The Queen's Arcadia*, qu'il appelait une « tragi-comédie pastorale ». Mais, en 1605, l'heure des Sidney et des Spenser était passée, et la fraîcheur de Peele, le marivaudage de Lodge, le romanesque débridé de Greene, le goût exclusif pour le précieux et l'étrange de Lyly, avaient cédé la place, nous l'avons vu, à de plus pressantes préoccupations. L'énergie des dramaturges trouvait à s'employer ailleurs que dans le poème pastoral, « semi-dramatique ». Des réussites aussi parfaites que celles de Fletcher, Th. Randolph (*Amyntas*) et, qui l'aurait cru, de Ben Jonson lui-même (*The sad Shepherd*) devaient attendre que la fougue, la vitalité, l'inquiétude fussent calmées. Elles deviennent possibles le jour où la substance du drame, la vérité, non pas logique, mais humaine, des caractères, compte moins que la forme où on prétend les enserrer. Depuis *Le Calendrier du berger* de Spenser (1579), l'*Euphues* de Lyly (1578) et la copieuse *Arcadie* de Sidney (écrite vers 1580, publiée en 1598), les thèmes pastoraux n'avaient pas cessé de paraître sur la scène, même au plus fort du drame noir. Thèmes d'évasion, qui comportent toujours un élément de désillusion, et de sentimentalité, qui sont une protestation contre l'angoisse, la violence des passions, la sévérité de la pensée, la tension insupportable de l'esprit attaché à résoudre ses propres contradictions. Vacances à la campagne, loin de la cour et de la ville, fût-ce dans les grands parcs ouverts sur des pâturages, d'où il est possible, à la suite de Théocrite et de Virgile, d'idéaliser le berger, ses mœurs, ses moutons. Là, plus d'ambition, plus de conflit, plus de danger. La vision idyllique se charge du parfum des fleurs, de mélodies suaves, de nostalgies parasidiaques. Le merveilleux ajoute au dépaysement des ornements qui le facilitent et l'enjolivent. Des dieux et des déesses peuvent flotter sur les pelouses, et faire danser des ombres aux sons d'une musique invisible. Pan et Junon sont de la partie ; on y voit même scintiller l'écharpe d'Iris, sans oublier Diane la pure, dont les meutes se mêlent volontiers aux rondes des fées familières à la paysannerie du terroir. Ces échappées vers un ciel clair s'ouvrent parfois au sein du drame le plus sombre : ainsi, entre les murs sinistres d'Elseneur, la reine peut évoquer le paysage touchant où Ophélie poursuit son rêve jusque dans la mort :

« *Il est un saule penché au-dessus d'un ruisseau, qui mire son blême feuillage dans les eaux de cristal ; c'est là qu'elle est allée avec ses guirlandes fantasques de coucous et d'orties, de pâquerettes et d'orchidées au long pistil* [1]... »

ainsi, dans le *Démon Blanc*, abreuvés d'horreurs que nous sommes, la chanson funèbre de Cornelia sur le cadavre de son fils est une évasion pathétique hors du tragique sordide qui nous environne :

« *Appelez donc le rouge-gorge et le roitelet, puisqu'ils voltigent sur des bosquets ombreux, et couvrent de fleurs et de feuilles les corps abandonnés des hommes sans sépulture. Appelez à ses funérailles la fourmi, la musaraigne et la taupe, qui lui dresseront des tertres pour lui tenir chaud* [2]. »

Ces éclaircies, toutefois, ne sont pas de vains ornements de l'action. La poésie descriptive se subordonne au drame, le thème pastoral aux caractères humains. L'ironie, et même le réalisme, tempère, dans Shakes-

1. *Hamlet*, acte IV, sc. VII.
2. *Le Démon blanc*, acte V, sc. IV.

peare, ce que le pastoralisme pourrait avoir de gênant. Si *Le Songe d'une nuit d'été* reste un pur divertissement à la fin duquel on se frotte les yeux pour se savoir bien éveillé, il n'en est pas de même de *Comme il vous plaira*, où l'ironie, la raillerie, et parfois l'humour, viennent singulièrement compliquer la tâche du critique. Dans le fameux quatrième acte, enfin, du *Conte d'hiver*, l'expérience de Shakespeare se montre si riche, si complexe, que, dans ce monde pastoral, un monde encore sépare Florizel et Perdita, héros de chair et de sang, et le vieux Berger aussi, bien, des figures fragiles et graciles du mélodieux Fletcher.

La Bergère fidèle est, d'un bout à l'autre, un divertissement gratuit. La poésie y est toute en surface, et ne se pare de nulle complexité, ne se complique de nulle subtilité. Lorsque Milton, quelque vingt ans plus tard, célébrera la vertu dans son *Comus* (1634), il se souviendra des limpidités fletchériennes, mais, du moins, ce sera pour protester contre les séductions de la sensualité. Le thème platonicien — beauté égale vertu — revigoré, y prendra une autre résonance. Le lyrisme se nourrira de l'âme ardente de Milton, et le conflit chasteté-corruption y revêtira un sens nouveau.

C'est que le puritanisme, qui s'annonce dès le milieu du seizième siècle, turbulence parmi d'autres de l'âge élisabéthain, étouffé par des rameaux plus vigoureux de pensée, noyé sous le déferlement de passions plus exigeantes, gagne en force et en profondeur avec le temps. Il a résisté à la raillerie, à la satire, aux persécutions officielles. La fougue lui vient, et l'audace de se jeter sur ses ennemis. Intransigeant avec le vice, qui l'accueille, l'encourage ou le soutient, il prend la beauté, la sensualité, le libertinage en horreur. Le faste extravagant de la cour de Jacques, ces « masques » somptueux où règne l'immoralité, spectacles « sensuels » s'il en fut, où le théâtre se complaît, et, finalement, se perd, lui répugnent. Le théâtre lui apparaît comme une école de mensonge et de corruption, vaste industrie de dévoiement, dont la fonction falsificatrice dégénère de plus en plus.

Car, après le point d'équilibre où l'expérience de Skakespeare s'arrête et se tient, réconciliant pour lui les apports si divers d'une carrière mouvementée, il n'est pas interdit de parler de la dégénérescence du drame. Ce que la tragi-comédie, ou la pastorale, lui ôtent en vigueur, il ne peut le regagner en intensité, ni même en diversité. La pureté des thèmes tragiques s'adultère d'éléments douteux, et il n'y a plus d'échelle stable des valeurs. Souvent, le héros est double, successivement tragique et comique, sans que les deux tendances puissent trouver leur justification dans les faits, sans qu'elles parviennent à fusionner dans le feu de l'action. Le héros tragique perd de sa force, le comique de son naturel, l'un et l'autre de leur virulence dramatique. L'action se charge indûment de thèmes sensationnels, comme le viol ou l'inceste, même non consommés, pour alimenter une inspiration qui tarit. On a recours, mais sans conviction, et donc sans convaincre, aux effets les plus violents, les plus spectaculaires, pour corser un spectacle qui tend à devenir extérieur. Les atrocités sont plus calculées qu'instinctives, les émotions souvent intolérables parce qu'elles ne s'insèrent pas dans un univers tragique qui leur donnait naguère souffle et vie. Et il n'est pas certain que le plaidoyer pour la chasteté ne soit pas frauduleux, si sensible est parfois l'indécision du dramaturge lui-même, qui tantôt force la note, tantôt laisse intervenir une assez basse forme d'ironie.

IX

Toutefois, il y a Ford, qui est un aboutissement, et, pour mieux dire, une fin. Son cas est curieux : loué par les uns, blâmé par les autres, héritier de la grande tradition jacobéenne au moment où l'angoisse qui la caractérisait se dissipe et cède pour faire place au souci extérieur d'un divertissement agréable et bien conduit, Ford conserve le goût de l'action dramatique passionnée, des personnages qui choisissent le difficile chemin de la fidélité envers eux-mêmes. Mais il rétrécit singulièrement le domaine du drame proprement dit. Les thèmes de l'ambition, de la vengeance, de la jalousie, les conflits devoir-passion, vice-vertu, être-néant subsistent chez lui, mais ils ne soulèvent pas de tumultes bruyants comme chez ses devanciers. Ils ne constituent pas la substance agissante du mouvement de la pièce, ils restent discrets, voilés, parfois même étouffés. La violence extérieure, les incidents volontiers mélodramatiques, le choix même du sujet (comme c'est le cas pour *Dommage qu'elle soit une prostituée*, où Ford reprend le thème de *Roi sans l'être* [1], mais courageusement fait consommer l'inceste par ses deux héros,) désignent Ford, injustement à mon avis, à la facile accusation de décadent. S'il est décadent, ce n'est point parce que Giovanni fait irruption dans la salle

1. *A king and no king* (Beaumont et Fletcher).

du banquet avec le cœur sanglant d'Anabella à la pointe de son poignard, ni parce que Orgilus prend Ithoclès au piège dans un fauteuil truqué dont les bras se referment sur lui et l'immobilisent devant le fer de son ennemi [1]. Ni parce que ce même Orgilus s'ouvre les veines sur la scène, ou parce que Fernando s'empoisonne et le duc Caraffa se poignarde devant la tombe ouverte de l'infortunée Bianca [2]. Nous avons bien vu des effets aussi spectaculaires dans la période de grandeur, et ces effets ne sont pas chez Ford l'indice d'une propension irrésistible au mélodrame ni d'une pauvreté aberrante de l'imagination dramatique. S'il y a décadence, c'est dans la conception bien plus que dans l'exécution du drame. Le drame n'est plus le véhicule de la pensée, le lieu d'élection de l'angoisse contemporaine. Bien plutôt, le contact est rompu entre le dramaturge et la pensée vivante de son temps. Le public ne soutient plus le théâtre de son ardente curiosité, de ses exigences, de la mouvante présence d'une âme collective qui trouve d'autres canaux pour s'exprimer, qui place ailleurs que dans l'expression dramatique ses nouvelles préoccupations. Il échappe au dramaturge, ou ne vient plus à lui que pour trouver un divertissement, à l'exclusion de toute autre nourriture spirituelle. Bien plus, le nombre de gens pour lesquels le théâtre est suspect s'accroît tous les jours — suspect, chose curieuse, lui qui avait toujours été à la pointe de l'audace, à l'avant-garde de la pensée, suspect de conservatisme dans la corruption. Depuis Jacques Ier, c'est la cour, exclusivement, qui protège les troupes d'acteurs, elles sont devenues « propriété du roi et de la reine ». Et, avec Charles, dont la popularité fut un feu de paille, elles deviennent encore davantage officielles. Si bien que la méfiance envers le roi, méfiance qui se

1. *Le Cœur brisé.*
2. *Le Sacrifice de l'amour.*

changera bientôt en haine, rejaillit sur les théâtres, et les attaques redoublées des puritains trouveront plus d'audience dans la foule. 1633, l'année où Ford publie, sinon fait jouer, ses plus belles pièces, est aussi l'année où William Prynne lance son redoutable pamphlet contre les théâtres et les acteurs. L'invective de W. Prynne laisse loin derrière elle les dénonciations de Stephan Gosson et de Philip Stubbes [1]. *L'Histrio-Mastix* est un assaut venimeux, grossier, pédantesque, au nom de la morale, de la religion et de la loi, contre les auteurs, contre les acteurs et le public aussi bien. Il y est prouvé, avec l'autorité de l'Écriture et des Pères de l'Église, que « les pièces de théâtre sont des spectacles criminels, païens, dissolus, impurs... et que la profession de poète dramatique, et d'acteur, et le fait d'écrire, de jouer, et de voir représenter des pièces de théâtre est illégal, infâme et malseyant pour des Chrétiens... » Les actrices (récemment introduites à la Cour où les dames d'honneur de la reine, et la reine Henriette elle-même, se divertissaient à tenir des rôles) y sont traitées de « prostituées notoires », les magistrats qui n'ont pas sévi contre les théâtres sont violemment pris à partie, l'auteur va même jusqu'à évoquer la figure louche de Néron. Certes, la Cour réagit avec vigueur ; Prynne fut arrêté, perdit ses oreilles au pilori, fut condamné à une amende considérable, et à la prison perpétuelle. Il eut même (pour récidive, mais sur un sujet purement religieux) les deux joues marquées au fer rouge, mais la publicité faite autour de cette affaire donnait de l'importance au pamphlétaire forcené. C'est la Cour qui défendait le théâtre, et non plus le peuple.

S'il n'y eut pas d'émeute populaire pour délivrer

1. *The School of Abuse:* pamphlet de Gosson dédié à Sir Philip Sidney, et qui poussa le sonnetiste-chevalier à écrire sa fameuse *Défense de la poésie; The Anatomy of Abuses*, 1583, de Stubbes.

William Prynne il n'y en eut pas non plus pour l'écharper. Le bouillonnement politique et social, d'où allait bientôt naître une révolution sanglante, tenait ses assises ailleurs qu'au théâtre. Les dramaturges ont perdu cette primauté de l'esprit, ce droit à l'admiration émerveillée qu'ils avaient conservés quelques années encore après la mort de Shakespeare. On peut dire que leur rôle social touche à sa fin, à partir du moment où ils se borneront à tendre un miroir à leurs contemporains, miroir tantôt réaliste où ceux-ci contempleront le reflet de leur vie quotidienne, tantôt magique, où ils verront les fuyantes couleurs d'un faux héroïsme nuancer le romanesque qui leur sera offert comme succédané de la vie.

Est-il possible d'affirmer que Ford souffre déjà de cette désaffection déprimante qui ne devait laisser au dramaturge que le rôle avili d'un simple amuseur de l'élite ? Non, sans doute, la question ne se posait pas ouvertement pour lui. Toutefois, comme je l'ai dit plus haut, le domaine du drame est singulièrement rétréci chez lui. Je suis presque tenté d'écrire que sa tragédie préfigure en quelque sorte le dépouillement racinien, et qu'elle s'achemine vers cet état du drame où l'exclusive pureté des passions humaines, en dehors du temps et de l'espace, se charge seulement de leur propre fatalité. Il peut paraître paradoxal de parler de pureté à propos d'une pièce comme, par exemple, *Dommage qu'elle soit une prostituée*, dont le sujet est l'inceste entre un frère et une sœur — mais qui ne se souvient de :

Et Phèdre, malgré soi, perfide, incestueuse... ?

Giovanni, enflammé d'amour par la beauté d'Anabella, cherche en vain sous le couvert d'un sophisme pseudo-platonicien une justification à sa passion incestueuse :

C'est un principe que vous m'avez enseigné, lorsque j'étais encore votre élève, que la charpente et la composition de l'esprit vont selon la charpente et la composition du corps. Donc, lorsque le corps est meublé de beauté, l'esprit doit l'être de vertu — ceci admis, la vertu n'est rien que raison raffinée, et l'amour sa quintessence. Ce qui prouve que la beauté de ma sœur étant de beauté rare, elle est de rare vertu — surtout dans son amour, surtout dans cet amour, qu'est l'amour de moi. Si son amour de moi est ainsi vertueux, le mien pour elle l'est aussi, puisque mêmes effets viennent de mêmes causes[1]. »

Il sent toutefois peser sur lui cette fatalité de l'amour qui mènera Phèdre à sa perte :

Perdu ! je suis perdu ! les destins m'ont condamné à mort. Plus je lutte, et plus je l'aime ; plus je l'aime, et moins j'espère. Je vois ma vie sans secours[2]. »

« Ne tente pas les étoiles, jeune homme », dit pareillement Tecnicus, réplique du moine de *Roméo et Juliette* dans *Le Cœur brisé*, à Orgilus, « tu ne peux pas jouer avec la sévérité du destin »[3]. C'est dans la fatalité des passions qu'il réside, et si lucides que soient les hommes, si bons, si vertueux, ils ne sont jamais hors d'atteinte de ses coups. Il se peut qu'une telle conception soit arbitraire dans l'Angleterre de 1630, si elle ne trouve pas sa contre-partie dans une adhésion, fût-elle implicite, au principe de la grâce qui pouvait racheter Phèdre aux yeux du grand Arnauld. Mais chez les hommes, qui, justement, ne jettent plus au destin de défi insolent, comme c'était le cas avec les grands ambitieux de la première période, ce désintéressement, je serais tenté de

1. *Dommage qu'elle soit une prostituée*, acte II, sc. v.
2. *Id.*, acte I, sc. III.
3. *Le Cœur brisé*, acte I, sc. III.

dire cette modestie, essentiellement antiromantique, ne peut que les grandir dans le malheur, et quelquefois dans le crime. Les personnages de Ford, compte tenu de quelques comparses peu convaincants, jaloux ou hypocrites dont le rôle est secondaire, même lorsqu'ils paraissent être essentiels à l'action [1], ont précisément cette qualité d'héroïsme contenu, de discrétion dans l'expression de la souffrance, de calme assurance dans le courage qui fait d'eux des héros tragiques d'une particulière grandeur. Anabella, sous les menaces et les brutalités d'un Sorenzo dément de rage, garde son dangereux secret et chante sa romance : *Che morte più dolce che morire per amore*! Calantha, dans la fameuse scène II de l'acte V, plus stoïque au dire de Lamb que l'adolescent spartiate qui se laissait ronger les entrailles par la bête cachée sous sa tunique, apprend sans défaillir la mort de trois êtres qui lui sont chers, son père, son amie, son fiancé, au milieu d'une danse, et en termine toutes les figures avant de faire face au malheur de toute sa taille. Penthéa, dans la même pièce, mariée contre son gré à un mari jaloux, ensevelit au profond de son cœur le secret de son amour pour Orgilus, résiste, une fois mariée, aux brûlantes sollicitations de l'amant :

« ... *mon pur amour rejette la pensée qu'Orgilus ne méritait de meilleures faveurs qu'un second lit...* [2] »

et se laisse glisser à la folie et à la mort, non sans rendre à son frère Ithoclès, responsable de son martyre, le suprême service de lui gagner le cœur de Calantha. Bianca, dans *Le Sacrifice de l'Amour*, s'accroche désespérément, devant la mort, au mensonge héroïque de sa chasteté, pour épargner à son amant la vengeance

1. Ainsi Fiormonda ou d'Avolos, dans *La Sacrifice de l'amour*.
2. *Le Cœur brisé*, acte II, sc. III.

de son mari. La violence ne peut rien sur de telles âmes qu'affermit la résolution de ne pas plier sous la douleur, de ne pas céder au chantage du néant. Elles ignorent la terreur et accueillent la mort avec une indifférence qui ne fait pas même d'elle une libératrice.

« *Mon sablier, douce princesse, n'a que quelques minutes pour s'écouler; le sable est épuisé*[1]... »

... mais comme une prêtresse sacrée de la paix :

Pensées d'ambition ou délicieux banquet, avec beauté, jeunesse, amour, périssent ensemble dans mon dernier soupir, qui, sur l'autel sacré d'une paix longtemps désirée — maintenant — monte — vers le ciel[2]. » Il meurt.

L'excès de la souffrance ne leur arrache pas de cris grandiloquents, leur angoisse se dénoue avec une très rare simplicité qui comporte à peine une nostalgie contenue de l'au-delà :

« *Plaisirs, adieu, et vous minutes prodigues qui avez tissé de fausses joies une pénible vie ! De vous, je prends congé; et Toi, Temps précieux, qui cours la poste par le monde pour régler le dernier pas de mon destin, arrête*

1. *Ibid.*, acte III, sc. v. La scène tout entière est d'une insurpassable beauté, où les calmes accents de la tirade suivante :

... On the stage
Of my mortality my youth has acted
Some scenes of vanity...
... Sur les tréteaux
De ma mortalité ma jeunesse a joué
Quelques scènes de vanité...

résonnent dans une atmosphère subitement contractée par la présence invisible de la mort.

2. *Ibid.*, acte IV, sc. iv, mort d'Ithoclès.

ici ton cours infatigable, et transmets aux siècles futurs la tragédie d'une femme misérable et douloureuse[1] ».

Tout au long de l'action tragique, cette sereine assurance les soutient (même Giovanni, dont la jeunesse plus impatiente rappelle par endroits la fougue de Roméo) et leur fait accepter la tyrannie de leur passion. Elle leur donne une force inconnue, un courage chevaleresque d'une rare qualité. Jamais encore l'amour ne s'était élevé à une omnipotence si dépouillée de sensualité[2]

1. *Dommage qu'elle soit une prostituée*, acte V, sc. I, mort d'Anabella. Ou encore la mort de Giovanni, fidèle jusqu'au bout à son terrible amour :

> Mort, ô invitée longtemps attendue! Je t'embrasse
> Toi et tes blessures : Oh! voici ma dernière minute!
> Où que je puisse aller, puissé-je recevoir la grâce
> De contempler tout à loisir le visage d'Anabella!
> (Acte V, sc. VI.)

2. La scène de la déclaration de Giovanni à Anabella (acte I, sc. III) est une des plus tendues et des plus pures à la fois que je connaisse (si on exclut, bien sûr, le chaste émerveillement de la Miranda de Shakespeare) :

> *O, Anabella, I am quitte undone!*
> *The love of thee, my sister, and the view*
> *Of thy immortal beauty have untuned*
> *All harmony both of my rest and life.*
> *O Annabella, je suis perdu!*
> *L'amour de toi, ma sœur, et la vue*
> *De ta beauté immortelle ont détruit*
> *Toute harmonie entre ma quiétude et ma vie.*

et Orgilus (*Le Cœur brisé*, acte I, scène I) parle en ces termes de son amour pour Penthea :

> *A freedom of converse, an interchange*
> *Of holy and chaste love, so fixed our souls*
> *In a firm growth of union, that no time*
> *Can eat into the pledge...*
> *Une liberté d'entretien, une réciprocité*
> *D'amour chaste et sacré, ont si bien scellé nos âmes*
> *Dans cette union croissante et solide, que le temps*
> *Ne peut en rien entamer cet accord...*

et si exigeante à la fois. Contre son gré, avec une tendresse implacable, il semble ne pouvoir atteindre à la plénitude que par la destruction de son objet, pour s'abîmer, à son tour dans le néant. Giovanni poignarde Anabella, le duc Caraffa égorge Bianca, Orgilus sacrifie Ithoclès et ces gestes atroces sont accomplis sans colère, sans délire verbal, avec, au cœur, une immense pitié et un immense amour pour les victimes. « Elle est morte, hélas, cette belle âme », dit Giovanni, et il ajoute un peu plus loin :

... Belle Anabella,
Quel surcroît de gloire dans tes blessures,
Triomphant de l'infamie et de la haine [1] *!*

Même cri d'admiration chez Orgilus devant le cadavre d'Ithoclès son ami, qu'il a rendu responsable de la mort de la femme qu'il aimait :

Adieu, belle espérance d'homme [2] !

On hésite à prononcer le mot cruel de sadisme, tant il y a de noblesse dans de tels cris. Et pourtant, c'est toujours l'être aimé que l'amour sacrifie, obligé qu'il est de poursuivre un absolu hors de son atteinte, et qui, peut-être, se réalise dans cet anéantissement. Les usages, le code de l'honneur, de la chasteté, de la justice : autant de contraintes nécessaires à l'ordre humain que la passion de l'amour doit subir sans renoncer à être ce qu'elle est. Les amoureux de Ford ne déchoient pas, ni ne renoncent. Ils discutent rarement leur destin, encore moins leur passion. Calantha accomplit ce tour de force d'appartenir corps et âme à Ithoclès sans qu'un seul aveu lui échappe des lèvres jusqu'au moment de sa mort.

1. *Dommage qu'elle soit une prostituée,* acte V, sc. v.
2. *Le Cœur brisé,* acte IV, sc. IV.

« Ce sont les douleurs silencieuses », dit-elle, « qui cassent les fibres du cœur. Je veux mourir en souriant [1]. »

Cette primauté accordée à l'amour sur toutes les autres passions, cette réticence dans la souffrance, cet accueil fait à la mort sans nul souci de rhétorique métaphysique, cette sereine acceptation d'une fatalité qui ruine les amants, voilà les éléments de la grandeur de Ford. Le problème du mal ne se pose pas à lui en termes de la morale habituelle, et le problème du succès ne se pose pas du tout. La victime et le criminel sont également grandis par le sacrifice, et, ce qui importe, ce n'est pas que justice soit faite, c'est l'allégresse farouche avec laquelle le meurtrier l'accepte dans son cœur. « Pense à ta mort, et implore miséricorde », dit-on à Giovanni, percé de coups. « Miséricorde ? Eh quoi, je l'ai trouvée dans cette justice! [2] »

Même attitude chez le duc Caraffa, qui vient de tenter de se donner la mort, après avoir appris que sa victime, Bianca, était restée chaste : « Messieurs, n'ayez aucun souci pour moi, je ne suis pas assez sot pour mourir maintenant » [3], ce qui implique qu'il veut se préparer un châtiment qui ne laissera rien au hasard. En eux se fait une illumination soudaine qui les apaise et les grandit.

Ce climat tragique est le seul où Ford soit à l'aise, et c'est pourquoi j'ai avancé l'opinion qu'il rétrécissait le drame. Si profond qu'il aille dans la connaissance du cœur, son expérience se borne à des cas anormaux ou extrêmes qui ont à peu près même couleur, même tension. Le dramaturge ne prend plus toute la vie pour domaine, tout le savoir pour champ d'expérience. Sa curiosité se fixe sur des points brillants qui ont le dur éclat du diamant, et le flux de la matière mouvante

1. *Le Cœur brisé*, acte V, sc. III.
2. *Dommage qu'elle soit une prostituée.*
3. *Le Sacrifice de l'amour*, acte V, sc. II.

tout autour de lui échappe à sa vision perçante, mais limitée. Le comique de Ford, lorsqu'il s'y essaye, est d'une pauvreté navrante, et ce qu'il est convenu d'appeler le réalisme reste morne et sans intérêt. Il n'invente ni les situations ni les effets. Il ne pose pas, comme ses devanciers, de problème angoissant, qui absorbe la substance du drame et qui le nourrit en retour. Le spectateur ne s'intéresse à ses personnages que s'il les abstrait comme des figures idéales, qui transcendent l'humanité commune pour devenir objets de contemplation et de satisfaction esthétique. Leur vie intérieure, simple, mais d'une intensité insoutenable, si elle se laissait aller à l'expression sans la contrainte de la réticence et de la litote, submergerait la pièce sous des flots de rhétorique oratoire ou romanesque. Mais l'art de Ford est justement dans la retenue, dans l'économie des moyens. Pas d'agitation désordonnée, pas de turbulence bruyante, mais une application soutenue à contenir l'expression, à voiler l'éclat des voix, à réduire les gestes au minimum. Les passions se consument dans leur propre intensité, et le cœur, gonflé à se rompre, éclate effectivement. Il semble bien que l'on soit transporté dans un monde irréel, d'une irréalité transparente et glacée, d'où le mal et le bien sont en quelque sorte exclus, en ce sens que la souffrance est coéternelle à l'émotion, et qu'elle ne soulève ni révolte ni apitoiement. Les personnages se meuvent avec une superbe maîtrise, la foi qui les anime est irréductible au malheur. Ce sont des condamnés qui ne font pas état de leur héroïsme, mais qui le dominent avec une sérénité tranquille, sans un cri de défi, sans une crispation du visage, parce que, dans l'ordre inhumain où les place leur condition d'homme, il n'est point d'autre achèvement de leur destinée que cette adhésion totale à la souffrance libératrice.

On ne pouvait guère aller au-delà. C'est en ce sens que Ford est un aboutissement. Le ressort tragique est à bout de course, épuisé, détendu, ou, si l'on veut, il s'est brisé avec le cœur de Calantha. Même si les théâtres n'eussent pas, dix ans plus tard, été fermés, quel disciple, quel successeur, aurait pu reprendre la tragédie là où Ford l'avait laissée? Désormais, le cycle entier est parcouru. Toutes les sources d'inspiration ont été éprouvées, tous les thèmes ont servi, tous les personnages, toutes les situations ont eu leur emploi. Pendant les quelque cinquante ans qui séparent *Tamerlan* du *Cœur brisé*, de la joyeuse fraîcheur de Marlowe à la brûlante intensité de Ford, flamme blanche qui consume la tragédie, le théâtre a réalisé ce miracle d'être le vivant moyen d'expression d'une société en mouvement. Ce théâtre-là n'était pas un luxe, n'était pas un miroir de luxe, mais un atelier où les artisans de la pensée, de la poésie, de la morale, travaillaient avec fougue et vaillance sur la chair consentante et pantelante du public. L'enchevêtrement des thèmes traités, la diversité des personnages, la complexité des situations, les jeux de l'espoir s'engageant dans l'impasse des perplexités stoïques, l'angoisse que soulève le conflit des contradictions, le goût pour l'éloquence, le délire verbal, la poésie raffinée, la robustesse de l'estomac qui ingère et digère les mets les plus délicats comme les plus violents, la passion de vivre en un mot, d'agir et de se divertir à la fois, et de se sentir vivre et agir : voilà ce qu'on trouve dans ce théâtre, dans l'esprit des hommes qui l'ont écrit, dans celui des hommes pour qui il a été écrit. La courbe de grandeur touche à son long zénith dans les quinze première années du siècle, puis zigzague et décline, et l'intérêt se porte ailleurs. La foule rassasiée se blase et se prépare à d'autres divertissements qui seront autant de joutes et de batailles à d'autres fins. Mais quelle que soit la violence des passions politiques et religieuses qui vont absorber l'Angleterre dans les quelque vingt années qui suivront la clôture des théâtres, il ne semble pas, malgré quelques exemples illustres, que l'homme y ait été engagé tout entier.

Après 1660, décidément, s'ouvre l'ère de la littérature et de l'art. Le drame héroïque exploitera des nostalgies, et la comédie bourgeoise, dans le Palais des Glaces Restauration, aura besoin de deux accessoires essentiels : l'éventail, derrière lequel on rit, le mouchoir, derrière lequel on pleure. Les thèmes métaphysiques feront place aux motifs sociaux, la chasteté soulèvera des tempêtes de rires, l'incontinence des applaudissements, jusqu'au jour où la vertu persécutée, ayant trop inondé le plateau de ses larmes, entremetteuse avisée de ses mérites, enfin cueillera sa récompense, et trouvera son établissement. C'est d'ailleurs le romancier, et non le dramaturge, qui prendra en charge, d'une poigne solide, les destinées des temps nouveaux.

DEUXIÈME PARTIE

LA TECHNIQUE

L'Esprit des formes est un.
ÉLIE FAURE.

L'ORDRE

« Toute l'histoire de l'art », écrit Elie Faure, « est dominée et conditionnée par... l'impérissable désir de retenir la vie universelle qui nous échappe à tout instant dans l'image capable de la définir pour toujours. » Peu importe, bien au contraire, la diversité infinie des formes, lesquelles, dans l'instant même où elles se créent, ne posent pas pour l'artiste d'autre problème que celui du meilleur rendement dans l'usage auquel il les destine et les soumet. Le théâtre est tromperie perpétuelle, ou mirage perpétuel. Que ce soit le rite sacré des premières cérémonies religieuses — culte de Dionysos, et, plus tard, d'Apollon — où l'homme offre aux dieux redoutés le témoignage ardent et ordonné de sa façon de les comprendre et de les craindre, ou que ce soit le déroulement logique d'une tragédie classique, où il reconstruit pour sa satisfaction esthétique le jeu limité d'une crise psychologique dominée par les « passions », c'est toujours une tentative de recréer, par l'artifice du langage et le complément des attitudes et des gestes — voire du costume — la vie mystérieuse de cet univers extérieur à lui, et auquel pourtant il appartient, grâce à ses intuitions et à son sens indestructible du divin. Après l'action proprement dite, la première exigence de l'esprit, c'est de recevoir témoignage : voir, entendre, ce par quoi le monde se dévoile à nous, ce par quoi nous sommes assurés de notre identité, et de notre intégration au monde. Le goût du spectacle est inséparable de l'existence même d'une conscience qui se perçoit. Et celui qui prépare le spectacle, ou qui le monte, se préoccupe avant tout de lui donner cette forme extérieure grâce à laquelle il sera pensé et perçu spectacle, il tranchera sur la logique hasardeuse de la vie, avec laquelle il ne saurait jamais, à aucun moment, se confondre. L'erreur de nos réalistes a été de croire que le théâtre, c'est une simple copie de la vie. Peut-être faut-il la comprendre comme un acheminement (par des voies insidieuses et inconscientes, à partir du moment où l'école classique a clairement pensé et dogmatiquement enseigné que pour atteindre la perfection il suffisait de savoir suivre la « nature ») vers les formes modernes d'une production dramatique si avide de « vérité » qu'elle en oublie la seule vérité dont l'œuvre d'art doive se nourrir, celle qui transcende le réel. Le dramaturge, en quête d'une forme, se réserve le droit de plier le réel aux exigences de son dessein, qui est de faire naître des émotions plus fortes, plus multiples, plus raffinées, que celles que « la vie » peut soulever. Ou, si l'on veut, d'une autre nature. Des émotions où s'engage l'être tout entier, mais qui s'inscrivent sur une trame de gratuité, qui inspirent l'élan d'une conscience se réservant, fût-ce dans le secret, de donner sa totale adhésion aux modalités de la fable. Un mur transparent sépare le dramaturge du spectateur à travers lequel se tend et s'observe le piège des voix et des gestes, des péripéties et du dénouement, de la causalité et du vraisemblable, où le spectateur tombe et s'englue jusqu'au dernier mot de l'épilogue, pour ne conserver, une fois libéré, que le sentiment des graves dangers illusoires qu'il a volontairement traversés.

Ces dangers du vice, de la douleur, de la folie, de la mort, qui assaillent les personnages de toutes parts, et qui remplissent le spectateur d'effrois et d'émois variés, c'est la matière plastique du drame que l'artiste façonne à son gré, et sur laquelle il projette l'éclairage le plus propre à servir sa fonction. Il compte sur la complicité de l'imagination et du désir, de l'angoisse et de l'espoir, de la terreur et de la pitié — complicité qui s'établit sur une connaissance avisée de la communauté spirituelle qui lie le spectacle et le spectateur. C'est dire aussi que les formes de présentation qu'il invente ou qu'il utilise sont bien plus souvent — et avec bien plus d'efficacité — des produits de l'expérience que de la raison. Un art primitif se satisfait de productions que nous appelons « grossières », mais la lourdeur et la gaucherie des empâtements marque tout aussi bien un moment pathétique de l'évolution spirituelle de l'humanité, que le plus accompli des chefs-d'œuvre de la raison. Entre le drame titanesque d'Eschyle et les chatoiements irisés d'une comédie de Giraudoux, il n'y a pas de différence quantitative : l'une est le produit d'une époque où l'homme se délivre péniblement du mythe qui l'écrase et prend conscience de la prodigieuse aventure de sa grandeur morale ; l'autre est un jeu verbal subtil, où se complaît une sensibilité raffinée, désespérément en quête d'un dépaysement suprême où il est interdit d'accéder autrement que par l'imagination. Mais, tandis que l'un emprunte à la nécessité d'un rituel religieux cette ampleur rigide qui fait, entre autres choses, sa grandeur, l'autre par un excès de souplesse, et allant jusqu'au bout de la virtuosité dans l'art du dialogue acquise au cours des siècles, se prive de toute consistance et s'affadit dans une inorganique fluidité. L'un et l'autre, toutefois, aux deux bornes extrêmes de l'histoire du théâtre, ont manifestement demandé à leur art de transcender le réel dont il se nourrissait. Les grands plis tragiques de la tragédie eschylienne et les friselis de symboles qui animent la surface moirée de la pièce de Giraudoux, sont les formes divergentes d'un même art créateur, qui a connu, dans notre civilisation occidentale, trois ou quatre formes majeures qui ont fixé son évolution peut-être pour bien des siècles.

C'est le drame grec, d'abord, issu des rites à la gloire des dieux, qui dégage peu à peu du redoutable mystère olympien les éléments disparates de la personnalité humaine, et oppose à la fatalité concertée de la volonté divine, la volonté de libération de l'homme, par les voies difficiles de l'héroïsme. Ici, la lutte du héros contre le destin revêt la forme la plus simple d'un dialogue sans détours, où tout est prévu d'avance, sauf la sourdine angoissée des commentaires du chœur, conscience vivante, au sein du drame, du dramaturge et du public.

Le chœur, troisième personnage, qui sollicite et qui redoute, qui espère et qui supplie, se lamente et se félicite, c'est la note sensible, point de jonction, le pont, par où s'opère la connivence indispensable de l'artiste et du spectateur, par lequel la foule participe au combat, prend conscience de l'enjeu engagé, et se libère idéalement d'une oppression insoulevable autrement que par l'esprit. Technique simple, en effet, qui exclut les subtilités, qui n'a que faire du vraisemblable et des enchaînements « logiques » — nous sommes en pleine légende — où tout se précipite inéluctablement vers la catastrophe connue, où le seul moyen d'expression est le langage poétique, c'est-à-dire une façon à la fois ambiguë et épurée d'atteindre à la vérité profonde que les mots ne révèlent pas sans cette contrainte. Mais cette technique est déjà un artifice suprême, dont on ne pourrait donner une idée plus fausse en disant qu'il est « proche de la nature ». « Les Grecs, nos maîtres, écrit André Gide, savaient bien qu'Aphrodite ne naît point d'une fécondation naturelle. » Euripide, après Sophocle, après Eschyle, certes, parce qu'il a le souci d'humaniser cette forme, diminue la taille des héros, et commence, par souci de variété plus que de vérité, à nourrir son spectacle d'épisodes ou d'anecdotes, dont l'abus ultérieur, même sous le couvert du lyrisme, rompra la belle unité tragique des drames de ses devanciers. Lorsque les Latins reprendront la tragédie, malgré le gonflement lyrique de la voix puissante d'un Sénèque, elle s'est dégradée, et ce sont les éléments extérieurs, recherche de l'épisode sensationnel, artifices de style, usage purement ornemental d'une mythologie ou d'une cosmogonie en cendres, qui retiendront l'attention — la gravité de la voix, la pureté de la ligne, l'unité d'atmosphère : voilà qui appartient au passé. L'impérissable n'a eu qu'un moment, ou, encore, la perfection rend impossible toute survie.

Sans doute, Aristote avait-il voulu fixer cette perfection en tirant des modèles antiques ses fameuses considérations, ressuscitées, bien des siècles plus tard, pour une tout autre forme de théâtre. Si la tragédie dite « classique » s'en remet aux règles, et, grâce à elles, atteint de nouveau, pour un temps très court, une autre perfection impérissable, c'est que le besoin d'ordre, d'agencement raisonnable, d'équilibre satisfaisant pour l'esprit, devient une nécessité, après les turbulences incohérentes ou les mornes grandiloquences d'où le théâtre du Moyen Age et de la Renaissance n'avait pu, en France, tirer des réalisations probantes pour assurer son salut. L'époque de Scaliger et de Mairet est, à peu de chose près, celle de Descartes. Comme on abandonne la scène multiple, on laisse choir aussi l'action multiple, et il sembla aisé, ce pas franchi, de se conformer aux restrictions de temps et de lieu. Le cogito de Descartes est plus que la clé de voûte d'un système, il est une arme à multiples tranchants, pareillement efficace pour la chasse aux mauvais démons des âges obscurs et d'une imagination peu pénitente, et pour donner à l'homme, fût-il de théâtre, l'illusion que tout s'ordonne et doit s'agencer avec la même rigueur dans l'œuvre d'art que dans l'univers. Cette exorcisation n'était possible que chez nous ; chez nous seulement elle a porté ses fruits, qui eussent pu être des fruits secs, sans un Corneille ou un Racine, morts, et non par hasard, sans postérité.

Cette contrainte de cohérence et d'unité, que la pensée cartésienne, et, pour tout dire, française, impose à l'œuvre d'art — (il ne s'agit pas, bien sûr, d'une influence directe : Racine n'a pas composé *Andromaque* en pensant au *Discours de la Méthode* — et Descartes lui-même est un produit arrivé à mûrissement après la longue incubation des siècles, à l'heure exacte où il fallait qu'il mûrit, pour fixer et définir, une fois pour toutes, les voies les plus naturelles par où la pensée française aime à cheminer pour comprendre le réel) — ne pèse pas seulement sur l'articulation de la tragédie, qui reste celle définie dans la *Poétique;* elle s'en prend aussi aux personnages, aux ornements, au style lui-même. Mais le fait important — si évident qu'il a fallu la confusion apportée dans l'esprit, une fois de plus, par l'emploi du mot « nature » pour le faire oublier — c'est que les dramaturges pensent désormais leurs œuvres en tant qu'œuvres d'art. Et il faut en venir à la première — et la plus impérative — de toutes les règles, laquelle, ainsi énoncée, prend la figure d'un lieu commun sans espoir : c'est que le théâtre est... le théâtre, et non pas la vie, ni une reconstitution de la vie. Simulation, s'il faut à tout prix faire une concession à nos réalistes, mais ce mot même trahit ma pensée. Je veux dire qu'il faudrait reviser nos concepts du « réalisme », et du « vraisemblable », détruire le prestige du faux réel, et infuser à celui du vraisemblable une vie nouvelle, que seule la franche acceptation de la souveraineté de la poésie pourrait lui donner. La matière sur laquelle, ou avec laquelle, les arts plastiques travaillent pour exprimer la beauté est, si l'on peut dire, *objectivable* par rapport à la conception de l'exécutant. L'objet lui-même, qui sert de point de départ à la statue ou au tableau, n'est qu'un prétexte de l'instant, qu'une rencontre heureuse du désir d'émotions, de circonstances à dégager — et la forme enfin donnée, et reçue, entre dans l'éternel, sitôt le dernier coup de polissoir ou de pinceau. Elle porte en elle son immanence, elle est devenue *objet* à son tour, et son immobile beauté, si pétrie de grâce soit-elle, n'est jamais qu'un souvenir du drame de la création. Les arts du langage, au contraire, n'en ont jamais fini avec ce drame-là. Un certain assemblage de mots sur du papier, ainsi couché, noir sur blanc, reste précisément lettre morte jusqu'au moment où les yeux du lecteur, la voix du récitant, recréent, une fois de plus, dans la conscience, dans la durée, ce drame avec tout son cortège d'images, d'émotions, de pensées. Il en va de même pour la musique, emprisonnée dans sa partition, que le coup de baguette magique du chef d'orchestre délivre, et qui retrouve ainsi sa vraie vie, une infinité de vies successives, chaque fois que les sons s'élèvent, se modulent, se déroulent pour un auditeur. Les mots, les sons, ne sont pas des masses, mais des suites, perçus qu'ils sont dans leur enchaînement irréductible, comme les événements eux-mêmes dont ils prétendent relater le cours.

Le théâtre... est le théâtre. Il y a, d'un côté, le public, auditeur-spectateur avide de spectacle, tout yeux et tout oreilles, et, de l'autre, sur les tréteaux, les acteurs. Une ligne idéale les sépare, les oppose, face à face, les isole les uns des autres, ligne de résistance, mur de lumière qui est devenu une rampe si l'on veut, mais qui n'était rien de plus autrefois que cet espace vide du face à face justement, entre le spectateur et l'acteur, celui-là guettant celui-ci, venu pour le voir souffrir, agir, mourir, sa feinte douleur, sa feinte action, sa feinte mort, venu pour l'entendre exprimer par la voix, les cris ou les larmes, ces émotions qui accompagnent son comportement sur la scène. Et tout cela est un jeu, tout cela est feint : le théâtre est une convention qui se situe d'emblée dans le domaine de la poésie.

Car, auteurs, acteurs, spectateurs, tous savent bien qu'ils sont irréels ces personnages qui s'agitent, qui déclament ; ces incidents qui se déroulent ; ces armées qui s'affrontent ; ces héros qui meurent à quelques pieds au-dessus du sol. Le pacte secret, la connivence de crédulité, qui nous lie à l'œuvre, c'est la règle essentielle du jeu. La réalité n'est plus qu'une apparence qui s'efforce de passer pour une réalité poétique. L'acteur est ce qu'il n'est pas, il entre dans ce personnage que l'auteur a créé pour lui ; l'auteur demande au spectateur de croire ce qui n'est pas, et qui cependant se déroule, en empruntant au réel sa forme et sa matière ; le personnage enfin, distinct de l'acteur qui l'incarne, vit pour lui-même, acceptant la situation que lui impose l'auteur, nourri de la substance de raison et d'émotion que l'auteur a mise en lui. Tous jouent le jeu, et vont jusqu'au bout. Mais le jeu, finalement, se joue contre les personnages, dont la destinée est circonscrite par deux heures d'horloge, et conduite à sa fin par l'auteur, qui leur interdit l'évasion hors de cet univers imaginaire, hors des limites de temps et d'espace qu'il a assignées à leur agitation. La souveraineté consiste à faire croire que ces personnages sont libres, détachés de l'auteur, et poursuivent leurs desseins dans la plus complète autonomie. Et c'est le miracle de la technique théâtrale, miracle du langage poétique, moyen d'expression auquel tous les autres sont subordonnés.

Car ces personnages, tout comme ils ne sont qu'illusoires, par leurs costumes, leur fard, les sentiments subtils ou exagérés qu'ils feignent d'éprouver, ou qu'ils éprouvent réellement, la situation que leur impose la fable, parlent aussi un langage destiné à parfaire, à sublimiser l'émotion, à lui donner cette qualité de réel, cette étoffe d'un monde perdu et retrouvé, ce frémissement qui fait sa vertu et confère aux mots les plus simples leur singulier pouvoir d'envoûtement. Tout est illusoire dans ce théâtre, et donc tout est réel. Le spectateur, simplement, est amené à accepter les données de l'expérience dramatique, et l'entente s'est établie, préalablement, sur toutes les conventions qui sont, au regard de la première, des conventions de détail occasionnelles, de portée purement pratique, essentiellement transitoires et renouvelables, au gré des âges.

Ces propositions sont valables pour le théâtre classique français aussi bien, avec lequel je veux en finir. Mais, dans le théâtre classique, ces conventions de détail ont été codifiées par les critiques sous l'autorité des Anciens. Elles ont été considérées comme la seule bonne méthode pour faire des pièces : séparation des genres, règles des trois unités, prestige du héros, qualité exceptionnelle des incidents, inspirer terreur et pitié, instruire et plaire ; technique d'exécution qui simplifie et raréfie les épisodes, qui vise au dépouillement de l'action ; rhétorique dramatique qui ordonne les raisons d'agir, classe les mobiles dans la clarté, respecte la logique dans la succession des effets, soumet jusqu'au merveilleux à ses lois ; en bref : obéissance à la « nature », harmonie des parties, litote dans l'expression. C'est le triomphe de la raison, de la pudeur, de l'équilibre, de la mesure. Le plus parfait des dramaturges est celui qui paraît le plus à l'aise dans la contrainte ; le plus pur, celui qui sait être le plus émouvant dans le langage le plus sobre, appliqué aux thèmes les plus banals, c'est-à-dire les plus universels. Le miracle de Racine, c'est précisément d'avoir réduit la tragédie à la mesure d'un rite verbal sacré ; c'est de faire éclater tant de brûlante passion dans un style aussi dépouillé, par le chemin de péripéties aussi simples, avec si peu de personnages. Ce théâtre se dresse en dehors du temps et transgresse toutes les frontières du réel. C'est un art suprême, une rareté qui ne se renouvellera pas. Ce langage, inaccessible à la contamination des formes suspectes où la « vie » se complaît, réalisme ayant atteint l'absolu au sens philosophique du terme, est une rhétorique dramatique sans ride et sans accident, la plus tyrannique de toutes les conventions, mais la plus rayonnante aussi.

CONVENTIONS ET TRADITION

A ce réalisme suprême, guindé si haut par le génie qui s'accommode avec le plus d'aisance de la plus austère rigueur, s'oppose le dérèglement apparent du drame élisabéthain. On imagine mal que cette troisième forme d'un art théâtral que nous avons accoutumé de juger désordonné comporte, elle aussi, des règles de stricte observance. Notre vue du théâtre élisabéthain, et de Shakespeare, a toujours été faussée par l'habitude prise dans notre esprit de la situer tantôt par rapport à la tragédie classique, tantôt par rapport au drame moderne ou contemporain — Shakespeare et Racine, Shakespeare et Ibsen, ou Bernard Shaw — mais Shakespeare et ses contemporains sont aussi différents de l'un que de l'autre, et la juxtaposition, ou le rapprochement, a cessé de nous apprendre quoi que ce soit de profitable sur la nature de leur théâtre. La tragédie classique, nous venons de le voir, est un artifice aussi distingué, aussi recherché, dans le conventionnel, qu'il est possible d'atteindre, par les ruses codifiées de la poésie. Le drame réaliste s'efforce, lui, de suivre la vie d'aussi près que possible, et, loin de chercher le dépaysement, il met tout en œuvre pour que le vraisemblable soit une exacte copie du réel. Mais ce réel qu'il traque et transporte sur la scène, ce doit être le réel quotidien dont il faut, pour que la pièce soit bien faite, que tout le monde reconnaisse l'authenticité. Décors, costumes, langage, incidents, action : tout doit concourir à nous donner l'illusion que la fable dramatique n'est rien d'autre qu'un fait divers, pris sur le vif. Ainsi nous sommes : regardez-nous vivre, souffrir, discuter, éventuellement prendre des décisions graves, nous quereller, peut-être aussi nous tuer. La technique d'un tel théâtre relève de l'observation et de l'habileté dans le découpage et l'enchaînement des scènes : on ne peut dire qu'elle soit au service d'un art vraiment créateur — à moins que l'on ne consente à tenir pour tel un art qui se proposerait, comme but suprême, de faire oublier qu'il est un art, par tant d'obstination à se nourrir du banal.

Tel n'est point, à coup sûr, le but du théâtre de la renaissance anglaise. Qu'il veuille être un art, aucun doute à ce sujet. Mais la technique de cet art si particulier reste si complexe, si déconcertante qu'il n'y a jamais eu de corps de doctrine pour la définir, ni avant, ni après. C'est que les conventions élisabéthaines, qui sont bien plus que des habitudes, et bien moins que des règles, ne sont pas sorties de cerveaux aussi policés que ceux qui ont légiféré sur la tragédie classique. A dire vrai le discernement de ces hommes s'est appliqué à l'exécution, non à la codification. Là, comme ailleurs, comme toujours en Angleterre, c'est l'expérience, soutenue par la tradition, qui a légiféré la technique, et non la technique qui a prétendu faire loi avant toute expérience, et sans le secours de la tradition. Or, la tradition était riche et ancienne, comme l'expérience vivante et variée. Populaire d'abord — le théâtre était, à l'origine, un divertissement pour la « foule » — la tradition des mystères et des moralités avait accoutumé le public et les auteurs à considérer que le temps et l'espace (dans lesquels s'inscrit toute action), loin d'être des cadres étroits et rigides, étaient, au contraire, souples et extensibles, au service d'une affabulation où les éléments de merveilleux avaient tout naturellement le pas sur les éléments réalistes. Le « pageant » biblique, légendaire, ou historique, promène ses personnages à tous les points de la rose des vents, et au cours de ces voyages, le temps se télescope, précipite ou ralentit sa marche, au gré des vicissitudes de l'action. La moralité, d'autre part, peu soucieuse de « vérisimilitude » dans la « peinture des caractères », compose la plupart du temps des allégories, abstractions téméraires et exigeantes, que nulle « psychologie » ne vient compliquer, et le personnage entre en scène, tout armuré de ses mobiles, parfaitement reconnaissable à première vue. L'allégorie, synonyme pour nous de pauvreté psychologique, d'abstraction raide et souvent sèche, vivait alors d'une vie intense dans l'imagination populaire, et gagnait en ardeur, en mordant, en netteté ce qui lui manquait en nuances subtiles, où nous voyons, nous autres modernes, la substance même de la vie. Sans compter la place immense qu'elle a tenue au Moyen Age, et, longtemps après, dans les arts plastiques, la ballade populaire, le fabliau, elle régnait sur le plan religieux en souveraine indispensable, propre qu'elle était à figurer sous les traits les plus simples, les plus frappants, parfois les plus acides, les idées élémentaires qui constituent le fond éternel de l'esprit humain. Le Bien, le Beau, le Vice, la Vertu, le Cousinage et même la Sainteté, les mauvais Démons, la Maladie, et bien entendu, la Mort. Les conflits les plus dramatiques pouvaient être évoqués dans la conscience de Tout Homme par le jeu excessif des passions abstraites, revêtues de leur masque propre et parlant leur langage attendu. Lorsque le théâtre se libérera des préoccupations religieuses proprement dites, l'habitude ne sera point perdue de dresser comme des allégories un certain nombre de personnages qui toucheront ainsi plus directement, et des types se créeront qui ne connaîtront guère de variantes, sinon celle que donne le génie. Le « Vengeur », le « Vilain », le « Machiavel », par exemple, ou le *Miles gloriosus*, venu d'ailleurs, tout comme d'autres personnages émanés d'une conception psychologique particulière, ceux qu'on appelle les « humours » grâce à Ben Jonson, doivent les modes de leur existence à la tradition tenace de l'allégorie. Et même, on pourrait aller jusqu'à dire qu'un drame comme *Arden de Feversham* se développe en manière d'allégorie, avec ses épisodes répétés — six ou sept tentatives d'assassinat qui ne lassent point notre attente, et qu'il ne faut pas attribuer dès l'abord à la pauvreté d'invention. Et que dire du *Docteur Faustus*...

Mais il y a, en outre, une tradition « savante » qui vient tout droit de Sénèque, par les hommes d'université. J'ai déjà, dans la première partie, suffisamment insisté sur l'influence de Sénèque pour n'avoir pas à développer ici ce point longuement. Le premier don de Sénèque aux apprentis dramaturges, c'est sans doute une haute conception de leur art. A défaut de règles qu'il semble difficile de préciser à partir du modèle qu'il leur propose, à défaut même de l'unité de vue, si évidente dans le théâtre grec auprès duquel Sénèque paraît diffus, et même parfois incohérent, c'est la grandeur, la noblesse du dessein, qui ressort à la réflexion. Le ton lyrique soutenu déroule les vagues sombres de l'émotion, et les artifices mêmes du style témoignent du prestige auquel le dramaturge latin veut hausser son art. Tragédies de salon, a-t-on dit, faites pour être déclamées devant une élite. Je ne dis pas non, et j'y trouve un argument en faveur de ma thèse. Les longs monologues lyriques, la rhétorique enflammée, si redondante, si déclamatoire soit-elle, l'accumulation des images, les jeux verbaux et les pointes, tout concourt à assurer le triomphe d'un art qui vise au terrible et au grandiose, et qui, par ailleurs, use des procédés les plus « mélodramatiques » pour compléter ses effets. Les dramaturges anglais prendront chez Sénèque le meilleur et le pire, les spectres comme les passions les plus violentes ; mais surtout cette foi extraordinaire dans le pouvoir magique du langage, grâce à laquelle, quel que soit le sujet traité, le drame se détachera des servitudes contradictoires que font peser sur lui la logique, l'exigence des passions et les habitudes du public.

Car il faut compter aussi avec les habitudes du public. Le dramaturge obéit mi-partie à son instinct, mi-partie aux goûts du public. Son art est directement intéressé. Il ne travaille jamais gratuitement, non plus que pour flatter le goût d'un seul. Son affaire, c'est de tenir en haleine une foule de gens qui, une fois dans l'enceinte, ont une âme collective qu'il faut subjuguer, enchaîner aux péripéties, aux personnages, nourrir de la nourriture qu'elle attend. Certes, cette foule est d'abord crédule et, dirait-on aujourd'hui, en disponibilité. Mais elle est exigeante aussi, avide d'aventures, de légende, de chevaleresque, de merveilleux, avide d'émotions fortes, de sang, de morale, de vérité. N'est-ce pas dire qu'elle est avide de poésie ? Si étrange que cela paraisse, le légendaire, le merveilleux doivent être tenus pour vrais. On verra Shakespeare et bien d'autres respecter scrupuleusement les données de l'histoire ou de la légende, suivre pas à pas le *Plutarque* de North et les chroniques de Holinshed, ne retrancher que ce qui alourdit le dessein dramatique, n'ajouter que ce qui peut s'insérer dans la foi générale qu'on accorde à toute l'action, le fait divers connu de tous, l'aventure qui se lit dans un livre, qui a reçu le cachet d'authenticité que lui confère le prestige de l'imprimerie. Voyez les titres : « La lamentable histoire de... », « La tragique histoire de... », « La véridique histoire de... » — et si l'incroyable côtoie le vrai, n'est-ce pas un fait que les enfants d'Édouard ont été étouffés à la Tour, que Saint Hugues fut pendu et dépendu pour que ses os devinssent les outils des cordonniers, qu'un apprenti a pu troquer son tablier de cuir contre la robe chamarrée du Lord

Maire de Londres, que Mary Cutpurse a vécu comme un homme, de rapines et de débauches, à la tête d'un « gang » organisé ? Les rois sanguinaires, les chevaliers de légende, les enchanteurs, les sorciers, les criminels notoires, tout ce que l'histoire, le folklore, le fait divers de la pègre, les rapports des voyageurs fournissaient de personnages ou d'incidents, tout se consommait pareillement, comme de nos jours, dans les masses populaires, se consomme le merveilleux fatras de roman-feuilleton. *Mère et Martyre*, *La Princesse et l'Escargot*, *Les Frères ennemis*, *Le Démon blanc*, ou *noir*, ou *vert*, *La Tragédie du vengeur*, *Roméo et Juliette*, *Dommage qu'elle soit une prostituée*, *Le Frère sanglant*, *La Dédaigneuse*, *Le Cœur brisé :* tous ces titres sont de vrais titres, ou pourraient l'être, si fragile est la différence entre le fait divers, la légende, l'histoire, le conte de fées. Encore une fois, au risque de lasser le lecteur, je dirai — mais n'est-ce pas la raison d'être, le thème essentiel de cet essai ? — tout est vrai dès que la poésie s'en empare, dès que le langage accomplit sa fonction esthétique, qui n'est pas tellement de créer le beau, mais le vrai. Qui d'entre nous se refuse à croire qu'Alice, par un jour d'été suffocant, assoupie sur son livre, a réellement vu le Lapin Blanc tirer une montre de son gousset ?

De plus, la foule sait bien que, de toute expérience humaine, donc de sa réplique dramatique, une morale se dégage. C'était le but de la moralité ; c'est encore, à un degré d'édification plus large, celui de la comédie ou du drame. L'art dramatique n'a pas une simple fonction de divertissement, il y va de son exemple, de son conseil, de son « message ». Le spectacle d'une destinée lamentable incite à la pitié, comme la cruauté inutile au dégoût ou à la haine, le courage à l'admiration. L'atroce lui-même porte en soi une leçon d'humanité, et si les tirades des élisabéthains sont si encombrées de sentences, de réflexions morales, de développements parfois ennuyeux, sous la forme de monologues méditatifs et même de discussions qui ralentissent inutilement (à nos yeux) l'action, ce n'est pas tellement le souvenir des Anciens et le désir de paraître cultivé qui incitaient l'auteur à en truffer son texte, que la nécessité de répondre à l'attente de ses auditeurs. Pour connaître réellement *comment* un homme aborde la mort, il faut savoir ce qu'il *pense* devant elle plus que ce qu'il *ressent*, il faut entendre son dernier conseil, son ultime confession — son secret le plus valable. Ne se pressa-t-on pas pareillement pour assister à la dernière homélie que la justice anglaise accordait au supplicié, le pied sur l'échelle, avant le saut fatal? D'où cette masse indigeste — mais jamais sans intérêt — de réflexions, de propos philosophiques ou moraux ; d'où ces débats, ces dilemmes angoissés, ces réticences. Le monologue, dont l'usage est si fréquent — il sert à bien des fins sur lesquelles nous aurons sans doute l'occasion de revenir — est rarement l'instant délibératif qui précède la décision comme dans la tragédie française, mais la plupart du temps divulgue l'essentiel d'une expérience humaine aux moments cruciaux de la destinée. Autant que la comédie, dont c'est le rôle, et avec une gravité de ton qui lui est propre, le drame élisabéthain est une école de morale à un degré que la pièce à thèse elle-même n'a jamais atteint. C'est que, précisément, il n'y a pas de thèse, et que l'appel à des fins éthiques est tout instinctif. Lorsque Shakespeare écrit *Mesure pour Mesure* ou *Comme il vous plaira*, il n'entreprend point de donner la charge à l'hypocrisie ni de démontrer les bienfaits de la vie pastorale, mais il se dégage, du drame, une atmosphère étouffante où domine la saveur amère du dégoût pour les fausses vocations (c'est le moins qu'on en puisse dire en si peu de mots — car la pièce est chargée de bien d'autres « messages ») et, de la comédie, un jugement général sur la vie, condamnation ironique, justement, du faux idéal de la pastorale, et reconnaissance enjouée de la souveraineté de l'amour, à travers le caractère turbulent et sain de Rosalinde. Il n'est point en vérité, de drame de Shakespeare ou de ses contemporains qui ne contienne, à quelque degré, sous le voile discret de l'allusion, l'apparat de la métaphore, ou l'épigramme incisif de la sentence, des révélations essentielles sur le sens de la vie, la portée morale d'une attitude ou d'un geste, par quoi se prolonge, dans l'esprit de l'auditeur, sur le plan éthique, l'ébranlement de la sensibilité. Toute expérience humaine paraît donc valable, aux yeux de ces dramaturges, pour approfondir, en même temps que les mystères du comportement, la légitimité de ses gestes, et pourquoi nous étonnerions-nous que l'esprit ait influé sur la forme, puisque celle-ci ne peut exister que par celui-là. Seul, ici encore, le détachement royal d'un Racine peut peindre des monstres avec une indifférence si parfaite, que l'esprit est tout absorbé par l'incroyable aventure de la beauté surgie de leur libre jeu, et s'affranchit spontanément de toute contrainte morale. Peut-être faudrait-il dire que la recherche exclusive de la beauté interdit, de soi, d'autres préoccupations, et que la contemplation d'un tigre — comme c'est le cas pour le poème de Blake — aboutit à ces hauts états mystiques où l'âme s'anéantit comme dans l'extase, absorbée par son objet et confiante dans son créateur. Mais ces instants de vertige sont rarement purs chez nos dramaturges. Shakespeare y accède cependant quelquefois (la mort de Cléopâtre, le suicide d'Othello, par exemple), et je ne vois guère que Ford, dont le climat habituel soit imbu de ce désintéressement.

LES TRÉTEAUX

Il serait superflu d'insister longuement sur le rôle joué dans la confection des pièces par les conditions de la scène élisabéthaine auxquelles le dramaturge devait se soumettre, car elles sont, dans leur ensemble, connues du public français, si je ne devais en tirer argument pour l'idée directrice de cet essai. La représentation d'une pièce de Shakespeare pose au metteur en scène moderne une multiplicité de problèmes que l'auteur et le directeur du théâtre élisabéthain résolvaient d'une façon bien différente. Cela tient à la fois à la différence de nature radicale des dispositifs de la scène et à la différence de conception de la mise en scène qui en découlait nécessairement. Tout, dans la réalisation, était déterminé par la dimension du théâtre, sa forme particulière, l'agencement de la scène, l'heure des spectacles, la composition des compagnies, les habitudes du public. On connaît le curieux dessin du voyageur hollandais de Witt (1596), représentant, de mémoire, le théâtre du *Cygne*, que les *Morceaux choisis* de Guibillon ont popularisé dans tous les lycées. Je n'ai point à faire ici de nomenclature descriptive : mais ce qui frappe dans cette esquisse, plus que la nudité du plateau qui s'avance au milieu de la salle, plus que sa disposition en trois plans, le proscénium, la scène en retrait (*the inner stage*), et la galerie, c'est sans doute l'absence de rideau, de rampe, et donc de mystère. J'entends par là que les fastes du théâtre se déroulent ouvertement, sans jeu de cache-cache, devant un public qui entoure le plateau de très près ; l'élévation du plateau seule donne au spectacle son prestige — pourquoi ne pas dire son rehaut — et permet, avec le minimum d'accessoires — chaque amorce de décor, chaque objet, chaque élément de scène prenant une valeur symbolique — d'exploiter aux fins les plus diverses cette absence de localisation, cette « neutralité » de la scène. Ce n'est point qu'une telle disposition soit rudimentaire, ou, pour en excuser la pauvreté relative, puisse être tenue pour primitive. Là encore, il est vrai qu'elle est sortie de la tradition et de l'expérience. Les cours d'auberge, où se donnèrent les premiers spectacles populaires, étaient entourées de trois côtés par une galerie sur laquelle donnaient les chambres des visiteurs, et les acteurs dressaient leurs tréteaux devant celle du fond, qui leur servait de lieu scénique. De même, les grandes salles des châteaux et des collèges (Oxford et Cambridge), communément appelées « halls », servant de réfectoire et de lieu de réunion, où se donnaient des spectacles, avaient souvent une galerie dans le fond, pratiquée dans une cloison qui séparait la salle des communs, où l'on accédait par deux portes. En sorte que la scène élisabéthaine, construite d'après les habitudes prises dans les cours d'auberge et les « halls », présente les mêmes caractéristiques : à chacun des lieux scéniques, disposés en profondeur et en hauteur, correspond une attribution conventionnelle qui rend superflu tout réalisme décoratif. Le proscénium est le lieu indéterminé idéal, où viennent se placer les prologues, où se débitent les monologues, où se déroulent les scènes de liaison et d'intermèdes qu'il n'est pas nécessaire de situer pour la bonne compréhension de la pièce. La scène en retrait (*inner stage*), sous la galerie, isolée par un rideau que l'on tire pour la découvrir ou pour la couper du reste du plateau, est davantage spécialisée. On y situe les scènes d'intérieur (tavernes, chambres à coucher, grottes, tombeaux), et, dès que le personnage en sort, ou y pénètre, on connaît que le lieu de l'action se dématérialise, ou se précise. C'est là qu'Antonio, dans *La Duchesse d'Amalfi*, fait ses confidences à la duchesse ; là que Ferdinand et Miranda jouent aux échecs lorsque Prospéro, littéralement, les dévoile. Enfin, la galerie figure diversement des chambres supérieures (d'où les félons, par exemple, peuvent observer leurs victimes), les remparts d'une ville, les murailles d'un château (la scène du guet dans *Hamlet*), le haut d'une colline ou d'un promontoire, et parfois même le ciel.

La pièce se jouait sans interruption, les divisions en actes et en scènes (lisez : tableaux) ayant été introduites au moment de la première édition, et parfois même plus tard, lorsque les éditeurs et commentateurs crurent devoir se conformer à la convention classique. Si bien que le passage d'une scène à une autre se faisait sans coupure dans l'action. Les personnages sortaient par un côté et entraient par l'autre, ou quittaient le lieu scénique pour un autre sous les yeux des spectateurs, chaque mouvement figurant un déplacement dans l'espace qui pouvait être fort long et s'opérait en quelques secondes, et chaque nouvelle localisation était comprise du public, soit par une indication du texte (comme c'est souvent le cas dans Shakespeare — « *sommes-nous encore loin de Forres ?* »), soit que le lieu scénique nouveau où accédaient les personnages fût précisé par un accessoire symbolique (un trône, un lit, un dais, un cercueil). Le décor n'était donc point nécessaire : non qu'il fût totalement absent. C'est ainsi que deux décors au moins reviennent fréquemment dans les pièces élisabéthaines, le bois et les portes d'une ville. Pour le premier, des arbres étaient certainement utilisés, encore que le dispositif soit incertain — mais ces arbres devaient être assez solides pour qu'on pût y accrocher des pendus. Quant aux portes de la ville, la figuration en était facilitée par l'existence de la galerie du fond située au-dessus des portes (latérales ou centrales) qui s'ouvraient sur la scène en retrait. Ainsi les assiégés se dressaient au-dessus des assiégeants, comme dans la scène de Berkeley Castle (*Richard II*) où le roi Richard s'adresse à Bolingbroke, et d'où il descend peu de temps après pour lui accorder sa capitulation, dans la plaine, devant le château. Le réalisme décoratif était donc réduit à son utilité pratique indispensable, et les accessoires faisaient le reste. Les accessoires et les costumes. On possède une liste détaillée, trouvée dans les papiers de Henslowe [1], des accessoires d'une troupe élisabéthaine. On y voit qu'ils étaient aussi nombreux qu'hétéroclites. Ce sont armes ou instruments de guerre, insignes de la royauté, attributs des dieux, dragons, chevaux, peaux ou têtes de lion, bancs de mousse, arcs-en-ciel, cercueils, et cent autres objets divers, destinés à donner un point de départ à l'imagination, et à compléter l'illusion apportée par les costumes, qui étaient, de l'avis de tous les érudits, fort riches et fort soignés. Costumes et accessoires avaient, de plus, un sens symbolique bien déterminé — le roi, reconnaissable à sa couronne, Mercure, à son caducée, Iris, à son écharpe, le messager, à ses bottes, le vieillard, à sa barbe, et ainsi de suite. Non qu'il y eût le moindre souci de reconstitution historique, ou, comme nous disons, de « couleur locale » : Didon et Cléôpatre portaient le même vertugadin, et le pourpoint était commun aux Romains et aux Elisabéthains. Toutefois, les costumes parlaient leur langage conventionnel, soit qu'ils indiquassent le pays d'origine (la cape espagnole, le bouffant turc), soit qu'ils fussent

1. C'est l'inventaire des accessoires appartenant à la compagnie du Lord Amiral, et datant de 1598.

particuliers à un type de personnage. L'enchanteur était reconnaissable à son manteau, le parasite à son haut-de-chausse, le fantôme à la farine qui lui blanchissait le visage, et la couleur avait aussi son sens symbolique : ainsi le blanc et le noir figurant l'innocence et le deuil, la gaieté et la mélancolie. Enfin, les déguisements qui abondent dans tout ce théâtre, et dont Shakespeare ne se fait pas faute d'user copieusement, n'avaient nul besoin d'être réalistes pour être efficaces. Nous reviendrons d'ailleurs sur ce point. Qu'il suffise de dire ici qu'ils étaient très simplement effectués. Une barbe postiche, un masque, ou un manteau, et le personnage n'était reconnu ni par ses amis, ni par ses plus proches parents. On sait, d'ailleurs, que la confusion des sexes était chose courante, les rôles de femme étaient tenus par des jeunes gens dont la voix n'avait pas encore mué : le duc dans *Comme il vous plaira*, ne reconnaît pas sa fille Rosalinde, et Viola, dans *La Nuit des rois*, peut, tour à tour et sans danger, être Viola, le jeune page, et redevenir Viola. Tous les incidents dramatiques reposant sur ces fictions transparentes, mais que le public acceptait sans songer à les discuter, ne nuisaient en rien à la crédibilité de l'action. Ce qui importait donc plus que tout réalisme, c'était l'cxacte interprétation du rôle, que le costume, l'attribut, ou le déguisement, rendait évident pour les grands premiers rôles comme pour les serviteurs et les comparses. Ici encore, il faut se souvenir des conventions de présentation issues de moralités. L'acteur, une fois clairement situé, n'a d'importance que par sa façon de se comporter, et surtout de s'exprimer.

Les effets scéniques, d'autre part, étaient aussi nombreux que variés. Violents et spectaculaires, nous les dirions volontiers mélo-dramatiques si la plupart n'avaient su en tirer de puissants effets poétiques. Défilés d'hommes en armes avant la bataille, ou de grands seigneurs somptueux avant le conseil, évolution de la foule dans la rue, devant le château, sur le forum, banquets royaux, lits de justice, processions solennelles : cela découle directement de la tradition des « pageants », où les foules anglaises ont d'abord assouvi leur goût de spectacle. Ajoutez les effets qui comblent le penchant au merveilleux, apparitions de toutes sortes, réalisées parfois à l'aide de la terre — lisez trappes, bien entendu! — évocations de nécromanciens ou de sorciers remontant de la gueule de l'enfer ou du mystère des tombes, anges et démons venus chacun du lieu consacré à leur espèce, dieux de l'antiquité descendus de l'Olympe, et convoquant à leur tour la suite bigarrée de leurs serviteurs, prêts à offrir, sur un coup de baguette magique, le divertissement de leurs danses accompagnées de musique ou de chant, ou de leurs grotesques ébats. Ici, la tragédie fait alliance avec le spectacle fastueux du « masque », pantomime lyrique où la poésie rivalise avec la musique, inscrite dans la tradition pastorale, et qui devait, chez les Jacobéens, tenir une si large place dans les fêtes de la cour et des châteaux. Il n'est pas rare de trouver, au cœur du drame le plus noir, ces claires échappées sur les bocages sylvestres, agrémentées des évolutions gracieuses de quelques troupes d'esprits déguisés en moissonneurs. Un chant funèbre évoque tout d'un coup le rouge-gorge et le mulot, et l'esprit se repose des horreurs du poison et de la corruption. La pantomine proprement dite s'insère également dans le drame, non plus seulement pour divertir les yeux, mais pour éviter la narration de quelque événement utile à l'enchaînement des faits, et elle permet aussi des raccourcis saisissants, précipitant l'action haletante au lieu de la retarder. C'est un songe prémonitoire ainsi matérialisé sans paroles ; c'est une vision à distance reconstituant un meurtre dans ses moindres détails ; c'est encore, à travers les forêts du rêve, et dans une lumière surnaturelle, les jeux glissés de fantômes, graves et courroucés, avides de vengeance et de sang.

Les fantômes, si nombreux qu'on ne les compte plus, dolents et tragiques, muets ou bavards, venant menacer l'assassin ou exhorter le vengeur, et, par leurs mimiques pitoyables ou leurs cris terrifiants, exposer aux yeux de tous les tourments affreux que leur vaut la suprême injustice de leur mort. Cheveux ensanglantés, la face lardée de coups de poignard, ils sont l'ornement des « banquets de Thyeste », muets et terribles, ou bien blêmes et raides, dans l'appareil où la mort les surprit, cuirassés d'au-delà, environnés de soufre et de flammes, ils profèrent, de leur voix caverneuse, l'injure et la prophétie.

Jamais ridicules, pourvoyeurs par excellence de la manne tragique, ils sont chers aux admirateurs de Sénèque, mais aussi familiers à la conscience populaire qui ne se lasse pas de donner corps, sous leurs traits exsangues et leurs attitudes désespérées, à sa nostalgie incoercible d'une survie impensable autrement que par ces images, et d'assouvir la grande soif de mystère et de justice qui la hante du fond des siècles. Ainsi le spectre est plus qu'un accessoire, il est un personnage indispensable, dont la présence attendue ne choque nul spectateur et dont le rôle est souvent capital.

Mais il n'est pas le seul véhicule de l'émotion forte, et les effets tragiques sont atteints par bien d'autres moyens. Ici, un réalisme agressif est nécessaire pour intensifier la sensation. Les horreurs spectaculaires s'accumulent dans la tragédie « Sénéquéenne », rehaussées par une mise en scène qui vise manifestement à déclencher le frisson. Les banquets sanglants, les guet-apens, les exécutions, les tortures, s'entourent volontiers d'une atmosphère de jardin des supplices. On apporte sur la scène des têtes coupées, le sang ruisselle de quelque vessie secrète, on tranche dans le vif comme dans une baraque de foire, les bourreaux passent le fer rougi devant les yeux des suppliciés ; les cadavres et les membres détachés des corps des victimes, sous l'artifice de la cire ou du mannequin, plus livides que la mort même, complètent l'illusion du sensationnel que le public absorbe avec satisfaction. Qu'on se rappelle les insupportables scènes de *Titus Andronicus* ou du *Roi Lear*, et l'on ne s'étonnera pas que, si Shakespeare lui-même n'a pas cru devoir se priver de ces condiments pour estomacs à toute épreuve, ils soient aliments de base pour un grand nombre de ses contemporains. L'imagination atteint dans ce domaine les limites les plus reculées de l'horrible dans l'ingéniosité, et, sans doute aussi, dans l'ingénuité. Tamerlan attelle les rois vaincus à son char, et Bajazet se brise le crâne contre les barreaux de sa cage ; le Juif de Malte se prépare à précipiter ses ennemis dans le chaudron bouillant où il s'effondre lui-même ; le Brachiano de Webster meurt sous le carcan d'un heaume empoisonné, et on lui joue la sinistre comédie de la confession pour mieux le damner ; le duc Ferdinand, avant de tourner à la lycanthropie et de fouir dans les cimetières, montre à sa sœur les figures de cire des cadavres de ses enfants ; Orgilus prend son rival au piège d'un fauteuil mécanique, et Shakespeare (on peut puiser au hasard dans toutes ses pièces) tout comme les autres, entasse les duels, les exécutions, les tortures, tranche les têtes, massacre des enfants, des femmes, jongle avec des cercueils, joue de la substitution de cadavres décapités, anime les statues, met en branle la ronde des sœurs fatales, a recours aux oracles, aux apparitions, aux spectres, bref pratique en bon exécutant toute la gamme des atrocités sans la moindre gêne, sans le moindre remords. Il semble qu'il y ait là une puissance d'invention intarissable, au service d'un appétit vigoureux, du même ordre que, dans le pur domaine des images, la souveraineté protéenne de la métaphore. De tels effets, loin d'asservir le réel à des fins réalistes, le plient à tous les besoins, le dépassent, le malaxent, le torturent à des fins poétiques, comme la métaphore associe dans l'instant de la perception les pôles les plus éloignés de l'objet du regard intérieur. Les sons et les bruits apportent à ce désordre apparent leur concours non négligeable, éclat belliqueux des trompettes, rythme pesant d'une marche funèbre, tendre modulation d'une romance, allègre cocasserie d'une chanson à boire ou frais accents d'un air de chasse, la bombarde, le tambour et le tonnerre s'en mêlent, et il n'est pas jusqu'aux cloches qui ne frappent le coup mortel lorsque l'assassin halluciné se jette en avant, le poignard à la main, dans l'ombre où la chouette a déjà sonné son glas. A Newgate, pareillement, la cloche fatale tinte la dernière heure du condamné.

N'oublions pas que le théâtre est de dimensions exiguës. D'après le devis du théâtre de la *Fortune*, construit par Henslowe et Alleyn en 1600, sur les plans du théâtre du *Globe*, la salle devait avoir cinquante-cinq pieds de côté (environ dix-huit mètres) et la scène, de quarante-trois pieds de largeur (quatorze mètres), s'avançait jusqu'au milieu de la salle (espace nécessaire pour les défilés, groupement et évolution des personnages) sans compter la galerie. Les représentations avaient toujours lieu dans l'après-midi — ce qui exclut les jeux de lumière raffinés de nos metteurs en scène modernes, mais non une certaine utilisation de chandelles et de flambeaux, pour les scènes d'intérieur — prisons, tombeaux, et même lande ou bois — ou pour les défilés et les retraites. Bien que les salles ne fussent pas toujours complètement couvertes (seule la scène — parfois seulement une partie de la scène — et la galerie, étaient protégées par le toit), l'analogie avec notre théâtre « en plein air » serait fausse. Comme la scène — nous venons de le voir — s'avançait jusqu'au milieu du parterre, l'acteur était entouré de trois côtés à la fois par des spectateurs qui l'entendaient sans difficulté. Ses *a parte*, ses monologues, pouvaient être dits sans forcer la voix, sur un ton de confidence directe au public avec toutes les nuances que le sujet comportait. Mais, pour le reste, il est vraisemblable que le débit était déclamatoire et le jeu conventionnel. Shakespeare fait de fréquentes allusions au ton boursouflé, à la déambulation orgueilleuse du comédien qui « se pavane et se trémousse » sur la scène[1], et dont « l'action » devait être aussi violente et déchaînée que la tirade et la circonstance l'exigeaient. La puissante rhétorique d'un Marlowe ou d'un Kyd, les paroxysmes de terreur ou de passion des grands drames sénéquéens, la grandiloquence furieuse des vengeurs, les cris déchirants des spectres ou des déments, nécessitaient une voix et un souffle robustes, qui firent la célébrité d'un Burbage et d'un Alleyn. « Je vais le jouer dans la veine d'Hercule », fait dire Shakespeare à Bottom, dans cette admirable parodie de la tragédie, qui agrémente *Le Songe d'une nuit d'été* — « in Ercles vein » : c'est-à-dire, le ton que prend le matamore, *le miles gloriosus*, pour débiter son morceau de bravoure que l'élan mécanique du vers blanc, non encore assoupli et docile, porte de palier en palier, jusqu'au hurlement final. Il est évident que la violence de l'action, la longueur des monologues — *Tamerlan* est une longue suite de monologues — la rhétorique dramatique des premiers auteurs, le goût de l'excessif, dans la colère, la haine, le défi : tout devait contribuer à faire enfler la voix, à boursoufler le ton, à exagérer le geste, à incendier le regard.

Hommage du comédien à la passion exprimée par le texte, don de soi total à la fiction dramatique, qui conquiert même le difficile Hamlet, se reprochant sa passivité d'expression, alors qu'il brûle d'une haine qui devrait « *inonder la scène de larmes, rendre fou le coupable,*

1. *Macbeth*, acte V, sc. v. Voir aussi *Troïlus et Cressida*, acte I, sc. III, v. 153, et, dans *Hamlet*, la scène avec les comédiens contient des indications précieuses sur la technique du jeu.

épouvanter l'innocent, confondre l'ignorant, et frapper de stupeur les sens eux-mêmes de la vue et de l'ouïe » [1].

L'ironie est, dans ce passage, chargée d'amertume, et Hamlet est confondu par la passion du comédien, si emphatique soit-elle, à débiter une tirade volontairement écrite dans la veine boursouflée des mauvais « mélos » du temps (exempte, toutefois, de la charge bouffonne où Shakespeare se complaît dans *Le Songe*), au point d'en oublier la sage doctrine qu'il exposera un peu plus loin... (acte III, sc II) à la troupe [2]. Mais peu importe le rugissement : de tels vers, après tout, étaient écrits comme s'ils devaient être rugis, et, s'ils nous font sourire, comme ils irritaient Hamlet, ils sont le témoignage indiscutable d'une égale ardeur à confier à la parole la mission sacrée de délivrer l'homme du cauchemar de sa souffrance. Nul doute, d'ailleurs, que la fameuse scène du banquet dans *Macbeth*, drame dans lequel Shakespeare multiplie les effets destinés à agir sur les *sens* du public, ne fût impossible à jouer autrement que par cris et grimaces (*pourquoi faites-vous ces grimaces ?*) si totale est l'épouvante que portent les mots. C'est encore, à tout prendre, un triomphe du langage poétique, même si l'aspiration au grandiose emprunte parfois des voies où nous hésitons à lui accorder toute sa vertu.

1. *Hamlet*, acte II, sc. II, monologue final de Hamlet.
2. « Dis-moi cette tirade, je t'en prie, comme je l'ai récitée, avec aisance dans le débit. Mais si tu la déclames avec emphase comme beaucoup d'acteurs le font, j'aimerais autant faire dire mes vers par le crieur public », etc. On croirait ici entendre Molière.

ESPACE, TEMPS

Quittons maintenant la scène, ou plutôt installons-nous au cœur du drame, dans le cerveau même du dramaturge-artisan, fabricant de pièces, si nous le pouvons. Arbitrairement, isolons les problèmes, ou déblayons-les, s'ils ne se présentent qu'à l'état de purs concepts : espace, temps, action, personnages, thèmes, langage enfin. Nous parcourrons ainsi le cycle complet des questions qu'il se pose, ou qu'il ne se pose pas. Le genre de contraintes dont l'examen nous afflige lorsqu'elles sont irréductibles aux exigences de notre esprit contemporain, tenons-les pour des erreurs de jugement que nous commettons. N'allons pas prospecter l'espace, comme un géomètre, ni mesurer le temps, comme un chronométreur.

Le dramaturge élisabéthain ne s'inflige pas, nous l'avons constaté, de contrainte de l'espace ni du temps. Le Docteur Johnson, chez qui pointe déjà l'aurore de la pensée critique moderne, s'évertue pesamment — c'est sa nature, et il y est parfois superbe — à justifier Shakespeare des reproches que lui font les esprits hantés par la nécessaire alliance du vraisemblable avec le couple espace-temps. A quoi bon? Le lieu de l'action est aussi idéal qu'il peut l'être, puisque la scène est neutre et que, grâce à ses dispositifs en profondeur et en hauteur, grâce à ses éléments de décor et à ses accessoires symboliques, elle peut tout représenter. Pourquoi le monde fabuleux de Tamerlan et de Titania, d'Antoine et de Cléopâtre, de Faust ou de Rosalinde, se laisserait-il asservir, circonscrire, localiser, dans un seul désert, sur une seule galerie, au creux d'un seul bois ? Plus abstrait, et plus concret à la fois, que le lieu de la tragédie classique, « l'espace vital » de l'élisabéthain est multiforme et simultané, coexistant avec la péripétie, immédiatement donné, non pas comme un phénomène rationnel d'avance prévu et soustrait aux contingences, mais comme une série de supports nécessaires, offerts à l'événement, et qui peuvent être ceci ou cela. Le spectateur, dit le Docteur Johnson — ou à peu près, je n'ai pas le texte sous les yeux — sait bien qu'il n'est pas à Rome, ni à Persépolis, mais au théâtre. Rien de plus simple, en effet, que d'accepter une fiction qui se présente comme telle. Cette scène contient l'univers entier, plateau plus magique que le manteau du diable offert au Docteur Faust, qui conjugue l'ubiquité avec l'immobilité. Ici, nulle subtilité : c'est la créance qui fait tout.

Pour le temps, le problème est plus complexe. Au départ toutefois, il est de même nature. Un récit, quel qu'il soit, comme il peut se passer en divers points de l'espace, occupe au moins deux moments de la durée, qui se superposent, qui se déroulent à deux vitesses différentes ; la durée du récit, celle de l'action rapportée. Une vie peut se raconter en quelques phrases, un instant peut durer des heures. Notre notion du temps est tributaire de l'état de conscience qui l'appréhende. On a coutume de dire que les heures de joie s'enfuient avec une grande rapidité, que la souffrance, par contre, ou le déplaisir, sont interminables. Ce qui est faux, car la plénitude peut toucher à l'éternité, et l'ennui s'effacer dans l'oubli dès que sa cause a disparu, l'ennui n'étant rien d'autre que l'attente de la cessation du déplaisir, tandis que la joie dilate le temps sans compter. Quoi qu'il en soit, le drame de la durée, le plus perceptible à la conscience de l'homme, ne peut être réduit à néant que si l'homme justement consent à lui reconnaître ce caractère de variabilité qui fait son mystère et sa grandeur. Le temps est nécessaire à l'homme pour vaincre l'espace, comme à la vie pour s'y déployer. Mais puisque l'on parle de l'heure H, il faudrait aussi parler de l'instant Zéro. Dans toute vie, comme dans toute action dramatique, il est aussi des instants d'une richesse inouïe, qui comblent si parfaitement, qu'ils annihilent les ternes chaînons sans histoire des états de conscience qu'ils débordent. Le dramaturge classique fait en sorte qu'il se saisit de ces moments d'élection, où la courbe d'une vie atteint les sommets dangereux qui lui donnent son entière signification. C'est ce qu'on appelle une « crise », là où l'orage se déchaîne, où tombe la foudre, où la destinée se règle. Les deux tranches de durée peuvent alors étroitement coïncider. En deux heures, se consomme le destin, se clôt la tragédie. L'esprit, apparemment, en tire un surcroît de satisfaction — mais à la réflexion seulement, car, pendant l'action, le temps, en vérité, ne s'écoule pas. La tension est trop grande pour que l'attention fléchisse. La conscience est toute absorbée par ce vertige, et en sort endolorie comme après une épreuve de résistance qu'elle viendrait de subir. Je me suis toujours demandé si le champion des cent mètres *vit* les dix secondes de sa ruée. Je ne le pense pas. Il ne fait rien d'autre que de courir, c'est-à-dire projeter toutes les ressources de son corps en avant. Ces instants critiques, ces secondes douloureuses, sont en réalité une succession d'instants Zéro. Le temps renaît à la fin de la course, dès que le chronométreur déclare ce que son instrument a enregistré pendant que la durée était abolie. Mais, pour un long parcours, et d'obstacles, le temps, la durée, reprennent leurs droits. Il y a des étapes monotones, d'autres semées de difficultés et exaltantes, où l'angoisse de la mortelle durée tout à tour étreint et abandonne l'athlète qui se sent la proie du temps.

Mais dans mon dos, j'entends toujours
Le char ailé du temps qui se hâte et s'approche...[1]

Le héros que le dramaturge élisabéthain lance au bout de son aventure est pareil à ce coureur de *steeple chase*, qui gravit des coteaux, s'enlise aux marécages, traverse des paysages divers, et puis arrive aux confins des territoires interdits, où seules la victoire et la mort donnent accès. La diversité de ses épreuves, le tonus de son endurance mettent en jeu l'échelle mobile de sa propre perception de la durée, comme, à supposer que nous le suivions du regard, elles fixent pour nous les étapes qu'il a parcourues. Le dramaturge, qui choisit les épreuves, dresse les obstacles, règle la résistance, contrôle l'élan — et donc, pour lui, le temps est extensible ou compressible à merci, comme pour nous le sentiment de la durée se confond avec l'adhésion que nous accordons à la fable. Il peut chausser le temps de bottes de sept lieues, le faire bondir par-dessus les creux incolores, ou le ralentir au pas de la tortue, obtenant ainsi d'étranges et saisissants effets de lenteur ou de vitesse, qui vont du télescopage à la négation quasi totale de la durée. Tantôt les incidents, les détours, les grains où achoppe l'âme jouent une action retardatrice ; tantôt les événements se précipitent furieusement comme des messagers venus l'un sur l'autre de tous les points de l'horizon, et dont on n'a pas le loisir de déchiffrer les messages ; tantôt encore des actions simultanées se déroulent successivement comme tournerait un miroir à facettes, où déjà sont inscrites les images qui, tout à l'heure, composeront le tableau. On ne songe guère à analyser le rôle joué par le temps dans une tragédie classique, si ce n'est pour le confronter avec la sévère unité. Pour peu qu'il dépasse les limites qu'elle lui assi-

1. Andrew Marvell, *To his coy mistress* (« A sa pudique maîtresse »).

gne, on taxe Corneille de maladresse. Précisément, cette prétendue maladresse consiste à vouloir nier le temps tout en feignant de respecter le concept abstrait qu'on lui en impose. En sorte que le temps ainsi conçu est un gêneur. Mais la libération n'est possible que si l'on entre franchement dans le jeu du temps, comme on entre dans le jeu d'un fou qu'il s'agit d'amener à une relative sagesse. Ou mieux encore, si on l'oublie, comme un serviteur trop zélé dont on n'écoute plus les rappels, les remontrances, les signes d'intelligence, quand on a trop à faire, et des choses capitales. Quand la maison brûle, tant pis si l'on néglige un rendez-vous mondain: on verra après. Le dramaturge court au plus pressé, et le plus pressé est parfois fort long, si l'on exige de mesurer le chemin parcouru.

Voyez *Richard II*, ou *Macbeth*, par exemple. Dans la première pièce, il s'agit d'arriver le plus tôt possible à la confrontation Richard II-Bolingbroke, après le retour d'exil de celui-ci ; dans *Macbeth*, il faut consommer le meurtre du roi. Richard II s'ébranle avec une majestueuse lenteur, toute remplie de la rituelle emphase des défis et des tournois. C'est l'impressionnant appareil de la chevalerie qui s'étale lourdement tout au long des premières scènes, avec défilés, discours, provocations, relevés du gant, appels à la justice du roi, sentence enfin qui coupe court au spectacle. Puis Richard part pour sa guerre d'Irlande, Bolingbroke prend le chemin de l'exil. Mais ni la guerre ni l'exil n'occuperont la scène, ni notre attention. La pièce, c'est le détrônement de Richard par Bolingbroke. Aussi, Richard a-t-il à peine le temps d'aborder aux rivages d'Irlande, Bolingbroke à ceux de France, que déjà l'on apprend qu'ils sont l'un et l'autre revenus en Angleterre, Bolingbroke le premier, pour lui donner l'avantage, et cela se passe — est-ce croyable — dans la scène même où nous avons appris son départ. Des semaines, des mois ont ainsi été « télescopés », afin d'en venir sans délai au sujet brûlant : la tragique histoire d'une usurpation. Les scènes, désormais, vont se dérouler avec une grande rapidité, jusqu'au moment où le drame du temps passe tout entier dans la conscience du roi. Nous avons le sentiment que le roi *perd son temps*, qu'il est toujours en retard sur la marche des événements — il est dépassé, dirons-nous — et c'est cette immobilité, dans un monde où tout se précipite, qui le tue, là où il est. Lorsque Richard, dans sa prison, enfin conscient de sa défaite par le temps, s'avise de son immobilité, il est trop tard. La conscience aiguë qu'il prend de son inaction, de ses retards successifs sur l'horaire de son destin, de l'effrayante opposition hier-aujourd'hui : voilà la nourriture pathétique de cette âme orgueilleuse et bavarde qui a négligé les pièges tendus par le temps. Dissipons toute équivoque sur le sens des mots : il y a les deux ans d'histoire que Shakespeare raconte en deux heures, et, cette liberté du dramaturge, aucun de ses auditeurs ne cherche à la lui contester. Il y a la vitesse variable avec laquelle il présente les faits qu'il a choisis comme les plus propres à servir son dessein de dramaturge, et cette vitesse varie en fonction de l'urgence dramatique de ces faits — à chaque accélération de l'événement correspond, ou s'oppose, le retard à l'action qu'une imagination chimérique impose au roi menacé : c'est ici que se joue la partie dont l'enjeu est une couronne. Il y a enfin le drame psychologique de la lucidité de Richard qui savoure son impuissance et règne sur ses douleurs. L'enjeu, ici, n'est plus un trône, ni même la vie, c'est la possession de soi à la face de cet ennemi mortel de l'homme : le temps — possession que seule la connaissance peut donner. Le problème de *Richard II*, ce n'est pas de savoir lequel des deux rivaux est le plus digne de régner, mais qui, malgré les apparences, est le plus conscient de la relativité du destin. L'angoisse dramatique se mue en angoisse métaphysique, et ce sont les folles métaphores de Richard qui font de lui un héros de la connaissance, un Hamlet avant la lettre, alors que Bolingbroke nous apparaît comme un réaliste borné.

Voyez aussi *Macbeth*, disais-je. Voyez la rapidité effrayante avec laquelle le premier acte se rue vers le crime. Batailles et chevauchées se précipitent sur la lande pour aboutir au château d'Inverness.

C'est la course des messagers, du roi, de Macbeth, vers l'abîme. A qui arrivera le premier. « *Où est Cawdor* », dit le roi, « *nous le serrions de près, car nous avions l'intention de vous annoncer nous-mêmes sa venue; mais il est bon cavalier et son amour aussi brûlant que l'éperon dont il harcelait sa monture l'a fait arriver avant nous* [1] ». Macbeth lui-même, à l'étape pour faire souffler son cheval, a dépêché vers sa femme deux messagers : le premier apporte l'étrange nouvelle de la prédiction des « sorcières », et lorsque Lady Macbeth entre en scène lisant le message, déjà le destin est en route, déjà le second messager s'effondre, exténué de hâte, à ses pieds. Le temps d'une maléfique invocation qui porte le crime et la mort dans ses plis — *The raven itself is hoarse...* [2], et voici Macbeth. Quelques mots d'une ambiguïté menaçante, et le roi accède au site de ce château, « *où l'air vif et pur vous pénètre les sens de douceur* » [3].

Et puis, subitement, la nuit s'empare de la place. Le temps est aboli. Il se confond avec la nuit. Il ne reste que des sortilèges, des cris de chouettes, la sueur de sang du poignard, dans le halo des torches rougeoyantes qui, par instants, percent l'opacité des ténèbres. Un cauchemar très long, qui dure quelques secondes, ou quelques siècles, au cours duquel sonne la cloche, toujours la même, celle qui convoque l'homme à son destin. Shakespeare, désormais, n'a plus besoin du temps. Ou plutôt, il prend tout son temps. La justice en marche peut se mouvoir avec lenteur. Macbeth, à travers l'œil

1. *Macbeth*, acte I, sc. VI.
2. *Ibid.*, acte I, sc. V « Le corbeau lui-même est enroué... ».
3. *Ibid.*, acte I, sc. VI.

des sorcières, a cru déchiffrer le message ambigu du destin. Mais ce message était brouillé d'une buée de sang et du vol des corbeaux. Le temps, qu'il a cru traverser, était plein de secrets redoutables, qu'il se réserve de dévoiler peu à peu. Quelque dix-huit ans, si l'on se reporte à l'histoire, pour remplir les trois derniers actes et pour aboutir à cette lucidité terrifiante : « *Demain, encore demain, tous les demains s'en vont sournoisement, à pas menus, de jour en jour, jusqu'à l'ultime syllabe inscrite au registre du temps...*[1] » Macbeth a vécu tous ces jours, l'un après l'autre, dans l'ivresse du pouvoir et de la peur, dans l'angoisse du nouveau crime à commettre, mais les plus saillants nous suffisent dans cette monotone série. Le rythme peut se ralentir, la fatalité du crime est inéluctable, comme la fatalité du renversement qui s'opère en faveur des forces du bien. Le temps est tapi comme un fauve qui regarde sa proie s'agiter, et n'aura plus qu'à étendre sa griffe à l'heure qu'il aura fixée. Macbeth triomphe de justesse sur lui-même, et son triomphe c'est encore la lucidité. Elle soutient son héroïsme final qu'elle aurait pu désespérer jusqu'à la lâcheté d'un « à quoi bon » définitif, si justement elle n'avait pour fonction, à ce degré, de jeter aux apparences l'ultime défi d'une âme qui s'évade enfin des pièges du temps.

Hamlet, d'autre part, est la Tragédie des Lenteurs. Ici, le dramaturge sans cesse retarde le progrès de l'action. Une vengeance qui s'irrite pourrait être frénétique comme elle l'est dans la plupart des pièces qui ont pour sujet le thème de la vengeance. Si la pièce dure, c'est que les obstacles se multiplient, sortent comme des diables de leur boîte, aussitôt abattus, aussitôt remplacés. Ce n'est pas le cas pour Hamlet. On ne sait exactement sur combien de mois s'étend la tragédie. Certains épisodes pourraient être fort longs — le voyage

1. *Ibid.*, acte V, sc. v.

de Laertes, l'exil de Hamlet, la campagne de Fortinbras. Il repousse la certitude, il recule de deux pas sitôt qu'il en a fait un en avant. Aucune pièce, sans doute, n'est aussi mal construite, compte tenu des remaniements, des additions au premier texte incomplet, puisqu'il est vrai que *Hamlet* a connu plusieurs états. Mais là n'est point la raison de cette procrastination. Le drame est terriblement difficile à nouer. A quoi le raccrocher, en effet ? L'amour pour Ophélie n'est qu'un épisode sans gloire. Le sujet apparent, c'est la vengeance de Hamlet contre l'usurpateur criminel qui a tué son père, qui a souillé sa mère. Le sujet réel, c'est la désintégration de la conscience de Hamlet à la suite des révélations du spectre. L'univers se disloque et vacille, la puanteur sort des fissures, Hamlet, déconcerté, doit se faire à cette idée : « *qu'il y a quelque chose de pourri dans le royaume du Danemark* ». La pourriture, c'est une femme, sa mère, si tendre, si douce, si bête. Hamlet se révulse. Il jette par-dessus bord l'amour, la raison, le temps aussi. Aucune des catégories ne résiste à la disjonction. Il est face à face avec le mal éternel qui le travaille au plus tendre de sa chair, qui sacrifie le plus secret du cœur. Il se moque bien du temps, puisqu'il ne peut porter remède au mal. Le sang de Claudius sans doute apaiserait l'âme tourmentée du spectre, mais en quoi laverait-il la souillure de Gertrude ? « *Ce qui est fait ne saurait se défaire* », dit Lady Macbeth en une autre occasion. En effet, Hamlet garde sa passion de comprendre, son intelligence aiguë, qui alimentent sa rage, comme elles approfondissent son dégoût. Ainsi la pensée lucide fait tant de détours, fouille tant de recoins, retourne tant de pierres — et sous chaque pierre grouille la vermine — que « *la conscience fait de nous tous des lâches... et les entreprises de grande envergure et de haute importance... s'écartent du but poursuivi et ne méritent plus le nom d'action* »[1]. Qu'on ne

1. *Hamlet*, acte III, sc. I, 86.

s'étonne donc pas de la lenteur d'une action qui n'en est pas une. Ce n'est pas Hamlet qui dira : *But at my back I always hear...* Hamlet n'écoute ni n'entend le char ailé du temps. Il accumule les paroles inutiles, les gestes superflus ; il confie au hasard, au roi lui-même, le soin de faire surgir l'accident qui mettra fin à sa course zigzagante et désolée. Il avilit l'amour ; il tue à tort et à travers, il dégrade jusqu'à la vengeance — *he muddles through* — c'est un « bousilleur ».

Il serait instructif d'étudier ailleurs, dans n'importe quelle pièce de Shakespeare, le rôle passif ou actif joué par le temps. Comment il l'allonge ou le raccourcit, le comprime ou le dilate, pour les besoins dramatiques. Comment il saute[1], à pieds joints, par-dessus les longues années, pour laisser grandir ses héros (*Le Conte d'hiver*) ; comment il l'immobilise (la tempête dans *Le Roi Lear*) ; comment il sait enclore la comédie ou la tragédie dans une seule nuit ou un seul jour (*Le Songe d'une nuit d'été, La Tempête*) ; comment il le déploie par-dessus les vastes perspectives de la grandeur et de la chute d'un empire (*Antoine et Cléopâtre*). Ses messagers peuvent voler avec les ailes invisibles d'Ariel, ou arriver trop tard. Son action peut être rapide comme la foudre, ou lente comme la loi. Dans les pièces à double intrigue, deux séries d'événements, pourtant subtilement mêlées,

1. Voir, entre bien des exemples possibles, les déclarations du *Prologue* de *Henri V*.

« ... *Car c'est à votre esprit de parer nos rois, de les transporter ici et là, sautant intervalles de temps, et comprimant les exploits de nombreuses années en un tour de sablier...* » (Prologue, acte I).

ou encore, dans *Le Conte d'hiver :*

« ... *Ne m'imputez pas à crime, si de mon vol rapide, je glisse par-dessus l'espace de seize ans, et laisse inexploré tout ce qui a grandi dans cette large brèche, puisqu'il est de mon pouvoir de culbuter la loi... Souffrez que je retourne mon sablier, et que je donne à ma scène un si grand changement que vous croirez avoir dormi dans l'intervalle...* »

peuvent se dérouler à deux vitesses différentes, et donner l'impression qu'elles coïncident aussi. Et ce qui est vrai pour lui est vrai pour d'autres. Le temps, chez les élisabéthains, est un serviteur, non un tyran. Il est une convention dramatique qu'il faut considérer comme telle, mais convention ductile, souple, que le dramaturge rompt à tous les services, en liaison étroite non seulement avec l'espace, comme il est logique, mais avec la nature même de la pièce, l'objet qu'elle poursuit, le personnage qui en est la cheville ouvrière, le message qu'elle porte.

Il n'est pas rare enfin que le Temps des poètes, si familier à la foule, ne surgisse lui aussi comme une vieille allégorie, avec sa faux, son sablier, son front chenu, son astrolabe, suivant le cas. Ou bien c'est un monstre, comme le décrit Ulysse dans sa fameuse remontrance à Achille : « *Le Temps porte, Seigneur, une besace sur le dos*[1]... » qui dévore les renommées, engloutit les gloires, rouille les armures, monstre hilare et ricanant, protéen et fantasmagorique, qui va son train et ne pardonne pas. Ou encore, le héros dilatoire, sentant venir la déchéance et la mort, s'offre comme un jeu suprême de s'identifier à lui, dans une série de métaphores forcées, chargées d'une amère ironie, qui ne le convainquent pas lui-même, mais qui, somme toute, rappellent en clair au public que toute tragédie s'inscrit dans le Temps[2].

1. *Troïlus et Cressida*, acte III, sc. III, 145.
2. *Richard II.*

L'ACTION

Cette extrême souplesse dans l'utilisation de l'espace et du temps que nous avons constatée, elle est de règle aussi dans la construction même de la pièce, dans ce qu'il est convenu d'appeler l'action d'une comédie, ou d'une tragédie. L'action, c'est-à-dire la série des événements qui se succèdent pour conduire à la résolution du ou des problèmes posés dans la ou les scènes d'introduction. L'interdépendance des événements et des personnages est certes évidente. En face d'un problème donné, d'un obstacle dressé, le personnage réagit suivant sa personnalité propre. Il peut infléchir la séquence dans telle ou telle direction, par le jeu de sa volonté, la force de ses passions, son désir de vaincre, ou son dégoût de la vie. Il peut forger son destin, ou se laisser guider par lui. Tel événement ira renforcer sa volonté de résistance, ou au contraire briser son ressort, et le conduire à la défaite, d'incohérence en incohérence, et d'abandon en abandon. L'échec, la mort, la folie : suprêmes refuges où atteindre la sécurité dans l'absence, si le conflit épuise ses forces, s'il est accablé par trop d'obstacles. Ainsi se clôt la tragédie.

Mais tragédie ou comédie, c'est toujours d'un conflit qu'il s'agit, soit que le personnage s'oppose à d'autres personnages, soit que les événements prennent la forme désinvolte ou impérieuse d'une fatalité occasionnelle ou métaphysique qui le harcèle ou l'abat. La pièce, c'est l'histoire de ce conflit. Le dramaturge a sa façon à lui de raconter cette histoire, d'en ordonner la présentation, les éléments, le mystère, pour la conduire à son dénouement. C'est là ce qui constitue sa technique propre et nous intéresse présentement.

En dépit des prétentions de l'école classique à régenter le mode théâtral, et de la diversité apparente des techniques et des conventions en usage aux divers siècles, il n'est guère que *deux* façons d'offrir au spectateur le divertissement théâtral. Ou bien accepter d'emblée la convention générale qu'implique le fait de présenter sur une scène, à l'aide d'acteurs, une action dramatique qui a ses exigences spécifiques, ou bien feindre de la refuser. Les discussions à ce sujet ont, la plupart du temps, porté sur de faux problèmes. On a joué interminablement avec les concepts abstraits de « nature », de « vraisemblable », de « réel », sans se rendre à l'évidence que le sens même de ces mots était faussé d'avance par le biais d'où on les prenait, par l'usage qu'on voulait en faire, par la confrontation à laquelle on les obligeait avec des époques ou des écoles différentes, en regard desquelles ces mots n'avaient ni la même valeur ni ne contenaient les mêmes implications. Dire qu'un cri de Sophocle est « naturel », que Corneille s'écarte du « vraisemblable », ou que Shakespeare travaille sur du « réel », ne signifie pas grand-chose — ne signifie certainement pas que Sophocle soit plus proche de la « nature » que Shakespeare, et celui-ci moins éloigné du « vraisemblable » que l'auteur de *Rodogune*. On oublie que pour les uns et les autres, la pièce de théâtre est une œuvre d'art. Que c'est sous cet angle, avec cette optique, qu'il faut la considérer. On oublie que seuls les auteurs modernes, et surtout à partir d'Ibsen, ont consacré tous leurs efforts, dans la confection de leurs pièces, à feindre qu'elles n'en étaient pas.

Le théâtre dit « réaliste », qui s'est affirmé à la fin du XIXe siècle et au début du XXe, pour des raisons sans doute extra-théâtrales, a voulu que le spectateur oublie, en entrant dans la salle, qu'il allait voir *jouer* une pièce. Tout concourt à ôter l'illusion dramatique, ou, si l'on veut, tout concourt à la renforcer. La « tranche de vie » est offerte, palpitante, dans ses détails les plus « objectifs », les personnages sont « réels », l'histoire est « vraie », les péripéties sont « authentiques », le langage est celui-là même que pourraient employer les protagonistes de l'action. L'effort de crédibilité que l'on demande au spectateur serait réduit à néant dans une pièce de ce genre, si l'auteur pouvait atteindre à la perfection dans l'agencement des séquences d'événements, l'accord des caractères avec le dessein général de l'œuvre, et la logique minutieuse du détail. Ce souci de « vérité » a même été poussé si loin, que l'on a vu un auteur américain [1] donner à ses personnages deux répliques successives, dont la première émane du moi social, et l'autre reflète la pensée réelle dévêtue du masque de mensonge qu'exigent les convenances ou l'habileté — ce qui est l'aveu même d'un échec, puisqu'il faut introduire une convention nouvelle, et combien pesante, pour faire connaître au spectateur cette réalité intime du personnage que les dramaturges du passé n'avaient nullement besoin d'exprimer en termes aussi explicites.

La logique de la vie, du raisonnement, des émotions, cette souveraine loi de causalité en vertu de laquelle s'ordonnent et s'enchaînent les effets et causes, n'a plus qu'une valeur relative dans le domaine de l'art. Son empire y est fragmentaire et discontinu. Le réel de l'expérience et le réel de l'art se superposent, mais ne se confondent pas. Cette vérité évidente que l'on ne discute pas dans les arts plastiques ou picturaux,

1. Eugène O'Neill, *Étrange Interlude*.

par une fausse analogie, perd de sa force avec les arts du langage. On sait bien pourtant que tout art est une transposition du réel. Le bagage de l'expérience, la connaissance du « cœur humain », du fait historique, voilà le point de départ, la matière à transformer. Jusqu'à l'heure où nos réalistes ont tout mis en œuvre pour dissimuler cette transformation, les dramaturges du passé, suivant diverses conventions en divers âges, n'ont jamais prétendu faire autre chose que de disposer, en faveur d'une œuvre d'art, de toutes les possibilités de transformation que leur offraient leur imagination, leur époque, les goûts de leur public, et cette forme mystérieuse de l'instinct qui s'appelle le génie, et qui élève à la hauteur de l'art l'illogique et même l'absurde, parce qu'elle confère à tout cet air de réalité suprême qui défigure et transcende le réel.

Pour les dramaturges de la Renaissance anglaise le problème ne se pose même pas. Leur logique défie toute logique, aussi bien dans la présentation des faits que dans la peinture des caractères. Ils réussissent pourtant à imposer une illusion de réalité bien plus grande (et même paradoxale) que les réalistes les plus scrupuleux. A examiner de près l'une quelconque des pièces de cette époque, sans en excepter celles de Shakespeare, la logique vacille jusqu'en ses fondements, et le vraisemblable est bafoué. Prenons un exemple, et des plus grands. Cette tragédie du roi Lear qui oscille entre le sublime et la folie, entre l'absurde et l'aveuglante clarté du désespoir. On y voit un souverain vieilli qui décide subitement de se décharger du fardeau du pouvoir. Il fait comparaître devant lui ses trois filles, en vue de partager entre elles son royaume, suivant les mérites de chacune. C'est en fonction de leur amour filial que les parts seront attribuées. Première absurdité : a-t-on jamais vu décision politique aussi grave prise aussi légèrement, a-t-on jamais vu épreuve aussi ridicule et aussi vaine, imposée par un père à ses filles?

— comme si, précisément, le vieillard était toute sa vie resté dans l'ignorance des qualités et des sentiments de ses filles, élevées, mariées par ses soins, et ses héritières. Deuxième absurdité, découlant de la première, et sans laquelle le drame ne serait pas possible : comment Lear, à moins d'être décidément frappé d'imbécillité sénile, peut-il se méprendre sur le sens véritable des paroles prononcées par ses trois filles, au point de dépouiller la plus aimante visiblement au profit des créatures de fourberie et de cruauté que sont Régan et Goneril ? Quelle explication psychologique donner à cette cécité, à cet entêtement (malgré les protestations de Kent qui récolte l'exil pour son intervention), à cette incroyable lenteur que Lear met à comprendre sa fatale erreur, à cette irréalité foncière enfin dans laquelle baigne le drame tout entier ? Comment croire qu'Edmund dupera Edgar et Gloucester avec tant d'aisance — et n'est-ce pas une convention de comédie que cette lettre à la scène 2 de l'acte II, qu'il cache si ostensiblement ? Comment accepter toutes les surprises, toutes les invraisemblances, tous les coups de théâtre dont la tragédie fourmille : folies, déguisements, batailles, coups de foudre, et de la foudre, jeux forcés du destin et ironies de l'événement, et jusqu'à ce suicide manqué de Gloucester aveugle, conduit par son fils dont il ne reconnaît pas la voix, au bord d'une falaise imaginaire [1] d'où le vieillard désespéré roule sous nos yeux ? Comment enfin — et ceci serait la plus grave objection — pourrions-nous qualifier de sublime la folie de Lear, et prétendre que la pièce se dresse, dans l'œuvre entière de Shakespeare, comme le monument le plus grandiose que son génie ait élevé, si nous nous en tenions au jugement du simple bon sens sur la psychologie des personnages, et le déroulement des événements ? Il faudrait avoir perdu le

1. *Le Roi Lear*, acte IV, sc. VI.

sens critique pour aborder la tragédie de ce biais. Toutes les pièces de cette époque pourraient être ainsi ridiculisées, celles de Shakespeare y compris. Thomas Rymer, vers la fin du XVIIe siècle, n'avait aucune peine à ridiculiser *Othello* [1]. Examinant point par point les incidents de l'intrigue, il tirait de la tragédie « la morale » que voici :

« La morale, certes, de cette fable est bien édifiante. *Primo :* Ce peut être un avertissement aux demoiselles de qualité de ne pas s'enfuir avec des Mores sans le consentement de leurs parents.

Secundo : Ce peut être un avis à toutes les épouses fidèles de bien veiller sur leur linge.

Tertio : Ce peut être une leçon aux maris qu'avant que leur jalousie ne devienne tragique, ils aient des preuves mathématiques » (de la trahison).

Nous aurons sans doute à revenir à Rymer dans un autre chapitre, contentons-nous ici de citer encore une phrase — la conclusion de son essai : « La partie tragique n'est clairement rien d'autre qu'une Farce Sanglante, sans sel ni saveur. » Que dire alors des pièces romanesques, comme *Cymbeline, Périclès, Le Conte d'hiver ?*

Il est manifeste donc que toutes les objections que l'on a pu faire à cette technique de l'action, sous le prétexte que le « vraisemblable » n'était pas respecté, sont pseudo-critiques, en porte-à-faux. L'action proprement dite peut être très simple et chargée d'événements — c'est le cas du *Tamerlan* de Marlowe — ou au contraire très complexe, et parfois même compliquée — c'est le cas, par exemple, de *La Tragédie du Vengeur*, de Tourneur, ou de *Cymbeline*. Non seulement l'unité d'action est lettre morte (c'est un lieu commun), mais il arrive que les deux, trois ou même quatre intrigues (il en est jusqu'à sept, comme dans

1. Dans *A Short view of tragedy* (1693). Cité par L. C. Knights, dans *How many children had Lady Macbeth.*

L'Alchimiste de Ben Jonson) n'ont pas toujours entre elles des liens de logique dramatique évidents ou impérieux. De toutes les exigences classiques celle dont l'absence étonne le plus, la loi de causalité, si chère aux esprits raisonnables, et plus tyrannique encore depuis le XIXe siècle, n'est l'objet d'aucun respect, et ne jouit d'aucun prestige. Nous avons vu comment le temps et l'espace se pliaient aux desseins du dramaturge — ainsi de la loi de causalité. Le dramaturge ne va pas de la cause à l'effet, ni même, parfois, du possible au réel, mais de l'impossible au réel directement, de l'invraisemblable au possible, et du surnaturel à la réalité. Le moindre faiseur de pièces du théâtre réaliste est plus soucieux d'éviter l'arbitraire que notre Elisabéthain. A cet égard, une comédie de Labiche est mieux « construite » qu'une comédie de Shakespeare. Ici, les mêmes causes ne produisent pas les mêmes effets, il y a des effets sans cause (d'où vient la jalousie de Léontes, dans *Le Conte d'hiver?*) et des causes qui restent sans effets (provocations qui ne provoquent aucune réaction). Le récit se déroule de telle sorte que tous les calculs de la bonne arithmétique théâtrale sont faussés. Que sont devenus les enfants de Lady Macbeth [1] ? Combien d'enfants pour la duchesse d'Amalfi et quel âge ont-ils ? Comment Thaisa [2], jetée à la mer par une violente tempête, dans un cercueil capitonné et « bitumé », est-elle recueillie sans mal à Ephèse ? Comment... ? — mais innombrables seraient les questions qui resteraient sans réponse! Ce théâtre fourmille de *dei ex machina*. La surprise, l'inattendu, le renversement de situations, l'impossible, l'absurde y abondent. L'anachronisme, la prophétie, le merveilleux. Tantôt les événements se précipitent en formation serrée, avec une rapidité, une continuité d'acharnement accablantes, fatalité des effets

1. *I have given suck* (j'ai donné à téter...), dit-elle.
2. *Périclès*.

d'accumulation qui bousculent et écrasent le héros ; tantôt tout est lâche, hétéroclite, distendu, comme un ressort à bout de force, et l'on ne sait si l'auteur se recueille ou s'oublie, ni lequel du héros ou de l'écrivain a laissé se perdre dans le méandre des incidents ou des intrigues qui s'entrecroisent la force vive qui semblait conduire la pièce. A quel mobile obéit ce personnage? Pourquoi le repentir, la conversion de Bosola [1]? Pourquoi cette haine de Ferdinand [2] pour sa sœur la Duchesse? Pourquoi cette mort, et pourquoi cette feinte folie? Un amour conduit au crime ; le crime est une purification. La volonté se tend, puis s'abandonne chez l'homme le plus fort, et le lâche termine la pièce en héros, ou le héros en criminel. La cruauté se fait suave, la vengeance se trompe d'objet, la colère, subitement, s'apaise, l'orgueil s'humilie sans défaite, la luxure souille tout alentour d'elle, mais la chasteté est promise à la mort ignominieuse. Tout semble baigner dans une atmosphère d'irréalité, et point seulement dans les pièces dites « romanesques », ou les tragi-comédies à la Beaumont et Fletcher. Il semble qu'on soit en présence d'un univers nouveau, celui de l'œuvre d'art destinée au théâtre, où les principes d'identité et de causalité, si tyranniques pour la conscience moderne, sont remplacés par des inter-actions et des rapports surprenants.

Ainsi, par exemple, il n'y a aucun rapport de cause à effet apparent entre la terrible scène du meurtre de Duncan et la scène du somnambulisme de Lady Macbeth, qui survient des années plus tard, à la fin de la pièce. Et cependant, de même que le spectateur saisit tout de suite les caractères contrastés des deux criminels dans la façon dont ils réagissent l'un et l'autre à la vue du sang sur leurs mains (— « *un tout petit peu d'eau nous lavera de cette affaire* », dit Lady Macbeth ; « *L'Océan tout*

1. *La Duchesse d'Amalfi.*
2. *Ibid.*

entier du grand Neptune lavera-t-il ce sang qui souille ma main ? gémit Macbeth —) de même, l'obsédante tache de sang que « *tous les parfums de l'Arabie n'efface-ront pas de cette petite main* » est un rappel d'une tragique ironie qui ne peut prendre tout son sens que si on se souvient du comportement de Lady Macbeth pendant la nuit fatale. Et, ailleurs, le cauchemar symbolique de Vittoria dans *Le Démon blanc* [1] de Webster, en rapport implicite étroit avec la suite de l'action, déclenche les gestes criminels de Brachiano qui, si essentiels soient-ils, ne nous seront montrés qu'à travers le voile d'une pantomime magique [2] — mais c'est l'interprétation du délire onirique même qui donne son élan à l'action, alors que, pour un esprit non averti de cette logique mystérieuse, le rêve peut paraître un hors-d'œuvre sans utilité. Ce jeu d'interférences secrètes se retrouve un peu partout, et tend à donner aux tragédies de ce temps cette unité intérieure que la simple logique leur refuse. Nous verrons plus loin ce que la poésie y gagne, et comment s'opère l'intime fusion du lyrique et du dramatique dont les auteurs modernes semblent avoir perdu le secret.

Souvent, aussi bien, la pièce est encombrée d'éléments hétéroclites, tout embroussaillée d'incidents, de monologues, discours, dissertations morales ou politiques, sentences, chansons, ballades, litanies funèbres, apparitions, jeux d'épées, combats, présages, pantomimes, masques, déguisements, bouffonneries, qui se succèdent, se juxtaposent, dans un désordre plus apparent que réel, mais propre cependant à faire s'irriter le lecteur, tant l'unité du mouvement et du ton semble rompue, contre cette dispersion brillante et lassante à la fois, qui crée sans cesse de nouveaux foyers d'intérêt, sans se soucier de les rassembler harmonieusement autour du problème essentiel. Certes, quelques-uns de ces drames ressemblent

1. *Le Démon blanc*, acte I, sc. II.
2. *Ibid.*, acte II, sc. III.

plus à des revues qu'à des tragédies authentiques, et les auteurs les moins doués sont parfois incapables d'imposer à leur pièce cette unité poétique qui, seule, peut la sauver de la rhapsodie. Du point de vue absolu, tant vaut l'œuvre que l'auteur. C'est dire que cet éparpillement n'est ramené à l'homogène qu'autant que la personnalité de l'écrivain est assez forte pour opérer la fusion entre ces disparates. Mais les élisabéthains avaient à tenir compte de la pression d'une actualité fragmentaire bien plus que les auteurs modernes. Allusions, clowneries, débats — ce que le public reconnaissait au passage, ce que son goût réclamait, ce qui éclairait ses aspirations : le scandale récent, le meurtre sensationnel, le complot échoué, les machinations des hommes politiques ambitieux, les fourberies des diplomates, la leçon de tel ou tel événement — et jusqu'aux plaisanteries que tel acteur avait rendues célèbres, aux thèmes lyriques, aux calembours, que la mode avait accrédités. On a vu un Webster s'insurger contre la tyrannie du public, et non sans quelque raison. « Si l'on objecte », écrit-il ironiquement dans la préface du *Démon blanc*, « que ceci n'est pas un authentique poème dramatique, je l'avouerai sans difficulté » — et d'expliquer qu'il n'a pas péché par ignorance, mais à bon escient, car même si sa tragédie était en tous points conforme aux goûts et aux habitudes de la foule, elle y trouverait encore à redire. Webster n'est pas tendre pour la multitude, qu'il traite volontiers « d'ânes ignorants », s'appuyant d'ailleurs sur Martial et Horace — ce qui ne l'empêche pas de glisser lui aussi aux mêmes erreurs que les autres, dans *Le Procès du Diable* (*The Devil's Lawcase*), où, toutefois, on reconnaît aisément sa griffe dans quelques grandes scènes vraiment inspirées. Mais Webster, avec cette lucidité critique qui est, la plupart du temps, chez les Anglais, l'apanage des poètes majeurs, n'est dupe ni des servitudes auxquelles le genre est soumis, ni de son habileté technique à s'en libérer : « aucune action ne peut être agréable, lorsque la propriété du langage et l'habileté de la construction ne parviennent pas à réaliser une parfaite harmonie ». Cette « parfaite harmonie », gloire singulière de la technique élisabéthaine, les grands dramaturges la réalisent, malgré les innombrables conventions auxquelles leur génie doit se plier.

Elle éclate dans bon nombre de pièces, pour qui sait précisément faire la part des conventions et du génie. Ben Jonson, Webster, Shakespeare, Ford, pour ne citer que les plus grands, n'étaient pas dupes de leur double servitude, celle qu'ils devaient à leur époque, celle qu'ils devaient à leur instinct. Ils pourraient faire fi de la séquence chronologique, se moquer de la causalité, du vraisemblable, juxtaposer les inconciliables, accumuler les péripéties, faire progresser l'action par bonds soudains, au lieu de la dérouler d'un mouvement uniforme, user de coïncidences extraordinaires, passer du quiproquo au déguisement, de la pantomime au « pageant », mettre une pièce dans la pièce, inviter le public à prendre part à l'action sous des prétextes divers, poursuivre à la fois deux intrigues parallèles ou divergentes et même contrariées et antithétiques, et, tout de même, travailler avec la substance la plus précieuse de leur pensée et de leur expérience. Il y a, d'une part, le visage extérieur de la pièce, l'apparence palpable, matérielle, qui choque nos habitudes, déroute notre sens commun, irrite notre goût — mais ce n'est là que jeux de surface, que l'appareil superficiel, et quel droit avons-nous de disputer à un artiste le choix de ses moyens ? Et il y a, d'autre part, la portée profonde de l'œuvre, l'expérience humaine dont elle est chargée, la vision poétique du monde qui en émane, le sens qu'elle donne à la vie, le drame métaphysique qui en est l'armature spirituelle, bref tout l'implicite qu'elle contient.

Chaque dramaturge, d'ailleurs, a sa façon propre de résoudre les difficultés. Je veux dire qu'une étude approfondie des techniques montrerait la diversité de leurs méthodes particulières, au sein même de l'unité apparente de ce désordre que l'esprit critique moderne a si impitoyablement analysé et condamné. Une personnalité forte se dégage aussi bien de la structure d'une pièce que du halo poétique dans lequel elle baigne, et la cohérence intime de la composition et de la poésie sait prendre, suivant le cas, une tonalité différente. Si Webster tient pour négligeables les objections qu'on pourrait lui opposer quant à l'enchaînement logique des événements, parce qu'il situe ailleurs la vertu de son moyen d'expression et la fin même de son œuvre, Ben Jonson, par contre, tient à l'art des constructions rigoureuses, il se délecte même aux difficultés que soulève le jeu de plusieurs lignes de force tendant au même but par des mouvements contrariés, et sa poésie, violemment hostile à toute sentimentalité (nous dirions volontiers à tout « romantisme ») est d'une âpreté, d'une virulence, peut-être irait-on jusqu'à dire d'une sécheresse acide, qui le distinguent entre tous ses concurrents. Construction et poésie, ce que l'Anglais nomme « plotting » et lyrisme, ne sont pas juxtaposés, mais interdépendants, ne sont pas parallèles, mais se complètent et vont ensemble, d'un même pas retardé ou accéléré, vers la même fin. Pas de détour de l'intrigue, et pas de « morceau à effet », qui ne concourent à donner à l'œuvre sa qualité esthétique dans une parfaite harmonie. On reconnaît tout de suite la construction « benjonsonienne » à cet équilibre glacé des parties, à cette tension de l'intérêt dont il est le maître, qu'il resserre ou qu'il relâche à son gré, à cette accélération du mouvement qui, tout à coup, précipite la pièce, pour l'arrêter net, et la faire rebondir vers son dénouement. Et cette maîtrise un peu revêche, qui ordonne un monde dont l'irréalité fascine plus qu'elle n'enchante, fige l'imagination plutôt qu'elle ne la délivre et ne l'entraîne, est de la même nature que celle qui dresse et fait se mouvoir sous nos yeux étonnés les personnages saturniens ou hilares, cruels ou cupides, sordides ou sots, jaillis du creuset des humeurs par on ne sait quelle ricanante et féroce alchimie.

Le *Faust*, de Marlowe, tient de la « *miracle-play* » et de l'allégorie, *Old Wives Tale*, de George Peele, est un conte de fées saupoudré de farce paysanne où le *folklore* s'allie au surnaturel, *Arden de Feversham*, attribué à Kyd, a la pureté d'un fait divers conté par quelque inhabile artisan qui sait peu varier ses effets. Et à mesure qu'on avance avec la « décadence », le souci de rajeunir sa présentation, de renouveler des conventions éculées, d'élargir le champ de l'expérience théâtrale, convie les auteurs à des efforts de construction de plus en plus complexes, à des effets de contraste, de parallélisme ou d'enchevêtrement des thèmes et des intrigues qui, trop violents, ou trop subtils, peuvent nous donner l'impression d'un relâchement de la technique, voisin du désordre inorganique, et dépassant de loin le but poursuivi.

Dans l'ensemble donc, chaque auteur, et souvent pour chaque pièce, possède sa technique propre, qui relève de son tempérament et de son sujet. Chacun tranche dans le réel à sa façon, et reconstruit avec ces fragments, souvent hétérogènes, un univers qui ne doit rien à la logique du réel dont ces fragments sont issus. La progression, l'ordre des événements, leur relativité réciproque est un scandale, pour l'esprit aristotélicien. Nous savons que les pièces n'étaient pas découpées suivant l'arbitraire des « actes », mais suivant celui des tableaux. Les scènes se succédaient sans interruption comme dans les « pageants » un char succède à un autre char, et si une coupure trop large séparait deux séries d'événements, elle était comblée par un artifice, celui du chœur entre autres, personnage qui venait justifier le passage et éclairer le public. A moins que ce ne fût une chanson, une pantomime ou une clownerie. Shakespeare, lui aussi, use de ce procédé, et la construction de ses pièces est aussi discutable, au regard de la critique moderne, que celle de tout autre drame contemporain.

La technique la plus directe est, cela va de soi, celle du drame historique, qui n'est, à l'origine, qu'un découpage malaisé, puis habile, de l'événement, avec certains égards pour la succession chronologique. Mais dans la mesure où la « chronicle-play » se mue en étude de caractères, et reçoit, comme tout autre drame, sa part de la pensée et de l'émotion contemporaines, elle altère sa ligne, se diversifie, s'organise en construction consciente, et participe de la complexité générale. Entre le *Tamerlan* de Marlowe, que l'on peut considérer comme une « chronique », succession de scènes calquées sur la carrière prodigieuse du conquérant tartare, et l'*Edouard II* du même auteur, où perce le souci de suivre l'évolution d'un caractère et d'indiquer les raisons qui le conduiront à sa perte, il y a toute la différence qui sépare une coulée lyrique emportée par l'élan de la plus grande pente d'une composition réfléchie qui choisit sa voie et règle ses étapes. Mais même dans la « chronique », il était difficile à l'auteur de ne pas succomber à la tentation de l'intermède, de la surcharge spectaculaire, de l'épisode hors de propos, de l'allusion inutile, de toutes ces richesses encombrantes et diffuses qu'un moderne écarte impitoyablement, au profit d'autres éléments indispensables à la cohésion logique. Ce qui nous frappe, en effet, c'est l'extrême concision qui entraîne parfois l'absence totale, de ce que j'appellerais « le liant ». Pour l'illustration d'un thème favori, comme pour mener rondement la carrière d'un personnage, les auteurs n'ont aucun scrupule à négliger les difficultés d'ordre psychologique, ou les obstacles matériels. Ce n'est pas seulement l'extrême rapidité de la scène dans laquelle Lady Anne glisse de la haine à l'indulgence envers Gloucester, le meurtrier de son beau-père et de son mari, devant le cadavre même du roi [1], qui nous choque, c'est que ce glissement soit

1. *Richard III*, acte I, sc. II.

possible. Mais dans cette scène décisive éclatent les qualités d'audace et de duplicité de Gloucester, mieux peut-être que dans toute autre, et c'est le triomphe provisoire de ces qualités qu'il faut pour l'instant assurer. Par ailleurs, la vérité historique sur laquelle, dans l'ensemble, reposent les données de la tragédie, est suffisant argument de crédibilité. L'invraisemblable est aussi vrai que le réel, et la réussite artistique authentifie les plus folles impossibilités.

La donnée historique, le conte réaliste ou sentimental transmis de bouche à oreille, l'aventure romanesque ou légendaire reprise dans maint et maint ouvrage, le fait divers contemporain, la belle fable venant du fond des âges ou du lointain des terres et des mers (*major e longinquo reverentia*) : tout peut constituer la trame vivante sur laquelle s'inscrira l'affabulation dramatique. Mais le constant souci du dramaturge est précisément d'authentifier son histoire. Ce qui se passe dans une tragédie est *vrai*. C'est arrivé. Les livres, les voyageurs, les anciens, le public du parterre, le disent, le savent, le croient. La créance sur le fond ne fait pas de doute. Peu importe que les incidents soient conformes ou non à la vérité absolue. Il suffit qu'il y ait cette base de foi sur laquelle repose tout l'édifice. Ainsi, de nos jours, pour les esprits simples, le prestige de la chose imprimée. Il y a donc entre l'auteur et le public cette entente tacite qui facilite leurs rapports, et Coleridge répond en ces termes à l'objection que nous soulevions quelques pages plus haut à propos du *Roi Lear* : « Si improbable que soit la conduite de Lear dans la première scène, c'était pourtant une vieille histoire enracinée dans la foi populaire — une chose déjà tenue pour accordée, et par conséquent sans aucun des effets de l'improbabilité. »

Le désir du dramaturge de toujours garder le contact avec son public souligne et renforce cette patente complicité. A quoi serviraient les prologues, sinon à l'établir une bonne fois pour toutes ? D'où vient que les auteurs modernes repoussent avec mépris le prologue dans le magasin aux accessoires désuets? Ainsi l'élisabéthain établit le contact, pose ses jalons. C'est tantôt le spectre de la victime qui vient lamenter vengeance, tantôt un personnage secondaire qui vous convie à assister à la tragédie, tantôt une allégorie dont les attributs symboliques dégageront du premier coup le sens profond de l'œuvre, un vieillard, le Temps, un politicien, des sorcières, un guerrier. Une clé qui donne le ton à la symphonie. Un signe amical qui préfigure le thème, commente l'événement, crée l'atmosphère, et même parfois dévoile l'action, ouvre le cœur des personnages. C'est que l'intérêt n'est pas dans l'imprévisibilité du dénouement, puisque celui-ci est souvent connu d'avance, mais il se tourne sur le comportement des personnages en face de la situation qui leur est faite, et sur l'expérience humaine qu'on en peut tirer. Le prologue dégage parfois l'implicite contenu dans la pièce. Il est ironique, et même satirique, chez Ben Jonson ; Machiavel présente Barabbas [1] et s'excuse de son intrusion; Le Fantôme d'Andréa, accompagné de Vengeance, ouvre *La Tragédie espagnole de* Kyd ; au seuil de *David et Bethsabée* [2], le prologue frappe la note épique et lyrique (*arma virumque cano...*) ; le Temps convie l'imagination à franchir les siècles, et, revenant au cours de l'action, apaise les effrois, justifie les caprices de la course du Destin [3].

A défaut du Prologue, la, ou les scènes d'introduction, d'une très grande diversité, remplissent cette fonction complexe de présenter les personnages dans leurs rapports relatifs, de mettre l'action en mouvement, et d'établir la connivence, qui ne s'interdit pas d'être ironique, entre l'auteur et son public. Ce que le critique anglais appelle « l'induction », c'est-à-dire le préambule,

1. *Le Juif de Malte, de* Marlowe.
2. De George Peele.
3. *Henri V, Le Conte d'hiver*

l'entrée en matière, se prête à ce double ou triple jeu, explicitement, ou par voie d'allusion et d'implicite, et constitue un des traits les plus originaux de cette technique féconde en surprises. Là aussi les auteurs, tout en respectant les conventions d'usage, font preuve d'une très variable originalité. C'est tantôt un monologue, où ce personnage principal se révèle tel qu'il est, tel qu'il restera immuablement jusqu'à la fin de la pièce. Les quarante premiers vers de *Richard III* jettent une lumière crue sur le caractère de Gloucester.

Je suis résolu à être un scélérat [1]...

en même temps qu'ils amorcent la série des complots et des crimes que trame ce noir personnage ; tantôt un dialogue où des comparses, comme souvent dans les tragédies classiques, présentent indirectement les personnages, nous racontent ce que nous devons savoir pour que la pièce soit intelligible, et donnent, en même temps, par le ton, le style, les images, ou les thèmes abordés, l'atmosphère qui enveloppe l'action — c'est le cas le plus fréquent. Ce peut être aussi les personnages principaux qui surgissent les premiers, dans des attitudes statiques en apparence, mais déjà projetant les uns sur les autres cet éclairage particulier qui les situe dans la perspective du drame — telle est la très belle scène d'introduction de *La Duchesse d'Amalfi*, où l'on sent déjà sourdre le conflit mortel entre le frère et la sœur, par le jeu subtil de la mise en scène, précisément parce que les groupes de personnages font leur entrée les uns après les autres, comme en oblique les uns par rapport aux autres ; rien d'essentiel ne semble sortir de leurs lèvres, alors que, déjà, le ver s'est glissé dans le fruit, et le danger suinte des paroles d'apparat, des questions perfides, ou des confidences chuchotées.

1. *Richard III*, acte I, sc. I, 30.

L'action, très lente à s'engager, se trouve en surplomb redoutable, et avant que nous sachions dans quel sens elle va s'infléchir, nous connaissons, et la position relative des personnages, et le péril qui va peser sur la frêle et rayonnante figure de la Duchesse, encadrée par les ombres sinistres de Ferdinand et du Cardinal.

Mais les « inductions » les plus remarquables — et Shakespeare en a très largement usé — sont celles où l'accent est mis sur le ton, l'atmosphère, le thème de la pièce. Ici, point de réalisme dramatique, mais un épisode de longueur très variable, où l'auteur se soucie peu de faire démarrer l'action. Prélude rapide comme l'éclair sur la lande avec *Macbeth*, où les sorcières entrevues dans le tintamarre traversé de fulgurations, jettent leurs cris hallucinants et imposent l'obsession du thème du mal et de la confusion, thème aussitôt repris par le Sergent blessé dans la scène suivante et développé d'un bout à l'autre du drame, tout épaissi d'équivoque et de sang. Nulle ironie, nulle réserve dans ces scènes, sinon ironie métaphysique en équilibre angoissant sur l'ambivalence des mots et la dissonance inquiétante des contrastes du monde moral, puissant moteur poétique auprès duquel les ferments du caractère n'ont de valeur qu'accessoire, semble-t-il. Prélude encore que la scène sur le bateau ivre de *La Tempête:* elle ne nous apprend rien qui ne soit longuement exposé dans la scène 2, mais nous offre un surprenant mélange de couleur, d'énergie et d'humour, dans le branle-bas surnaturel d'une commotion de la mer et des cieux, qui nous prépare à la magie complexe, souriante et vigoureuse, dont Prospéro est l'ordonnateur, tout ainsi qu'au réalisme truculent des intermèdes bouffons. Il arrive à Shakespeare de s'attarder plus qu'il ne paraît nécessaire à ses scènes d'introduction, comme s'il quittait à regret cette ambiance qui, tout à l'heure, va donner son sens profond à la pièce — c'est le cas de *Hamlet*, au lent départ, où nous sommes d'abord saisis par le froid vif (*bitter cold*) de la nuit de garde, où, peu à peu, la présence redoutée du fantôme nous pénètre la chair, et nous nous posons avec Horatio les questions brûlantes qu'il jette au spectre enfin apparu, souhaitant, avec la même fièvre angoissée, la venue du héros, seul digne d'affronter le mystère et capable de nous délivrer du malaise. Mais le malaise persiste ; il ira en s'aggravant et le « *I am sick at heart* » de Francisco prendra sa profonde signification dans le premier monologue de Hamlet, quelque deux cent cinquante vers plus loin. On peut même dire qu'il faudra tout le premier acte pour présenter les personnages, poser le sujet, donner le ton, et faire aller l'action de la tragédie.

Cette tâche complexe accomplie, tantôt avec une grande économie de moyens, comme dans *Macbeth*, tantôt avec une élégance suprême, comme dans *Le Songe d'une nuit d'été*, tantôt encore sans égards pour la brièveté, comme dans *Hamlet* ou *Timon d'Athènes*, ni même pour la pertinence, comme, peut-être, dans *Mesure pour Mesure*, tantôt enfin avec cette vigueur imagée inimitable, qui, en quelques vers, fait surgir à nos yeux le personnage enveloppé de son destin :

« ... *vous allez voir en lui un des trois piliers du monde devenu jouet de putain* [1]... »

l'action s'ébranle, c'est-à-dire que les personnages en viennent aux prises avec la situation qui leur est faite.

Ici encore, ce n'est pas tellement une question qui se pose, mais un comportement à mettre à l'épreuve des faits. Macbeth assassinera-t-il Duncan pour accéder au trône ? Oui, mais comment va-t-il s'y décider, comment s'y prendra-t-il, et qu'en résultera-t-il *après* ? Comportement de Hamlet en face de son devoir de vengeance, d'Antoine entre le pouvoir politique et l'amour, de

1. *Antoine et Cléopâtre*, acte I, sc. I, 12-14.

Coriolan entre le patriotisme et l'orgueil. A chaque instant, un fait nouveau peut faire irruption et changer le cours des choses. Des obstacles surgissent que le héros n'avait pas prévus, devant lesquels, souvent il est aveugle, et c'est l'histoire dramatique de cette cécité qui nous est contée. Il serait curieux d'examiner le rôle de l'erreur dans la construction dramatique de toutes ces pièces, rôle non moins immense et fatal que dans la vie. Lutte contre des ombres, agitation dans le brouillard de l'équivoque, où les proportions véritables sont déformées, où le sens du réel s'estompe, le sens moral se gauchit, où les conséquences échappent à la vision bornée des passions ou des folies, jusqu'à ce que le héros, traqué par ces ombres qu'il a obstinément poursuivies, les yeux dessillés, l'âme épouvantée, s'éveille enfin à l'éclat insupportable de la vérité. C'est sur l'erreur et ses puissants auxiliaires, le mensonge, l'hypocrisie, l'ardeur démente des paroxysmes, que s'articulent le drame et la comédie. Apparences illusoires qui déclenchent la jalousie criminelle, sentiment trompeur de la sécurité qui désarme la victime promise à la ruine, orgueil souvent, crédulité ou inconscience, qui font des hommes les jouets des esprits calculateurs ou des accidents de la Fortune. Mais, précisément, c'est dans la mesure où il échappe à la pénombre ou à la nuit que le héros tragique se hausse aux sommets du pathétique. Douloureuse marche à l'étoile, montée vers le soleil. Lucidité chèrement acquise, au prix de souffrances sans nombre, où toute action est interdite, et dont le seul bénéfice est d'apparenter le héros vaincu à la famille des dieux. Toute l'économie du drame shakespearien repose, peut-on dire, sur cette prise de conscience d'un réel méconnu, déformé, presque caricatural. Clairvoyance baignée d'amertume, trempée de regrets ou de larmes, qui dresse le héros dans une attitude parfois mélodramatique (importance théâtrale qu'Othello attribue à son suicide — bavardage semi-métaphysique de Richard II), le raidit dans un stoïcisme désespéré après avoir durci ses nerfs par des révélations progressives (Macbeth, Coriolan) ou même le brûle de flammes ardentes jusqu'aux racines de l'être et de la raison (Lear, Timon). Seul entre tous peut-être Hamlet fait exception à cette règle parce que la lucidité lui est donnée *avant* qu'il ait des raisons d'agir — mais sur Hamlet, nous reviendrons.

Il faut, pour atteindre, à cette libération, que le destin ait frappé des coups répétés. D'où, bien souvent, cette technique qui procède par effets d'accumulation, la plus simple, la plus impressionnante. Nulle complexité dans ce cas — action rectiligne, où le même incident se reproduit, sinon avec une vitesse accélérée, du moins chaque fois avec un poids aggravé, une impulsion plus redoutable. Tamerlan vole de victoire en victoire, jusqu'à ce qu'il ait rencontré un ennemi que son prestige, ni sa puissance, ne pourra intimider : la mort ; Richard III abat victime sur victime, toujours avec le même rituel ; Macbeth poursuit sa route dans le sang, d'un pas que l'écœurement ralentit, mais le crime appelle le crime, et après Duncan, c'est Banquo, c'est Lady Macduff, ses enfants, jusqu'à ce que le surnaturel intervienne pour écraser le fauve qu'il a réveillé. Dans *Arden de Feversham*, c'est par six que se chiffrent les tentatives de meurtre que le hasard déjoue, avant que le ressort de l'action ramené se détende avec succès. Moins linéaire la carrière d'Antoine, ou la marche à la mort de la duchesse d'Amalfi ; mais de déchéance en défaite, et de supplice en désespoir, le destin réitère ses coups. Toutefois, les dramaturges sont loin de se contenter de procédés aussi élémentaires. Leur technique est bien plus variée, bien plus souple, bien plus complexe, en vérité. Les péripéties d'une histoire peuvent suivre une ligne sinueuse, où l'accélération du mouvement et la symétrie du dessin ne jouent qu'un rôle accessoire. L'action se diversifie d'incidents que rien ne laissait prévoir, méprises, malentendus, quiproquos, coïncidences surprenantes, habilement agencés, qui la font dévier ou la ralentissent, quelquefois l'obscurcissent et la rendent difficile à suivre. Et surtout, c'est la présence quasi constante, à côté de l'action principale, d'une intrigue secondaire (et parfois de plusieurs) qui donne à ce théâtre son visage particulier. Souvent, en effet, deux intrigues parallèles vont d'un pas égal ou disloqué, se croisent, se perdent, se rattrapent, pour se trouver dénouées de concert. Tantôt c'est un mouvement de ballet, comme dans *Much ado* et même *As you like it*, où, vers la fin, les couples défilent pour recevoir la bénédiction du duc; tantôt l'intrigue secondaire mime en quelque sorte la première et lui sert, ou bien d'ironique rehaut — ainsi le complot mené par Caliban dans *La Tempête* est une parodie bouffonne du vrai complot contre le Roi — ou bien, comme dans *Une Femme tuée par la bonté*[1], en dépit du renversement des situations, sert de commentaire implicite au thème de l'intrigue principale, sans se confondre avec elle. Ou bien encore, trois mondes étrangers l'un à l'autre se font les auxiliaires du dramaturge pour tisser une action aux fils multiples, trame irisée où la mythologie, le rêve, l'histoire et le réel harmonisent leurs tons contrastés et complémentaires — et c'est *Le Songe d'une nuit d'été* ; à un degré plus primitif, c'est aussi le *Conte de bonnes femmes* de Peele. Et même, comme chez Ben Jonson, suprême artisan, nous l'avons dit, des constructions rigoureuses (plus nombreuses et plus complexes les intrigues, plus difficile la tâche), c'est mille intrigues qu'on mène à la fois, la catastrophe frôlant celui qui devrait rester indemne, et, par une succession de miracles d'équilibre, abattant enfin celui-là même qui en menaçait les autres. Tel Volpone, le dupeur dupé par son complice, ou *L'Alchimiste*, triomphe encore plus rare d'une technique savante, course d'obstacles éperdue contre la montre, sur un escalier roulant dont les mar-

1. *A woman killed with kindness*, de Thomas Heywood.

ches se dérobent, et qui ferait songer à Chaplin précipitant ses pas pour redresser une chute imminente, un plateau chargé de verres précieux sur les bras — mais chaque fois que le personnage retrouve sa suffisance avec son équilibre, c'est une chute nouvelle qui menace de le précipiter, et tant d'adresse, d'audace, et de vélocité, ne le sauvent pas de l'écrabouillement final.

Et puis, quelquefois aussi, la fiction change brusquement de voie. Une pièce nouvelle, avec des acteurs nouveaux, fait irruption sur la scène, reprenant le thème principal, comme dans *Hamlet*, *Le Meurtre de Gonzago*, machination qui a pour but de confondre le criminel, reconstitution du meurtre, en présence de l'assassin, dirions-nous ; ou bien, comme dans *La Tragédie espagnole* (Kyd), la pièce nouvelle, jouée par les mêmes acteurs, prolonge le thème et dénoue l'intrigue sous le couvert d'une fiction violente, ajoutant ainsi au dénouement sanglant le fort piment d'une ironie mélodramatique. Dans telle autre pièce, c'est le prologue lui-même qui introduit la pièce nouvelle, soit que les personnages du prologue imposent aux comédiens une action de leur choix (*Le Chevalier au pilon ardent*, de Beaumont et Fletcher), soit qu'ils suivent l'action en la ponctuant de leurs commentaires (*La Mégère apprivoisée*), ou que, utilisant le pouvoir magique des mots, ils fassent, comme la Madge du *Conte de bonnes femmes*, surgir une action féerique, réelle et fantasque, sous leurs propres yeux. Le « masque » enfin, qu'on introduit dans la pièce, pour en souligner la portée morale, pour commenter le thème, ou pour aider à la résolution de l'intrigue, ajoute le faste du dépaysement, l'agrément de la musique et des costumes somptueux, le divertissement de la danse et souvent le sel de la parodie.

C'est dans la comédie, ou la pièce romanesque, que l'entrelacs des lignes de force, la multiplicité des mouvements, la subtilité des stratagèmes, sont les plus compliqués. Mais le drame n'exclut pas les constructions enchevêtrées, où des plans différents se heurtent, où chaque groupe de personnages semble se mouvoir dans son monde à soi, alors que tous, du plan inférieur au transversal, finissant par se rejoindre dans le dessein unique, comme sur un tableau moderne les arêtes, les pans coupés, les masses d'ombre et de lumière, composent un tout harmonieux et surprenant. Cette analogie avec les arts plastiques, pour lointaine qu'elle soit, n'est pas dépourvue de toute signification. Ainsi d'une cathédrale, dont l'œil ne peut embrasser qu'une des faces à la fois et dont toutes cependant, réparties sur des plans différents de l'espace, existent simultanément et les unes par rapport aux autres. Le volume équilibré de cette masse ne se perçoit que par l'application de la pensée qui ordonne les disparates et rétablit les fragments dans leurs justes proportions relatives. Et l'épaisse maçonnerie justifie la sveltesse des arcs-boutants, comme l'élan des murailles hardies nécessite l'ogive, les ténèbres de la nef, le jour folié des rosaces, la gloire des saints et les grimaces des démons.

Nous sommes loin de la construction régulière préconisée par l'art classique. Tant vaut l'*œuvre d'art* que la *vie* — on y trouve l'exigence dans la perfection du détail, et la luxuriance aussi des frondaisons indisciplinées, qui fait du désordre apparent comme une règle instinctive, ici soumise à des conventions de climat, de terrain, de saison, là livrée à une exultation lucide dans la poursuite de la poésie et du beau.

« Nous ne devons pas chercher la parfaite ressemblance avec la vérité de la vie, écrit M. Wilson Knight, mais plutôt voir chaque pièce comme une métaphore déployée (*an expanded metaphor*) grâce à laquelle la vision originale est projetée en des formes sommairement correspondantes à la réalité, et s'y conformant avec plus ou moins d'exactitude suivant les exigences de sa nature » et, ajoute-t-il, « les personnages, en dernière analyse, ne sont pas humains du tout, mais purement les symboles d'une vision poétique [1]. » Il nous reste à voir, dans le chapitre suivant, dans quelle mesure cette observation se justifie, et quelles pièces le dramaturge pousse sur son échiquier.

1. G. Wilson Knight, *The Wheel of Fire*, p. 16 ; cité par L. C. Knights, *How many children had Lady Macbeth*, p. 8.

LES CARACTÈRES

Tranio, at once
Uncase thee; take my coloured hat and cloak.
(The Taming of the Shrew.)

Nous avons, dans ce qui précède, suffisamment préparé le lecteur à faire état d'une attitude critique nouvelle pour qu'il ne s'étonne plus de nous voir pareillement mettre en question les règles de la psychologie traditionnelle appliquées à l'étude des caractères. Et il convient de le faire tant au point de vue de leur rôle, ou de leur importance relative, dans l'économie de l'œuvre, que des critères qu'on leur applique dans l'absolu de leur valeur humaine et esthétique, s'il est vrai que celle-ci se confond avec celle-là — sur quoi, d'ailleurs, tout le monde n'est pas d'accord.

Dans un article écrit voici plus de vingt-cinq ans, T. S. Eliot posait le problème sur son véritable terrain. Il a échappé à la plupart des critiques, dit-il, que *Hamlet*, la pièce, est le problème primordial, et Hamlet, le personnage, le problème secondaire [1].

1. T. S. Eliot. *The Sacred Wood* (London, 1920), *Hamlet and his problems*, p. 95. On parle aujourd'hui, beaucoup de M. Eliot, mais l'excellence de ses enseignements critiques, dont l'influence a été décisive sur la jeune génération critique en Angleterre, n'a encore touché, en France, que le cercle étroit des anglicistes. La lucidité de son analyse, la pertinence de ses remarques, le détachement de sa pensée des pures contingences académiques et anecdotiques ont ouvert la voie à une rénovation foncière de la critique littéraire. L'auteur du présent ouvrage lui doit, ainsi qu'à F. R. Leavis et à ses élèves de Cambridge, autant d'émerveillements que de découvertes.

Le mal venait de loin : de la fin même du XVIIe siècle, de ce Thomas Rymer (1641-1713) déjà cité, qui, en 1694, prenait si résolument position contre *Jules César* et *Othello*[1] au nom du bon sens — en passant par le XVIIIe siècle (ce fut la faute des acteurs, qui cherchaient de grands rôles, autant que des critiques) et par les romantiques, lesquels se sont surtout préoccupés d'extraire du théâtre de Shakespeare une galerie de portraits idéalisés (Lamb, Hazlitt)[2]. Innombrables les études sur les « héros » et les « héroïnes » de Shakespeare, de Thomas Rymer à nos jours. Il n'est pas jusqu'aux comédiens eux-mêmes qui n'aient voluptueusement décrit leur rencontre, leur identification passagère avec

1. Et avec une telle apparence de raison que T. S. Eliot lui-même déclare n'avoir jamais vu une réfutation convaincante de ses objections, ce qui choque grandement M. L. C. Knights (*op. cit.*).

2. Je tire de l'opuscule de L. C. Knights, déjà cité, la brève liste ci-après des ouvrages qui prennent pour thème les « caractères » de Shakespeare : *A Philosophical Analysis and Illustration of some of Shakespeare's Characters*, par Richardson, 1774 ; *An Essay on the Character of Hamlet*, par Pilon, 1777 ; *Essay on Shakespeare's Dramatic Characters*, par Whately, 1785 ; *Shakespeare's Imitation of Female Characters*, par Richardson, 1789 ; sans oublier l'important *Essay on the Dramatic Character of Falstaff*, par Maurice Morgan, 1777, dont le Dr Bradley, le tenant moderne le plus autorisé de cette attitude critique, disait en 1904 « qu'il n'y a pas de plus beau morceau de critique shakespearienne au monde » (*The Scottish Historical Review*, vol. 1, p. 291). Ajoutons, pour le XIXe siècle, des ouvrages comme : *Shakespeare's Heroines*, par Mrs Jameson ; *Girlhood of Shakespeare's Heroines*, par Mary Cowden Clarke. Des acteurs, des actrices, ont également écrit sur les personnages, racontant avec émotion leurs rencontres avec le héros, l'héroïne, comme s'il s'agissait non seulement d'un personnage de théâtre, mais de quelqu'un que l'on peut rencontrer dans la rue, dans un salon, avec qui on peut nouer des relations d'amitié, de sympathie, d'antipathie, etc. Témoin encore le bon-garçonnisme protecteur, mi-souriant, mi-méprisant, avec lequel on traite — ou daigne traiter — ce symbole tonitruant, Falstaff, la pitié navrée pour Ophélie, la réprobation admirative pour Othello, etc. On parle peu, toutefois, des couples louches : Troïlus-Cressida, Bertram-Helena ; des héros et héroïnes suspects : Claudio et Isabella, Bassanio, Gratiano, Nerissa...

le personnage qu'ils avaient tenté d'incarner — y découvrant à l'étude quelque « richesse nouvelle », quelque trait digne d'admiration et de tendresse, sans exclure, bien entendu, les héros les plus noirs et les plus sanglants — mais sans inclure, toutefois, les héros suspects. Si la plupart des commentateurs, soucieux d'établir la précellence de Shakespeare, ont quelque réserve à formuler sur la rudesse de son style, l'obscurité ou la préciosité de sa poésie, l'outrance de ses métaphores, le désordre de sa méthode, son irrespect pour les règles, pour la décence, ses anachronismes, ses jeux de mots [1] — bref, toutes les maladresses d'un art « primitif » destiné à un âge encore peu poli (réserves de la pensée critique classique, consciente de ses canons dès la fin du XVIIe siècle, inlassablement reprises, fût-ce avec des atténuations, même par les admirateurs les plus passionnés), ils sont, par contre, unanimes à le louer pour son art de créer, et de peindre, les caractères. De Dryden à Dowden, du *Spectator* (Addison) au Dr Bradley, et jusqu'au tout récent ouvrage de John Palmer [2], c'est le même concert de louanges, où l'accent

1. C'est ainsi que Dryden mettra *Troïlus and Cressida* au goût du siècle (1679), se justifiant en ces termes : « Cependant il faut accorder à l'époque actuelle que la langue en général s'est tellement raffinée depuis le temps de Shakespeare que beaucoup de ses mots, et encore plus de ses phrases, sont à peine intelligibles. Et parmi celles que nous comprenons, quelques-unes ignorent la grammaire, d'autres sont grossières ; et son style tout entier est à ce point infesté d'expressions figurées qu'il est aussi affecté qu'il est obscur ». Le style de l'époque de Dryden avait, en effet, perdu cette incomparable vitalité de la période shakespearienne, cette familiarité avec le mystère, la rhétorique dramatique, le quotidien...

2. John Palmer, *Political Characters of Shakespeare* (Macmillan, Londres, 1945). La dernière en date, à ma connaissance, des galeries de portraits shakespeariens. Bien que l'auteur se préoccupe du contenu politique des pièces historiques et mette l'accent sur le comportement politique des personnages, son attitude critique ne diffère pas de celle de ses prédécesseurs. C'est ainsi qu'il écrit dans sa Préface (p. VII) : « Presque toutes les espèces d'hommes que l'on rencontre dans la vie

est mis sur le naturel, le vraisemblable, la richesse, la diversité, la figure « unique et inimitable » des personnages. « Personne, écrit Dryden, n'a dessiné autant de caractères... » « Ses personnages, Pope *dixit*, sont si semblables à la nature elle-même, que c'est comme une offense de les désigner sous le nom de copies de la nature. » Et plus loin : « Chaque personnage de Shakespeare est un individu tout autant que ceux de la vie elle-même ; il est impossible d'en trouver deux pareils »[1]. Il n'est pas jusqu'aux fantômes et personnages imaginaires devant lesquels Addison ne s'extasie pour la même raison : « Il y a quelque chose de si farouche, et cependant de si solennel, dans le langage de ses fantômes, de ses fées, de ses sorcières, et semblables êtres imaginaires, que nous ne pouvons nous empêcher de les tenir pour naturels, bien que nous n'ayons pas de règle par laquelle les juger, et nous devons avouer que s'il existait des êtres semblables dans le monde, il est fort probable qu'ils parleraient et agiraient comme il les a représentés[2]. » Un siècle plus tard, Hazlitt fait la même remarque, presque dans des termes identiques : « Le monde des esprits lui était accessible, comme le

publique, grands ou mesquins, sages ou sots, méchants ou vertueux, simples ou subtils, calculateurs ou généreux, se rencontrent dans ces pièces. Quelques-uns sont esquissés avec des traits apparemment négligés, d'autres sont dessinés avec un soin consommé. On peut tous les reconnaître comme personnages politiques dont les modèles se retrouvent dans chaque génération. » Ou encore : « ... il est vrai que, Shakespeare étant Shakespeare, ses caractères politiques nous intéressent aussi en tant que personnes privées, et possèdent une vie intérieure qui leur est propre, bien qu'ils soient essentiellemnt des caractères politiques ». C'est la même attitude qui dicte à certains critiques, toutes proportions gardées, ce genre de questions préludant à l'étude des caractères : César était-il vraiment superstitieux ? Brutus croyait-il aux présages ? Richard III avait-il vraiment un bras desséché ? Lady Macbeth a-t-elle vraiment eu des enfants, et combien ? — genre de questions qui donne son titre ironique à l'essai de L. C. Knights.

1. Cité par L. C. Knights, *op. cit.*, pp. 18 et sq.
2. *The Spectator*, n° 419, juillet 1712

monde des hommes et des femmes réels, et il y a la même vérité dans ses peintures de l'un comme de l'autre, car si l'on pouvait supposer que les caractères surnaturels qu'il décrit existent, ils parleraient, sentiraient et agiraient comme il les fait parler, sentir et agir [1]. »

C'est en partie à cette notion de « nature », de « naturel », pierre de touche commune à tant de critiques, en partie à une insuffisance de sens littéraire (refus ou incapacité de reconnaître au texte lui-même sa valeur poétique propre), en partie enfin à une vague aspiration romanesque (désir de sympathie, de communion avec les personnages créés) qu'est imputable cette attitude critique envers Shakespeare, et, *a fortiori*, envers ses contemporains.

La notion de « naturel » est à la fois trop vague et trop tyrannique pour ne pas brouiller les idées. Elle est en réalité trop sommaire (on oublie que le mot a eu de multiples sens depuis la Renaissance), car elle tend précisément à rejeter dans les ténèbres cette autre notion fondamentale d'une différence d'espèce entre la » nature » et l'art, entre le réel objectif et la création esthétique. Le naturel, pour un classique, c'est sans doute une certaine cohésion de comportement et de langage, une aisance élégante au sein de cette cohésion, dans un certain mode de vie. Il est « naturel » qu'un personnage donné se comporte de telle ou telle façon — son âge, son état, son hérédité, sa situation connus. Inhumaine serait la mère qui ne pousserait pas le cri d'horreur qui détermine le jugement de Salomon, invraisemblable une Hermione qui accueillerait Oreste à bras ouverts après le meurtre de Pyrrhus, incroyable un Harpagon subitement généreux, outré un Alceste du cinquième acte jovial et guéri de sa misanthropie. C'est ainsi qu'un déterminisme psychologique rigoureux, dont il faudrait peut-être chercher les lois bien plus dans les préférences

1. Wiliam Hazlitt. *On Shakespeare and Milton.*

sentimentales de la raison que dans les observations d'une caractérologie scientifique, régit la conduite de la vie, même sous l'empire de passions dominantes — et c'est la satisfaction que procure la prévisibilité du comportement qui nous fait conclure à son naturel. Une fois en possession des éléments fondamentaux de la personnalité, il serait surprenant, et donc condamnable au nom des lois de la nature, que l'on dérangeât nos prévisions [1]. A celles de la logique psychologique, ajoutez les exigences du bon ton, du bon goût, de l'équilibre, une méfiance extrême pour les singularités de tout ordre, les déviations de l'instinct, les digressions de la pensée ou de la conduite, déclenchées par un caprice secret, une « idée folle » — ne serait-ce qu'un penchant à philosopher ou à rêver, ou une dilection inexpliquée pour telle forme d'expression poétique. Si bien que ce « naturel », si large soit la part laissée à la sympathie intuitive pour le déceler (je parle du créateur), à l'observation méthodique pour l'enrichir, à la technique d'imitation pour le mettre en œuvre, accable l'imagination créatrice de ses entraves. Il intimide l'inspiration, jugule la fantaisie, asservit toute jeunesse et dessèche toute fraîcheur. Le style perd son allure, son ardeur, la poésie son mystère, les personnages eux-mêmes leur aisance et leur « naturel ». Ainsi se sclérose la vie dans une armature rigide. C'est alors que le critique surgit, et déclare que de telles œuvres sont « pseudo-classiques » ou décadentes.

Mais le paradoxe, avec Shakespeare, c'est que les personnages ne peuvent se coucher dans ce lit de Procuste, et qu'on leur accorde cependant ce suprême bénéfice d'être en tous points conformes au « naturel ». Ici, c'est

1. Encore que le roman russe — surtout Dostoïewsky — et la psychanalyse aient passablement bouleversé cette notion de « naturel » avec des résultats parfois tout aussi cocasses pour l'étude des personnages de Shakespeare.

le lyrisme qui l'emporte, c'est l'adhésion sentimentale qui se substitue à l'examen critique. La sympathie que soulève tel trait de leur caractère, simple, spontané, passionné, s'étend au personnage tout entier, et laisse dans l'ombre les singuliers écarts que le dramaturge se permet. Un mot, un geste, un rythme, une image, comme une fulguration subite, illuminent la surface d'une conscience banale, ou obscure, ou dont l'importance n'est qu'épisodique, font croire à sa profondeur, lui confèrent l'éclat authentique de la vie. Ainsi, dans la mémoire, traîne le souvenir d'une intonation, brille l'éclair d'un regard, se dessine la courbe d'un sourire qui, tout à coup, font ressurgir la présence d'une figure longtemps oubliée. Et l'esprit, bouleversé par cette irruption soudaine, qui déchire le voile perfide dont se recouvre, comme d'une lente poussière, le réel déjà connu, conclut à l'identité de cette surprise avec ses aspirations inexprimées. Il est vrai qu'on court à chaque instant avec Shakespeare le risque de cette aventure, et qu'il est aisé de succomber au piège de l'attendrissement provoqué par l'émotion de la joie. Et combien facile ensuite de glisser de la sympathie à la familiarité, de la familiarité à l'expansion lyrique, et de se laisser posséder par le personnage si exclusivement que toute autre attitude de contemplation, ou de réflexion critique, devient impossible. S'est-il passé autre chose pour Hamlet, pour Cordélia, pour Othello ? En vérité, je ne le crois pas. Oui, on aimerait aimer Rosalinde, faire assaut d'esprit avec Béatrice, sentimentaliser avec Viola, et, sans doute, au cours d'une visite au Musée des Horreurs, entendre Macbeth, revêtant son armure, proférer son défi désespéré au Temps, et sa femme raidie dans l'hypnose exhaler son triple soupir en frottant la tache ineffaçable qui souille sa petite main.

Mais est-ce là, je le demande, une attitude digne de l'esprit critique ? Bien plutôt celle de Margot au mélodrame — où ne je lui reproche pas d'avoir pleuré, mais où se donnent rendez-vous trop de cœurs en disponibilité de tendresse, qui ne sont pas trop difficiles sur la valeur des raisons de pleurer. État de conscience simple, et même simpliste. Au reste, les âmes sensibles ne demandent guère autre chose — autre chose que l'amitié possible avec le héros (ou l'héroïne), sinon l'identification passagère que leur propose la lecture, ou la représentation. Plus encore que le XVIIIe siècle, déjà contaminé par le sentimentalisme bien pensant d'un Richardson, puis, celui, plus artiste, et donc plus dangereux, d'un Sterne, le dix-neuvième, décidément romantique, élevant le sentiment à la hauteur d'une transcendance et la poésie à la dignité d'une éthique, sera enclin à saisir l'ombre pour la proie, à se bercer de mots, et, malgré le fécond renouveau qui enrichira la capacité d'émerveillement de l'âme, à éluder les vrais problèmes et se contentera de réalités illusoires.

Il était déjà difficile en 1693 — les efforts de polissage tentés par Dryden en témoignent — de goûter Shakespeare et ses contemporains pour les vraies raisons. Le sens de la langue élisabéthaine était perdu, comme on avait désappris celui des conventions dramatiques sur lesquelles ce théâtre avait établi sa grandeur. Les Classiques, non moins que les Puritains, ont contribué à lui porter le coup fatal. On en vint à ne plus concevoir qu'un auteur, peu soucieux des « règles », et si désinvolte avec les exigences d'un goût raffiné, pût, par l'exercice du seul génie, produire des « chefs-d'œuvre immortels ». On oubliait qu'il y avait eu d'autres règles, et un autre goût. On oubliait aussi et surtout que les contemporains d'Élisabeth et de Jacques confiaient à la langue anglaise une autre mission que ceux des Stuarts restaurés ou de la reine Anne. Et comme les personnages, en dépit de leur indiscipline, imposaient cet allant, cette allégresse, cette ardeur dans le bien ou dans le mal, qu'on ne trouve plus ni dans le *Caton* d'Addison ni dans *Le Marchand de Londres* de Lillo, il fallait bien, contre toute règle, conclure à quelque supériorité magique. La plus permanente étant celle, évidemment, qui a trait à la nature humaine, puisque les autres étaient affaire de goût, de mode, de conventions. Le dix-neuvième siècle donne à l'erreur un tour encore plus personnel, fausse encore plus la perspective. L'attention accordée aux caractères détourne l'esprit des autres éléments d'intérêt de l'œuvre, ou bien l'oblige à la compartimenter étrangement, presque au mépris de toute vue d'ensemble. On isole les personnages pour les étudier, on les monte en épingle, on les exhibe. Hommes, femmes, grands et petits, sages et fous, impurs et chastes, furieux et jaloux, les rois, le peuple, Sir Andrew Aguecheek et Coriolan, Caliban et le Prince Henry — quelle foule! — de la princesse au savetier, du raccommodeur de soufflets à l'ivrogne, sans oublier les corps fabuleux ou féeriques, les farfadets, les spectres, les sorcières et les monstres. Les voici hors de la pièce, hors de leur atmosphère naturelle, de leur décor, de leur entourage. C'est pour les analyser, les caresser comme des fleurs de serre, les choyer avec des mots suaves, des cris d'admiration, des gestes de collectionneur. Et puis, le menton dans la main, on se demande si ce sont des *types*, comme l'insinuait de Dr Johnson, ou des *individus*, comme il est plus romantique de le croire. L'individu devient symbole, voire allégorie ; et, l'esprit rationaliste reprenant le dessus, les traits personnels, exaltés jusqu'au symbole, se résoudront en abstractions : Macbeth, ou l'ambition ; Othello, ou la jalousie ; Lear, ou la folie et le sublime ; Ophélie, ou la pureté pathétique ; Shylock, ou la cruauté rapace ; Desdémone, ou l'innocence victime de l'erreur... Puis, comme l'œuvre, sans le héros, pose tout de même d'autres problèmes, on dissertera sur les « idées » politiques et sociales de Shakespeare : était-il démocrate ou partisan de la dictature ? — sur la religion : était-il catholique ? anglican ? athée, comme Marlowe et les disciples de cette École de la nuit ? — sur ses conceptions morales, philosophiques, métaphysiques : avait-il foi en la raison, ou préférait-il l'instinct ? Était-il partagé entre l'espoir d'un monde explicable et la hantise d'un absurde absolu ? Pessimiste ou optimiste ? Ordre, méthode, hiérarchie, ou bien confusion, désespoir, néant ? On ne mettra pas en doute qu'il soit poète, mais on l'oubliera, on fera comme si la chose allait de soi, comme s'il était superflu d'en parler, comme s'il ne fallait pas, au contraire, tout rattacher à cette constatation essentielle, sans laquelle aucune explication satisfaisante ne peut être donnée de cette œuvre immense, inégale et déconcertante. Reléguer à l'arrière-plan le fait évident que chaque pièce se présente comme un *poème dramatique*, dont les éléments divers contribuent tous à l'impression générale, à l'effet total et ne peuvent s'isoler les uns des autres, pas plus qu'ils ne peuvent être abstraits, pour être jugés objectivement, des conceptions, des conventions, du goût poétiques de l'époque, c'est faire œuvre imparfaite, partiale, impie [1]. Le vers, la prose, les rythmes, le vocabulaire, les métaphores, les personnages, les thèmes, les allusions, l'intrigue — et jusqu'au découpage de la pièce : tout doit être pris en considération.

Or, sans vouloir le moins du monde contester l'incomparable supériorité de Shakespeare dans la « peinture des caractères » — laquelle tient à sa supériorité dans l'art de se servir de son instrument d'expression : la langue anglaise de son temps, qui pétrit les thèmes fondamentaux de son temps — il est aussi incontestable

1. Par exemple, à propos de la récente représentation à l'Odéon de *Peines d'amour perdues*, la critique, soit que la mise en scène lui déplût, soit que la traduction rendît mal les effets voulus par Shakespeare, a contesté l'intérêt de cette pièce. Or, cette comédie ne peut laisser aucun admirateur de Shakespeare indifférent. La variété des styles, la richesse du jeu verbal, l'éclat massif de l'expérience poétique, tout contribue à lui donner une place de choix. Mais il n'est pas de personnage sur lequel on puisse s'attendrir — d'où l'accusation de sécheresse et de lourdeur...

qu'il se conforme, avec son génie particulier, aux conventions en usage, ici — dans la peinture des caractères — comme ailleurs. Dans ce domaine, les Elisabéthains obéissaient à des régles traditionnelles impératives qui rendent le plus souvent les personnages impropres à l'épreuve que voudrait leur faire subir le psychologue moderne.

En premier lieu, les personnages se situent *en dehors* de tout réalisme, c'est-à-dire du déterminisme psychologique régi par l'enchaînement des mobiles et des effets dont ils sont habituellement suivis. Ce qui motive l'action, comme nous aimons que l'action soit motivée pour nous être compréhensible, c'est d'abord une donnée immédiate. Le personnage surgit généralement tout d'une pièce, sans qu'il nous soit loisible de discuter, ou d'apprécier, les mobiles de son comportement. Ainsi Lodovico, dans *Le Démon blanc*, est tout entier contenu dans le mot « *Banished* », qui ouvre le drame. C'est la sentence de bannissement, prononcée à tort ou à raison, qui détermine le rôle de vengeur haineux qui lui est attribué — je dis le rôle, et non le caractère. Une fois lancé, le héros tragique n'évolue guère d'une scène à l'autre, à moins que ce ne soit d'une façon si surprenante que toute explication est exclue. Il n'y a point de crise psychologique chez Tamerlan, non plus que chez Hiéronimo ou Richard III, et le débat de Faust est identique de la première scène, où il cherche une justification raisonnable à sa détermination, à la dernière, où il succombe. Les événements extérieurs restent sans effet sur la conscience du héros qui, par ailleurs, peut faire volte-face subite, et modifier son attitude du tout au tout, pour s'adapter dramatiquement au dessein de l'auteur. Certes, si Lear ne se rendait pas compte de l'ingratitude et de la cruauté de ses filles il n'y aurait pas de tragédie, mais le fait important ce n'est pas qu'il ouvre les yeux, c'est qu'ouvrant les yeux, il réagisse comme il le fait. Un personnage peut passer de la cruauté à la pitié, comme Bosola dans *La Duchesse d'Amalfi* [1] — merveilleux effet d'un repentir qui s'inscrit dans le dessein général de l'œuvre et ne doit rien à un souci de vraisemblable psychologique — de la fidélité à la trahison, de l'amour à la haine et vice versa, sous l'impulsion d'une grâce soudaine et inexplicable, tout aussi gratuite que la façon dont Lear comprend soudain dans quel abîme il s'est précipité, refusant d'y croire par horreur d'y croire, et puis se projetant dans la folie. Proteus, dans les *Deux Gentilshommes de Vérone*, abandonne Julia pour Silvia, trahit son ami, tente de lui dérober sa maîtresse, retourne à ses premières amours — et tout finit par une réconciliation générale que la bassesse de la trahison et les procédés employés rendent fort peu vraisemblable [2]. L'amour est vraiment subit comme la foudre, le repentir rapide comme l'éclair. Il arrive que la chasteté se change en corruption, que l'avarice tourne à la générosité ; les méchants peuvent se faire doux et pitoyables, et rester méchants. C'est que l'une ou l'autre attitude sont également valables, et que de tels revirements, pour incroyables qu'ils soient, laissent le personnage aussi entier après qu'avant, et aussi efficace dramatiquement.

Il est donc rare que les propos ou l'action d'un personnage contribuent à faire changer son interlocuteur d'attitude ou de sentiment, au sens où nous pouvons dire que le comportement de Pyrrhus entraîne la décision d'Hermione, et celui d'Andromaque l'attitude de Pyrrhus. Il n'est donné qu'à Shakespeare d'être, en quel-

1. Bosola, d'ailleurs, se dépersonnalise au moment du meurtre de la duchesse ; il apparaît sous les traits d'un vieillard.

2. Les deux gentilshommes appartiennent au romanesque conventionnelle plus marqué. Valentine, dans le genre noble, Proteus, dans le genre « villain ». Aucune étude psychologique de l'un et de l'autre n'est possible — vus de ce biais, ils ne sont que des fantoches de comédie romanesque, comme les faux brigands, le parfait amant Eglamour et le stupide rival Thurio.

ques endroits, plus souple et plus subtil que ses contemporains en cette matière. Sans doute, c'est Iago qui fait naître la jalousie chez un Othello prédisposé à la recevoir [1], comme la révélation du spectre va déséquilibrer la conscience de Hamlet, les injures et le comportement de Hamlet bouleverser la raison d'Ophélie. Mais si Othello a des raisons *apparentes* d'être jaloux, raisons insinuées par Iago, il est à la fois plus, et moins qu'un jaloux, comme Léontes dans *Le Conte d'hiver*, chez qui le même sentiment se déchaîne avec une égale fureur sans que le dramaturge ait pris soin d'en justifier la nai ance, exprime, dans un registre différent, une souffrance, et la rage qu'elle libère, en des termes qui dénotent une expérience poétique différente, et conduisent à un dénouement divergent. Si Lady Anne cède, dans la fameuse scène 2 de l'acte I, aux assauts répétés de Gloucester qu'elle déteste et qu'elle méprise autant qu'elle le hait, ce n'est point l'évolution du sentiment qui intéresse le dramaturge et donne à la scène son intérêt exceptionnel, c'est la mise en jeu d'une escrime verbale rituelle aussi brillante que les joutes d'esprit de *Peines d'amour perdues*, rhétorique de la haine, de l'invective et du cynisme. Scènes fréquentes, d'ailleurs, que celles où le prétendant passe à l'attaque (*wooing scenes*), rehaussée ici par la présence de la mort, de la haine, du mépris. La victoire insolente du *villain* n'en a que plus de prix. Que dire enfin des excès prodigieux auxquels se livrent un Timon d'Athènes ou un Lear, pour des raisons sans commune mesure avec les effets qu'elles produisent. Mobiles, raisons, n'ont qu'un intérêt secondaire. Les

1. Encore que Shakespeare semble vouloir attirer notre attention sur le caractère artificiel du changement d'attitude du More envers Desdémone :

> *Je vois maintenant que c'est vrai. Regarde, Iago,*
> *Tout mon fol amour, d'un souffle je l'envoie au ciel !,*
> *Envolé !* (*Othello*, III, iii 445.)

exigences de la conduite de l'intrigue, du *plot*, de la fin morale, de la poésie, et même de la rhétorique verbale, sont plus impératives que celles des caractères, et le public élisabéthain ne songeait pas à s'en étonner. Ainsi, chez Macbeth, l'ambition n'est qu'un aspect mineur du personnage que l'on oublierait volontiers sans que notre admiration pour la pièce en soit diminuée, si les commentateurs cessaient de nous parler de l'ambition de Lady Macbeth. C'est, en effet, le comportement du héros tragique devant la situation que va créer, que crée, le meurtre de Duncan, et, mieux encore, son expression en termes personnels, qui font la grandeur et la beauté de la tragédie. Si l'ambition est le ressort initial de l'action, la donnée immédiate qui la précède, elle cesse d'avoir le moindre intérêt humain et poétique avant même que le meurtre soit accompli, et, d'intérêt psychologique, elle n'en a jamais eu.

Ces mobiles initiaux sont d'ailleurs simples et peu nombreux. Dans la période élisabéthaine proprement dite, c'est presque exclusivement l'ambition (sous ses formes diverses, soif du pouvoir, appétit de conquête, désir de possession des biens terrestres, instinct puissant de jouissance) et la vengeance, au service des plus nobles comme des plus abjectes causes. La vengeance, comme l'ambition, puissants leviers de la tragédie humaine, passions redoutables des âges barbares et conquérants, où le sentiment de l'honneur et le désir de se surpasser constamment font que l'homme s'engage volontiers dans l'action violente et dangereuse, et qui relèguent au second plan la passion même de l'amour, apanage de temps plus civilisés. Ambition, vengeance donnent au drame son élan irrésistible, avec le *Tamerlan* de Marlowe et *La Tragédie espagnole* de Kyd. Le Vengeur et le Conquérant, chefs de file des hommes d'action, remplissent la scène de leurs cris, de leurs menaces, de leurs invectives, de leurs tirades triomphales, et l'écho s'en répercute jusqu'à la décadence, avec une fécondité d'invention dans le choix des formules et des situations, et une diversité surprenante dans la composition même du personnage qui parviennent à nous faire oublier sa monotonie. Orgueil, férocité, fourberie, cynisme, une tension extrême de la volonté et de la passion conjuguées les caractérisent généralement. La gamme des états psychologiques va de la préméditation froide et calculatrice à l'exaspération la plus frénétique. Les héros, frémissants et tenaces, baignent dans un climat tragique, où leur âme atteint souvent le paroxysme de la haine, de la cruauté — colère ou folie. Ils évoluent de scène en scène avec cette raideur redoutable des automates sourds à toute objurgation, ignorant la raison, la pitié, le pardon, emportés par la finalité de leur rôle, se plaçant ainsi sur un plan quasi surnaturel, ou plus exactement surhumain. Certes, Sénèque dresse au-dessus d'eux la haute stature de ses héros admirés, figures de fable au prestige incontesté, dont les sentiments, les désirs, les passions, sont autant d'appels à la violence, à l'emphase, à la frénésie. Le cothurne les grandit, et la déclamation. Imposante famille des héros de tragédie, issus de la légende, de l'histoire, ou du fait divers — mais quelle que soit leur origine, l'air de famille est toujours là.

C'est que la loi de ce théâtre, précisément, est de le leur donner. L'histoire, la légende y contribuent, mais aussi l'optique de classe du temps, qui enveloppe d'une lumière sacrée, presque divine, rois, princes, hauts personnages de l'État, avec leurs passions étranges, leurs volontés inflexibles, leurs sautes d'humeur redoutables, leurs vices majeurs. A ce point que Shakespeare, voulant humaniser ceux de ses rois pour lesquels il semble avoir le plus de tendresse ou d'admiration, est obligé, ou bien de pallier leur faiblesse par une préciosité extravagante (Richard II), ou bien de leur faire exprimer eux-mêmes cette conscience qui leur vient de leur humanité au contact des autres hommes (Henry V), tout comme il le fait pour le Juif Shylock. Le monde de l'humanité commune qui gravite autour d'eux, la poussière des petites gens éblouie des rayons du soleil, mais recevant de l'astre les reflets dorés qui les tirent du sombre néant, se satisfait d'un ritualisme objectif, et entoure d'une révérence instinctive et émerveillée la symbolique traditionnelle de la couronne, des formes extérieures de l'apparat, de l'autorité, du serment. Les rois sont vraiment des « rois de tragédie », et le peuple, qui parle souvent en prose (à moins que son rôle ne se réduise à celui d'un élément chorique) est aussi stylisé de langage que d'attitude et de sentiments. Qu'on se rappelle l'importance du thème du soleil, de celui de la couronne, dans *Richard II*, *Henri IV*, ou *Macbeth*, de la fonction royale dans toute la série des pièces historiques, et des réactions du menu peuple, ou des personnages de moindre importance dans la hiérarchie naturelle des fonctions sociales ou politiques toutes les fois qu'ils ont à commenter des événements qui intéressent le corps politique tout entier. « Un Dieu n'est pas aussi glorieux qu'un roi », dit Tamerlan [1], et il rêve d'accéder à « cette félicité parfaite, cette joie unique, la douce jouissance d'une couronne terrestre » [2]. Les scènes de la déposition d'Edouard II, ou de Richard II, comme celle où le prince Henry pose sur sa tête la couronne royale avant que son père ne soit mort, sont significatives à cet égard, et il se pourrait bien que les deux tétralogies historiques shakespeariennes, de *Richard II* à *Richard III*, bien qu'écrites à des périodes différentes, eussent pour thème majeur la recherche d'une parfaite unité entre la fonction royale et la personne qui la remplit [3]. Le pathétique de la chute, de la

1. *Tamerlan*, II, v, 57.
2. *Tamerlan*, II, vii, 27.
3. *Richard II*, les deux *Henri IV* et *Henri V* d'une part, les trois *Henri VI et Richard III* d'autre part. Shakespeare n'a pas suivi l'ordre chronologique pour la composition de ces pièces. Les *Henri IV* et *V* sont postérieurs aux *Henri VI* et *Richard III*. C'est peut-être pour

déposition, ou du meurtre de plus d'un roi semble bien résider, comme pour Edouard II, Richard II, Henry VI ou Duncan, dans cette inadéquation de l'homme à sa mission sacrée. Le crime de Macbeth sur la personne de Duncan est d'autant plus horrible et funeste (la nature tout entière s'associe, cette nuit-là, au bouleversement *surnaturel* que provoque le don de soi que fait Macbeth aux forces du Mal) que le roi Duncan est, en tous points, le modèle des rois, sauf en celui de la lucidité. Et le lyrisme oratoire et précieux de Richard II est d'autant plus bouleversant qu'il écarte davantage le roi de l'action, si nettement définie par le jardinier sous le couvert transparent du symbole, action qui, seule, pourrait le sauver [1]. Le péché, le crime, le blasphème, la mort prennent alors un sens bien plus fécond dans la conscience des auditeurs, et la leçon morale implicite que comporte obligatoirement toute tragédie rattache, par le compor-

cette raison que Richmond, le futur Henri VII, qu'on entrevoit dans les *Henri VI*, et qui rétablit, à la fin de *Richard III*, l'unité et l'ordre rompus par les sanglantes querelles des York et des Lancastre, n'est qu'une figure conventionnelle, et quasi allégorique, du roi parfait, agent sacré de Dieu sur la terre, promis au retour de l'harmonie matérielle et spirituelle, rompue par le crime de Bolingbroke, dans *Richard II*. Le portrait de Henri V, le compagnon de Falstaff, plus fouillé et plus humain, n'en reste pas moins, par certains traits, hautement idéalisé, et conforme à la conception traditionnelle du roi, que sa fonction dramatique renforce encore à la scène. D'où sa cruauté, son mépris inflexible, — il fait assassiner les prisonniers français après Azincourt, il rejette le Falstaff vieilli que le Prince avait toléré ; tandis que, d'autre part, il apparaît comme le symbole corrélatif du « corps politique », déchiré entre des tendances diverses, lieu de haute lutte entre le bien et le mal, entre les instincts, bons ou mauvais, et la raison, conflit éternel de l'ordre naturel contre le désordre qui toujours menace de le détruire.

1. *Richard II*, III, 4. C'est la scène entre le jardinier du duc d'York et un de ses aides. Le symbolisme analogique est évident entre la fonction du maître jardinier et celle du roi. Ils doivent, l'un et l'autre, maintenir, dans le jardin et dans le royaume, l'ordre nécessaire à la prospérité. « Oh! quel dommage qu'il n'ait pas élagué et soigné son royaume comme nous ce jardin! »

tement des personnages autant que par la finalité de l'action, au-delà des fantômes géants de Sénèque, toute tragédie à la convention tenace des moralités.

Les allégories inquiétantes des moralités, tout enveloppées des bandelettes de l'abstraction, gauches et raides qu'elles soient, n'ont pas fini leur émouvante carrière. Il serait absurde de soutenir que les personnages du théâtre élisabéthain leur ressemblent trait pour trait, mais la tradition dramatique qu'elles incarnent se perpétue dans une descendance variée et plus complexe qui lui emprunte encore le moule qu'elle veut étoffer de chair et irriguer de sang, et qui surtout hérite d'elle le prestige que dégage la figure poétisée d'une idée. Entre l'allégorie, le type et l'individu, les frontières sont mouvantes, parce que type et allégorie peuvent être individualisés, sans toutefois perdre leur caractère général. L'analogie dont je veux faire état éclate à la première apparition du personnage — pas de méprise possible sur son identité foncière avec un type connu, et donc sur les sentiments ou passions qui le déterminent, sur le *rôle* qu'il a à remplir dans l'action. Ce qui le distingue, et ce qui, toute fin réaliste exclue, lui donne semblance de vie, et de vie singulière, c'est son comportement expressif dans la situation où le dramaturge le place. Les vieillards sont les vieillards. les « villains », les « villains », et les fous, les fous. Mais à l'intérieur de sa classe, chaque personnage, suivant le talent ou le génie de chaque dramaturge, suivant son entourage, les aventures où il est lancé, s'individualise avec plus ou moins de netteté, de pittoresque, de profondeur, chacun conservant son langage et sa fonction propres. On ne peut imaginer Rosalinde troquant son fou contre celui d'Olivia, ou celui du roi Lear, tant ils paraissent chargés de traits personnels et adaptés à la situation, à l'atmosphère de la pièce, tant ils font corps avec le dessein général de l'œuvre. De même, le « villain », le type le plus fréquent — indispensable à toute tragédie

— qui va du noir le plus sombre au bariolé de la comédie, incarnation souvent symbolique du « Machiavel », peut, dans sa fonction, être taré de diverses façons. Souvent un bâtard (Edmund, Don John), il est aussi une malfaçon de la nature (Richard III), un Juif (Barabbas), à moins qu'il ne soit réduit à la haine, à la férocité, à la fourberie par quelque injustice majeure de la société, quelque accident de la fortune, ou quelque dure déconvenue de l'amour. Ses tares physiques (Richard III est difforme, a un bras desséché), son expérience amère, et même parfois un maléfice, justifient suffisamment ses tares morales, ses convoitises, son cynisme. Son intelligence, généralement, lui confère le droit de mépriser ses dupes, de préparer son cheminement dans l'ombre avec habileté, son audace et sa ténacité celui de braver toutes les lois et tous les dangers. Mais aussi toutes les lois du caractère. Sa personnalité, contrainte, par le jeu qu'il joue, à des attitudes diverses, et parfois contradictoires, est d'une étonnante agilité, d'une incroyable versatilité — au point que le dramaturge craignant que le spectateur ne devienne, lui aussi, sa dupe, si le jeu l'entraîne, si la créance qu'il lui accorde dépasse les bornes fixées à sa crédulité, nous met en garde de temps à autre par quelque monologue ou *a parte* qui lui restitue sa vraie fonction, et ne laisse aucun doute sur ses intentions véritables. Les oripeaux, les grimaces, les sarcasmes des vices sont toujours perceptibles de quelque manière depuis le

Je suis bien résolu à être un scélérat

du premier monologue de Richard III, au

Je déteste le More

de Iago, pour ne rien dire des démons qui hantent l'esprit et les propos d'Edgar, déguisé en Tom le Dément, sur la lande où Lear déraisonne.

Chaque personnage se trouve ainsi nettement classé,

et sous les variétés qu'il offre, reconnaissable sans difficulté. Le soldat fanfaron, le pleutre, le vengeur, le prodigue, la mégère, la noble prostituée, le clown, le tyran, l'enfant pathétique, l'assassin, etc. ainsi pris au hasard, ont tous un air de famille. Ils agissent en conformité avec la représentation conventionnelle qu'on se fait d'eux, et même s'il y a dérogation temporaire, elle n'entraîne pas de méfiance dans l'esprit du spectateur. Car c'est une autre convention que le personnage sort parfois de son caractère, soit pour devenir le truchement de l'auteur, soit pour concrétiser les réactions de la sagesse populaire, ou pour tirer les conclusions d'une situation particulière (ce que le public apprécie toujours), soit plus simplement pour les besoins du dénouement. D'où la confusion que la critique a constatée dans le dessin de certains personnages déroutants, pris selon toute apparence au sérieux, et qui présentant une double face, comme un double caractère, sont équivoques, difficiles à définir — Isabelle dans *Mesure pour Mesure*, ou Hélène dans *Tout est bien qui finit bien* [1]. La difficulté est encore accrue par la convention souveraine du travesti ou du déguisement, et de son impénétrabilité. Le costume suffit au personnage pour assurer l'authencitité de sa nouvelle incarnation. Un chapeau, une barbe, un manteau, du fard pour blêmir ou noircir le visage — et le père ne reconnaît pas son fils (ou sa fille), le frère son frère ou sa sœur, les sujets leur souverain. Dans les cas les plus simples, le nouveau personnage, ainsi supposé méconnaissable, ne conserve pour un temps aucun des traits de caractère de l'ancien. Mais il reste tout de

1. L'une, promise au couvent, et malgré ses protestations de chasteté devant le marché d'Angelo, malgré l'horreur que lui cause le pathétique plaidoyer de son frère, se marie à la fin de la pièce ; l'autre utilise, pour amener à elle un mari qui la déteste et qui la fuit, des procédés indignes d'une noble héroïne, même de comédie. Shakespeare se sert constamment du procédé du déguisement, de la substitution de personnes, etc.

même la communauté souterraine des buts, et le souci du dramaturge de faire servir le déguisement à la conduite de l'action, tout en misant sur le double avantage que présente la complexité du caractère et celle de la situation pour accroître la tension dramatique, et donc l'intérêt de la pièce. Il arrive même que l'incroyable paradoxe d'une situation impossible soit un attrait puissant et renforce le pathétique, le charme, l'ironie, la satire. Ainsi Rosalinde-Ganymède, sous le couvert transparent de son travesti, n'en continue pas moins d'éprouver les sentiments de Rosalinde, tout en donnant le spectacle (et en feignant de se prendre elle-même au jeu) d'une équivoque à la fois périlleuse et délectable qui noue plus sûrement les liens subtils de l'amour, et qui se pimente encore, pour le spectateur du temps, du fait que les rôles de filles étaient tenus par des garçons. Nous avons ainsi un garçon déguisé en fille pour les besoins du rôle, qui, en changeant de sexe reprend son sexe véritable tout en feignant qu'il n'est pas le sien, et revient au sexe du personnage qui est emprunté. Et sur ces variations, se joue la comédie de l'amour. Malévole, dans le *Malcontent* (de Marston), déguisé jusqu'à la fin de la pièce, donne plus de piquant aux épisodes de l'intrigue que sa fausse identité rend franchement invraisemblables, ne serait-ce que dans la scène où il pousse sa propre femme à le tromper [1]. Vendice, dans la *Tragédie du Vengeur* (de Tourneur), pareillement virtuose du déguisement et du double jeu, se fait l'instrument docile de celui dont il veut se venger, accepte la mission d'inciter sa sœur à la débauche, pousse sa mère à l'aider dans cette tâche [2] et joue ses rôles successifs

1. *The Malcontent*, V, 2.

2. *The Revenger's Tragedy*, II, I. Le contraste entre l'invraisemblable des situations et le réalisme violent avec lequel elles sont traitées soulève l'intérêt dramatique, bien plus que les épisodes eux-mêmes, et contribue à placer le drame sur le plan poétique. C'est presque, déjà, la poésie de l'absurde. Nous sommes loin de la conception romantique

incompatibles avec une incomparable maîtrise, dans une note d'extrême réalisme que l'absurdité même des situations accentue encore davantage. Les personnages ainsi dépersonnalisés semblent avoir une double, et même triple fonction : ils font avancer la pièce dont ils sont la cheville ouvrière, ils ont une fonction satirique qui les rattache, par un autre biais, à la convention des moralités, ils déclenchent enfin, sur un plan encore plus impersonnel, les passions violentes qui fournissent l'armature lyrique de l'œuvre. Une telle variété est bien de nature à déconcerter le lecteur moderne, qui ne voit que gaucherie dans cet art subtil. Tantôt le personnage parle à ses interlocuteurs sur la scène, jouant ainsi le rôle qui lui est attribué dans la pièce ; puis, il s'adresse directement au public pour le rendre complice des intentions qu'il nourrit, des sentiments qu'il éprouve à l'égard des personnages ses interlocuteurs, ou bien à des fins ironiques, contre soi ou contre les autres ; tantôt il parle au nom de l'idée de la pièce, du thème général — moral ou politique — et il n'est pas alors tel ou tel personnage, mais la voix de la conscience générale ; puis, il se retrouve, et se voit lui-même dans une lumière dramatique, et parle de lui-même, de son propre rôle, comme quelqu'un qui sait parfaitement qu'il n'est qu'un personnage de comédie et qu'il joue un rôle. « Adieu, mes chers amis, n'attendez plus rien de moi. Ainsi finit mon rôle dans cette comédie d'amour », dit un personnage dans *Antonio et Mellida* (de Marston) — et Shakespeare, parodiquement fait dire à Thisbé qui vient de se poignarder :

des caractères, et de la poésie idéalisée. Vendice, redevenu lui-même, reçoit l'ordre de tuer le personnage qu'il incarnait, de la bouche du même maître, qu'il trahit ainsi deux fois. Le dédoublement est si complet que le Vendice Piato, dans la scène avec Castiza, joue son rôle sous le regard ironique et glacé de Vendice nº 1. Soi, et l'Autre.

Adieu, amis,
Ainsi finit Thisbé!
Adieu, adieu, adieu!

(Reprenant cette convention dans *Meurtre dans la cathédrale*, T. S. Eliot fait dire à Thomas, au moment le plus exalté de son ascèse : « Je sais que ce qui me reste à vous montrer de mon histoire va vous paraître à tous futilité, suicide incompréhensible d'un fou... ») Vendice, dans cette admirable *Tragédie du Vengeur*, manigance, raille, déclame, emporte la pièce du mélodrame à la satire, de la satire à la plus intense effusion lyrique — et Vendice n'est pas un caractère *humain*. Ainsi opère Iago, dans une tragédie aux lignes plus pures (la plus « psychologique » sans doute de toutes les tragédies shakespeariennes) où sa fonction conventionnelle est aussi bien de favoriser le drame (comme Œnone favorise celui de *Phèdre*) que de permettre à l'expérience de la jalousie (qu'il crée de toutes pièces et observe d'un œil satisfait et haineux) de se développer sur le plan lyrique, dont il reste jusqu'au bout la contrepartie agressive et ironique. Cette fonction est, je crois, bien plus importante que l'intérêt de son « caractère », si « diaboliquement intelligent » qu'on veuille bien imaginer qu'il soit.

Parallèlement à ces types ici dessinés à grands traits, se développe, pour des raisons analogues, et en vue de services analogues, la convention dite jonsonienne des « humeurs », dont le « mélancolique » est le type le plus accusé, comme le plus fréquent. Il ne s'agit pas des abstractions classiques cataloguées, comme l'avare, le jaloux, etc., mais de singularités de caractère qui finissent par absorber la personnalité tout entière. On connaît la théorie des quatre humeurs cardinales (sang, phlegme, bile, bile noire ou atrabile ou mélancolie) dont la distribution dans le corps déterminait le tempérament. L'abondance de telle humeur rompait l'équilibre, inclinait vers telle ou telle disposition, favorisait telle passion qu'elle conduisait à son paroxysme. Le caractère tout entier en était imprégné. Les effets de la prédominance de chaque humeur étaient bien connus, et, quoique nombreux, immédiatement attribuables. Mais les doses variaient à l'infini, et la rupture d'équilibre pouvait être déterminée par cent influences fortuites, héréditaires, physiologiques, astrologiques, qui régentaient le comportement, dominaient la vie de l'individu de la façon la plus tyrannique. Burton écrira sur les causes, les effets, les remèdes de la mélancolie un livre massif et documenté, qui passe en revue toutes les variétés de la maladie. Lire l'*Anatomie de la Mélancolie* (1621, l'ouvrage eut une dizaine d'éditions au cours du siècle, et sa date de composition le situe en plein âge jacobéen) c'est voir défiler toutes les folies humaines, de la plus bizarre à la plus furieuse.

Dans un hérissement de citations, sous une pluie d'anecdotes, le solitaire de Christ Church, mélancolique parmi les mélancoliques, traque ses frères en mélancolie de la plus haute antiquité aux temps modernes, diagnostique leur mal, en dissèque les effets, propose des cures, et les amateurs du théâtre élisabéthain peuvent retrouver chez lui, dogmatiquement, presque scientifiquement analysés, les types les plus accusés qui ont hanté les tréteaux. L'*enamorato*, l'hypocondre, le solitaire, le maniaque, le superstitieux, le lycanthrope, le jaloux, le frénétique, l'extatique, tous ceux qui, d'une façon ou d'une autre, sont justiciables de la bourrache et de l'ellébore, puissants remèdes de la folie. Ces personnages, si psychologiquement justifiés qu'ils puissent paraître, si ferme soit le pivot auquel leur caractère est accroché, sont encore moins que les types traditionnels dans la norme de la psychologie classique. Encore plus marqués, plus artificiels, plus en marge de l'humain, ils atteignent souvent à une réalité hallucinante. Leur nom même, symbole de leur état et de leur fonction, les rejette aussitôt hors de l'humanité commune, dans le domaine fabuleux des créations monstrueuses. Rappelons simplement le trio cupide et grimaçant qui gravite autour de Volpone, au masque jouisseur et fourbe : Corbaccio, Corvino, Voltore, trois oiseaux de proie qui guettent la charogne, tandis que Mosca bourdonne autour du lit à baldaquin, plus fin que le renard, plus canaille que les rapaces déshumanisés. Symbolique zoomorphisme, certes, qui ne dépasse pas l'allusion, et n'entraîne pas la métamorphose. Mais les corollaires sont monnaie courante. Ajoutons, entre cent exemples possibles, le quadrille des fils tarés que Tourneur fait surgir à côté de Vendice, Spurio le bâtard, Lussurioso le débauché, Ambitioso, Supervacuo, et Castiza, blanche figure de cire, la pureté faite poupée grandeur nature, qui évolue dans une lumière équivoque, où le vert des cadavres se fond dans le rouge profus du sang, et irradie les feux glacés de son abstraite virginité. Ces personnages arborent tous leurs caractères en étiquette, et leur nom prononcé nous garantit la couleur de leur foie. Le Malcontent que fixe et immortalise Marston dans la comédie qui porte son nom, à la fois Altofronte et Malevole, est devenu presque aussi indispensable que le Vengeur, avec lequel il se confond souvent. Il a des frères et des cousins partout, drame ou comédie, malades de mélancolie récurrente ou chronique, impulsif ou songeur, victime du monde ou de ses passions, valet de l'intention satirique, ou comparse parfois noble de la plus noire tragédie. Sardonique et railleur, ce misanthrope par définition que mine la hargne est disponible pour toutes les fourberies, tous les crimes, et l'insulte à la bouche et l'écume aux lèvres (comme Timon d'Athènes), ou un crâne à la main (comme Vendice, comme Hamlet), ou son chapeau sur les yeux (comme Lodovico de Webster ou comme Bosola), tour à tour, il tonne et ricane, médite et menace, instrument du moraliste et du satiriste, dont les invectives, en même temps qu'elles fouaillent les vices et la corruption où l'humanité s'englue, supposent un code moral positif, une rédemption lointaine à laquelle aspire même le blasphémateur le plus endurci.

Étrange galerie d'anormaux aux gestes secs, à la pensée inachevée, aux émotions élémentaires et puissantes, déconcertante cohorte dont les effectifs grimaçants vont s'accroissant et se mêlant à la foule bariolée des incarnations incomplètes qui s'agitent sur cet immense théâtre. Que la touche soit légère, comme chez Jacques le Mélancolique de *Comme il vous plaira*, épisodique et maltraité ; que les traits soient âpres et durs, comme pour les personnages de Ben Jonson, brouillés de hachures (les « villains » de Webster), burinés au vif (ceux de Tourneur), fouillés jusqu'à l'inquiétante équivoque (Hamlet, si l'on me pardonne cette hérésie) : tous sont autant de masques partiels de la figure de l'homme que l'art d'une époque sensible, intelligente, et hantée du sens moral, s'efforce de fixer en vue d'un service dramatique. Ce sont autant de pièces mouvantes, mannequins ou portraits, que l'art moderne ne renierait pas à ses heures d'humilité. A les évoquer ainsi, sous des traits qui fascinent le regard, on est assez tenté de penser à ces tableaux où le sourire devient grimace dès qu'on modifie l'angle de vision. Si je reviens, malgré moi, à l'analogie d'une galerie de peinture, sans méconnaître ce qu'elle a d'arbitraire et d'imparfait, c'est parce que la mouvante cohue de ces personnages pittoresques compose, dans la vaste perspective du souvenir, un ordre poétique abstrait, peut-être moral, supérieur au réel. Ici, c'est la lippe haineuse que transfigure un regard soudain figé par la vision de la mort ; là, un visage bovin fait surgir un Minotaure de légende — rien n'existe que sur la toile, ou sur la scène, ou dans notre imagination. L'extase n'est perceptible que sur une face déformée par la douleur ou par le rire. Les hôtes singuliers de cet insaisissable univers ordonnent d'eux-mêmes comme un ballet fantastique et mesuré, où chacun trouve sa place, s'agrège à la tribu de ses semblables, remplit sa fonction de contraste ou d'harmonie, va, vient, s'agite, rêve ou observe, agressif ou sournois, humble ou arrogant, et le soir tombe sur ce musée, morts mêlés aux vivants dans des attitudes tendres ou louches, tandis que les ombres règlent une fois pour toutes les positions relatives des victimes et des bourreaux. Et le colloque se poursuit, sans fin et sans commencement, d'autant plus réel qu'il est irréel, dans un langage aussi étrange, aussi nuancé, aussi inouï qu'il est possible, convention suprême qui donne cohérence au rêve, corps à l'insubstantiel, et rend sensible l'ordre idéal de la vie par sa valeur expressive et son pouvoir créateur.

Shakespeare, sans doute, revendique dans cet univers un espace pour ses créatures propres, qui ont toujours l'air, par quelque trait, de lui appartenir bien plus qu'à la convention. Même ses personnages les plus étriqués, les plus romanesques, les plus neutres, ou les plus incroyables font preuve d'une expérience irréductible à leurs prototypes. Et c'est à leur sujet qu'on se pose le plus de questions. Il est chez lui, pourtant, des silhouettes aussi impersonnelles qu'ailleurs, des études aussi négligées. Comme il y a la foule des comparses imparfaits, il y a les types, les « humeurs », les monstres, les géants. En vain la « psychologie » s'efforcera de les soumettre à l'analyse pour décider de leur qualité naturelle, et apaiser notre soif de logique. Mais l'impénitente critique conserve, en dépit de toutes ses déconvenues, l'illusion d'une vie plus concrète, plus intense, plus nuancée ; elle trouve chez eux une plus grande adéquation au réel, et ce qui déconcerte est mis sans hésitation (mais non sans effort d'explication) au compte généreux de la vie. L'automatisme de la classe, ou de l'espèce, semble subitement se rompre par le miracle de quelque cri, de quelque geste ; il est détruit par une émotion inattendue que fait naître l'événement dramatique, et brusquement la chair se colore, le sang circule, le regard brille. C'est l'irruption de la liberté au sein du déterminisme qui accrédite un monde sur lequel nous faisions des réserves, et où tout est possible, où tout se crée et se recrée, parce que la créature échappe à la règle de sa création. La rigueur décourageante d'une finalité sans correctifs qui contrôle les mouvements, fige les attitudes, dicte les paroles, se tempère chez lui d'un jeu imprévu d'indiscipline instinctive. C'est un brusque changement de ton, un mot chargé de résonances familières, une image qui projette une lueur neuve, une certaine façon d'être agressif, ou douloureux, ou ironique — et l'atmosphère s'éclaire, s'électrise, c'est un monde neuf qui surgit. « *Oh brave new world, that has such people in it !* » Mais n'oublions jamais que c'est avec des mots que ce miracle se produit, et qu'il n'est possible qu'en vertu du pouvoir du langage.

LE LANGAGE

Few things that can happen to a nation are more important than the invention of a new form of verse.

T. S. ELIOT.

Les lecteurs des traductions françaises de Shakespeare ne peuvent manquer d'être frappés par l'uniformité du langage et du style. Tous n'ignorent pas cependant qu'entre *Richard II* et *Le Conte d'hiver* il y a toute la différence de conception et de facture qui sépare une œuvre imparfaite de celle écrite quinze ans plus tard par un artiste expérimenté. Il est rare, même, que dans le corps d'une seule pièce il n'y ait pas de variations de ton et de style signalant au lecteur que le dramaturge change d'attitude, d'intention, de conception à l'égard de ses personnages ou du monde qu'ils représentent. Ainsi, dans *Peines d'amour perdues*, il y a plusieurs styles, plusieurs tons que Shakespeare ne prend pas la peine de fondre et d'harmoniser — c'est une œuvre expérimentale. La traduction ramène généralement tout sur le même plan. Elle réussit souvent fort mal, tout en veillant à conserver les métaphores et les artifices du style, à suivre les variations du ton, les ruptures de rythme, à retenir les connotations, les résonances des mots, que la langue du traducteur émousse ou laisse franchement tomber. Il y a toujours dans le texte original quelque chose d'irréductible à la langue étrangère, et qui, précisément, est l'essentiel — *ce qui fait le style.* Or, il est naturel de dire qu'une œuvre dramatique, comme toute autre œuvre écrite, n'atteint sa forme particulière de grandeur, ou de beauté, que parce qu'elle a un style, elle a *son* style.

La meilleure introduction à l'étude des problèmes du style est, à ma connaissance, l'ouvrage de Middleton Murry, qui comprend les six conférences prononcées à Oxford en 1921 [1]. Essayant de circonvenir son sujet avant de le traiter, et rejetant la fameuse, mais décevante, formule de Buffon, Murry cite la définition de Stendhal : « Le style, c'est ajouter à une pensée donnée toutes les circonstances propres à produire tout l'effet que doit produire cette pensée. » Définition analytique assez abstraite, qui a l'avantage d'être dépourvue de tout romantisme. Car le style ce n'est pas seulement la présence de traits propres à un écrivain particulier, et par quoi on le reconnaît entre tous les autres (le style de Sterne, le style de Saint-Simon), ni non plus seulement cet art consommé de la description, de l'exposition, de la mise en place d'une idée ou d'une émotion (Flaubert, Gide ont du style), c'est aussi, c'est surtout une qualité qui « transcende toutes les particularités personnelles » — bien qu'elle ait besoin de ces particularités pour se manifester — c'est « une complète fusion du personnel et de l'universel ». Et si la définition de Stendhal « nous entraîne instantanément dans l'éther de la métaphysique », comme s'en plaint Middleton Murry, elle n'en couvre pas moins

1. John Middleton Murry, *The Problem of Style*, Oxford University Press. Ouvrage capital pour qui s'intéresse au problème, et qui est du meilleur Murry.

exactement le terrain que le critique doit explorer lorsqu'il cherche les raisons de cette complète fusion du personnel et de l'universel. Stendhal, en effet, a clairement vu la *fonction* du style, sinon sa nature exacte, et comment le style peut le mieux remplir cette fonction. Il a compris qu'une pensée n'est jamais exprimée dans l'absolu, *mais dans le relatif d'un effet à produire*. Et le style, laisse-t-il entendre, c'est la coordination la plus parfaite, la moins discutable, entre l'expression de la pensée et l'effet pour lequel elle est exprimée ainsi plutôt qu'autrement. C'est cette idée de fonction, de but à atteindre qui marque la volonté de l'écrivain de produire tel effet, qu'il convient, par conséquent, de ne pas perdre de vue. Tout style est donc *dirigé* en vue d'un certain effet à produire (définir, décrire, démontrer, réfuter, émouvoir, faire rire, épouvanter, catéchiser, etc.) et nul style davantage que le style dramatique.

Cette idée une fois admise, nous ne soulèverons aucune objection à constater que le style du dramaturge élisabéthain est une rhétorique poétique et passionnée, dont les deux fonctions les plus générales sont de persuader et d'émouvoir. Ce double objet, comment dirai-je, est à la fois intérieur et extérieur à la pièce. Le personnage — tout personnage — s'adresse à ses interlocuteurs, il s'adresse aussi au public. Il combat par le verbe, et pour lui-même, et pour le dramaturge ; pour accomplir sa destinée, et pour mener à bien l'œuvre d'art qu'est la pièce. Son langage est très exactement une rhétorique, et nous l'entendons sans aucune nuance péjorative, car il faut convenir que la rhétorique peut être bonne ou mauvaise, qu'elle n'est pas uniformément mauvaise. Le terme est injustement décrié. Le théâtre élisabéthain devrait à lui seul le sauver du mépris.

Racine reconnaît explicitement la double fonction « d'instruire et de plaire » qu'il assigne à l'œuvre tragique, et le choix de ces deux mots est significatif. Il commande une vision harmonieuse du monde, et implique une reconnaissance de la qualité du goût, chez l'artiste et dans le public. Fonction déjà réduite, ou affinée, de l'art, qui n'est plus celle que lui assignait Corneille, mais qui appartient à une époque moins turbulente et plus civilisée. Aussi, la rhétorique de Racine est-elle différente de celle de Corneille, qui s'efforcera de suivre l'évolution, moins des thèmes que du goût, et de rattraper son retard. Mais en vain, parce que, tout en vieillissant, son expérience vivante des choses ne s'enrichira pas, il ne réussira pas à transformer sa vision personnelle, et à l'intégrer dans l'universel, qui n'est pas l'éternel, mais bien la façon de comprendre et de sentir qui caractérise une communauté à un moment du développement historique. Le propre de Shakespeare, c'est d'avoir fait de son art l'expression de son expérience, c'est, pour la facture, les thèmes, les personnages, le style, d'avoir fidèlement épousé le mouvement de conscience de son temps. L'étude de sa rhétorique montrerait en raccourci, outre ses vertus personnelles, l'évolution de la rhétorique de la dramaturgie élisabéthaine.

Cette rhétorique est un art bien particulier, l'art d'une époque et d'un genre, poursuivi à des fins précises, œuvrant avec, et sur, une certaine forme de la sensibilité. A l'épreuve de l'expérience, comme il est normal, cet art ira s'enrichissant et se diversifiant, il évoluera du simple au complexe, de la raideur à la fluidité, passant de mode en mode d'expression, jusqu'à se perdre, par l'usure ou l'oubli de ses conventions et le souci de la nouveauté, dans une mortelle absence de forme, qui menace même les dernières pièces de Shakespeare. Nous ne saurions oublier que le théâtre ne peut s'abstraire des fins éthiques (ce mot étant pris dans son sens le plus général), ce que Sénèque, le Moyen Age et les tardives Moralités ne cessent de rappeler au dramaturge élisabéthain. Vices et Vertus, sous les masques les plus divers, peuplent la scène, et demeurent, malgré leurs métamorphoses, les antinomies constitutives du monde moral. La destinée de l'homme est une lutte toujours reprise entre le Bien et le Mal, et sans vouloir faire du théâtre un auxiliaire bâtard et dévoyé de la chaire, le drame épouse la querelle de l'homme, oppose sans cesse un ordre moral aux forces qui se déchaînent contre lui, même au plus bas étage de l'espoir. Par des voies directes ou détournées, suivant que l'intention du dramaturge est délibérée (l'auteur de Moralités) ou instinctive (plus généralement tout auteur de pièces), le but essentiel demeure : persuader par le raisonnement et par l'émotion, pour amener l'homme à donner un sens positif à la vie. Les deux fonctions de persuasion et d'émotion sont inséparables, et leur exercice impose l'usage d'une rhétorique.

L'examen de cette rhétorique soulève un grand nombre de difficultés. Elle est d'abord *dramatique*, ce qui implique une technique du dialogue, du monologue, de l'*a parte;* elle est aussi *poétique*, ce qui implique l'usage d'une certaine logique de la poésie, qui n'exclut pas, mais complète les effets de narration, d'exposition, de démonstration ou de réfutation qui ne s'adresseraient qu'à l'intelligence. Poétique de l'image, du vocabulaire, du rythme, de l'éclat de la voix, qui puisse pénétrer jusqu'aux racines de la sensibilité. Intelligence et sensibilité sont ainsi tour à tour, ou simultanément, sollicités par des éléments dont les proportions respectives sont variables à l'infini, jusqu'à connaître cette intime fusion où ils sont indiscernables, et opèrent ce miracle que le dramaturge s'efforce toujours de réaliser : transposition sur le plan esthétique d'une expérience humaine, inventée ou vécue, digne de créance et d'admiration. Une pareille réussite est seulement l'œuvre des plus grands. Tous, cependant, y tendent avec application, qu'ils s'adressent, avec des moyens encore rudimentaires, aux réactions les plus faciles à déclencher ou qu'ils ambitionnent, à mesure que leur maîtrise des moyens d'expression gagne en ampleur et en complexité, de mettre en œuvre les sentiments les plus profonds et l'appréhension la plus subtile des problèmes les plus angoissants. C'est une gamme infinie d'artifices ainsi mise en jeu, dont les uns cousus de fil blanc, et dont les autres épuiseraient les ressources du commentateur le mieux exercé.

Donc, le langage, comme la construction, comme les personnages, ne sera en aucune façon « réaliste ». Il sera loin, veux-je dire, de celui de la vie courante, qui tend à être celui du théâtre moderne, et cela même dans la comédie dite réaliste (par opposition à la comédie romanesque, ou à la tragi-comédie), où l'on pense communément que les personnages parlent la langue de tous les jours, sous le prétexte qu'elle est familière, épicée, ou truculente. Le fait qu'elle est, en effet, idiomatique, qu'elle *emprunte* ses rythmes, son vocabulaire, ses tournures, au langage parlé n'infirme en rien cette constatation, car il est bien évident que la langue du théâtre (qui est, ou qui va devenir, une langue écrite) tire des rythmes et des tournures de la langue parlée son plus efficace pouvoir d'expression, tout en se situant sur un plan supérieur et bien différent. Et cela est aussi vrai pour la poésie non dramatique. La grande poésie de Donne, par exemple, est écrite avec les idiomes, la syntaxe, les rythmes de la langue parlée, et n'est à aucun moment « réaliste ». De même, T. S. Éliot, par amour des contrastes autant que par sa fatalité poétique propre, introduit tout à coup (jeux d'ironie) des passages entiers qui paraissent photographiés du langage courant, et n'en sont pas moins du grand art. Pour le théâtre de la Renaissance, ces remarques s'appliquent aux pages de prose que l'on rencontre dans les comédies (comme dans les tragédies), et qui se plient pareillement aux exigences d'une rhétorique moins formelle, certes, mais aussi concertée, que celle des passages en vers. L'usage de la prose est ici plus qu'une tentative de fidélité au réel, c'est un effort d'assouplissement et non une dégradation du style, qui, dans une liberté relative, va lui permettre des effets de truculence, d'ironie, de satire, moins solennels, plus aisés, que la rigueur rythmique du vers. Nous passerons ainsi d'un plan à un autre, où parfois les mêmes thèmes verront leur valeur rehaussée par le changement de ton, par le jeu de la fantaisie, par un mimétisme savant des idiomes locaux, du parler populaire, des expressions de métier, et même des langues étrangères, dont on rencontre quelquefois des passages entiers, tant dans les comédies que les tragédies.

Mais c'est au vers que le dramaturge s'adresse le plus souvent pour conférer à son œuvre le prestige de la poésie. Non qu'il soit inconditionnellement esclave de la convention qui fait parler en langage plus relevé les héros nobles (on trouve des personnages du peuple qui s'expriment en vers dans un style aussi recherché que les rois et grands seigneurs — le jardinier de *Richard II*, par exemple), mais parce que le vers est un artifice millénaire d'ennoblissement et de poétisation du langage, qui capte aussitôt l'attention, et hausse instantanément la tragédie sur un plan différent de celui de la vie. Le vers est une forme d'expression aux assises rythmiques solides, bien articulée, aux lignes de force visibles, capable de porter l'image, la sentence, l'émotion, avec plus de vigueur, de netteté, de brillant, impérative pour l'oreille, efficace sur la mémoire, drue dans la redondance et susceptible d'ampleur bien réglée dans la période ; elle appelle volontiers l'ornement, elle sait se charger de suavités musicales et d'enchantements rythmiques — bref, elle enchaîne l'intelligence et touche les sens, elle est apte à tous les services du drame et de la poésie. Il ne lui faut, pour atteindre sa perfection, qu'apprendre à assouplir sa rigueur formelle, pour qu'elle puisse épouser toutes les nuances de l'émotion et suivre toutes les sinuosités de la pensée. C'est le drame de toute forme d'art que de passer de la gaucherie guindée et mécanique des origines à la maîtrise harmonieuse des grandes époques évoluées.

Il est à peine nécessaire de signaler la grande variété des vers utilisés par les dramaturges, depuis l'abandon du « quatorzain » [1], pour aboutir à l'adoption générale (mais non exclusive d'autres formes accidentelles) du pentamètre ïambique non rimé — vers blanc — dont Marlowe fit le grand vers du théâtre, bien qu'il n'en soit pas l'inventeur [2]. Le vers blanc allait devenir l'instrument de l'expression dramatique par excellence. Le quatorzain et l'alexandrin étaient peu faciles à manier. Le pentamètre (frère du décasyllabe français) avait fait ses preuves avec Chaucer. Les coupes y sont moins monotones, le rythme peut être assoupli par l'introduction de polysyllabes latins et l'absence de la rime lui ouvre une liberté illimitée d'enjambement. Il peut aussi être varié par le renversement du rythme (passage de l'ïambe au trochée), et, saupoudré d'anapestes, sans rien perdre de sa vigueur et de sa rapidité, il s'adapte commodément à toutes les fluctuations de l'émotion. Il est propre à l'exposition comme au récit, à l'épigramme comme à la sentence, aux longs développements oratoires comme à l'échange vif de

1. Vers de sept accents (ou de quatorze syllabes), avec deux césures nettement marquées, de rythme ïambique, qui allitère et rime. Monotone et sautillant, il n'est pas susceptible de beaucoup de variété. C'est le vers de la ballade (cf. *The Nutbrown Maid*), repris, avec une disposition typographique qui le partage en un vers de quatre, et un de trois accents, par Coleridge dans le *Lai du vieux marin*. Chapman l'utilisa pour sa traduction de *L'Iliade*, et Th. Preston dans sa *Lamentable Tragédie de Cambyse, roi de Perse* (1569), dont Falstaff parodie le style ampoulé. On en retrouve des traces dans *Peines d'amour perdues* (1593), à des fins ironiques, il est vrai. Voici un « quatorzain » de *Cambyse :*

Do not entreat my grace no more for he shall die the death.

2. L'honneur d'avoir utilisé le vers blanc le premier revient à Henry Howard, comte de Surrey, dans sa traduction de *L'Enéide* (1557).

répliques coupées, aux mouvements de la passion comme à l'enchaînement serein des idées. Son histoire, de Kyd et Marlowe à Webster ou à Massinger, serait un fil directeur suffisant pour l'étude de la dramaturgie élisabéthaine. Ce serait, effectivement, l'étude d'une libération progressive de la forme, parallèle à l'évolution d'une sensibilité, qui montrerait le glissement d'une rhétorique à une autre, miroir où se réfléchiraient l'originalité et le génie de chaque artiste.

C'est au maniement du vers blanc, en effet, que tous vont s'exercer. Chacun le marquera de ses traits personnels, bien plus que ne pourront le faire nos dramaturges classiques, voués à la gloire royale des draperies immobiles de l'alexandrin. Certes, les vers de nos trois grands classiques ont chacun leur timbre bien à soi — Racine a la pureté suave, la grâce et la clarté, et parfois le rêve s'y prolonge en ondes indéfiniment agrandies ; Corneille l'éloquence majestueuse, et souvent la formule sobre, serrée, qui porte le proverbe ; Molière l'aisance élégante et la répartie facile, mais, dans l'ensemble, le moule est invariable, le métal qu'on y coule n'admet pas d'alliages dégradants, de liaisons douteuses, ni d'éléments étrangers. La rime, ici, donne au vers son alignement, désigne une courbe préfigurée, impose ses coupes, variables, mais peu nombreuses, et le vocabulaire n'offre que peu de surprises, tant sont rares les effets dus à la seule alliance des mots, et les métaphores désordonnées. Discipline qui tend à la perfection de l'œuvre d'art, perfection formelle harmonieuse, qui tend vers un réel de l'esprit, sur un plan supérieur. Au contraire, chez nos dramaturges élisabéthains, chaque artiste peut donner au vers blanc le mordant, la truculence, l'ingénuité, la souplesse, qui en feront le docile instrument d'expression d'une sensibilité, et d'une expérience personnelles. D'où cette incomparable diversité qui ne se rencontre, je crois, en nul autre vers à nulle autre époque, et peut-être, en nulle autre littérature. D'où, par conséquent, la nécessité d'étayer tout jugement où se trouve le lecteur d'apprécier valablement le texte d'une pièce s'il n'en connaît que le visage plat et incolore offert par la traduction en prose française.

A ses origines, associé qu'il est au vers rimé de tradition précieuse et savante, et à des formes fixes diverses — distiques, stances, sonnets, octosyllabes ou autres vers plus courts, interludes lyriques ou chansons, et même « *doggerels* »[1], qui s'insèrent, pour des raisons presque toujours valables dramatiquement, dans ses avenues régulières, il n'est pas plus souple, et à peine moins monotone, que pourrait l'être toute autre forme. Il est même, par sa raideur constitutive, par l'automatisme de ses séquences rythmiques que n'agrémente plus l'ornement de la rime (laquelle imposait une autre monotonie), le véhicule idéal des idées vigoureuses et des passions simples et fortes qui tiennent la nuance pour négligeable, et qu'un souffle puissant chasse devant soi. Il est d'abord l'instrument maladroit d'une rhétorique oratoire à rythme ascendant, ne redoutant ni la boursouflure ni la répétition, mais s'élançant au contraire jusqu'au bout de ses effets sans trop regarder aux moyens, tout d'une coulée, comme un mouvement de bielle, infatigable et direct, atteignant la grandeur presque par intimidation.

Dans cette phase déclamatoire et lyrique, les faits, les idées, les passions, se juxtaposent, s'additionnent, s'enchaînent en effets d'accumulation successifs, avec une rigueur logique impitoyable et simple, qui doit entraîner la conviction comme on prend une ville d'assaut, ouvrir toutes grandes les portes à l'émotion, comme

1. Le *doggerel* désigne tout vers de forme et de rythme négligé, populaire par excellence, burlesque souvent, perversion des moules classiques où se complaisent parfois, pour la bouffonnerie et la satire, les auteurs les plus sérieux. Il paraît souvent dans la comédie.

ferait un bélier. Péremptoires la démonstration, l'enchaînement des idées, superbe l'invective ou la malédiction, émouvant le lamento ou l'effusion lyrique. Tel est le vers blanc de Kyd ou de Marlowe, ou des premiers drames historiques de Shakespeare. Il est permis de parler ici d'emphase, d'effets ampoulés, de redoutable monotonie. C'est que les personnages et les passions qui les animent passent la commune mesure de l'humanité, à la fois par la violence et par la simplicité de leur élan vers l'action et vers l'expression. Mais cette rhétorique qui emprunte à l'art oratoire ses procédés les plus saisissants — ce sont les primitifs — est adéquate à son objet, et remplit toujours sa fonction. La vitalité prodigieuse de ce style dramatique se nourrit d'un grand nombre de procédés divers, figures de rhétorique de toute espèce, anaphore, antithèse, répétition, parallélisme, apostrophe, exclamation, image, hyperbole, métaphore, sentence, clichés et maniérismes innombrables, qui donnent à la période et au dialogue cette armature solide qui supporte la chair vivante de l'idée et de l'émotion. Le poète élisabéthain associait les deux arts majeurs, éloquence et poésie, sans doute à cause de la fonction prophétique attribuée au poète (*vates*) — les Oracles de Delphes et les prophéties de la Sibylle, remarque Sir Philip Sidney, étaient articulés en vers — à cause de l'élan lyrique du poème (qui implique le souffle, et les artifices de respiration et d'articulation du discours) ou enfin à cause du but assigné au vers dramatique : persuader, en mettant des émotions en jeu, un grand nombre de personnes à la fois, comme l'orateur — ou pour toutes ces raisons ensemble.

Dans son fameux traité *The Art of English Poesie* (1589), George Puttenham consacre son Troisième Livre à « l'ornement », et il y étudie en détail, s'appuyant sur de nombreux exemples, toutes les figures de rhétorique dont il essaye de rendre en anglais les noms savants. « Il n'y a rien qui convienne si bien au poète, dit-il, que d'être pourvu de toutes les figures qui sont de rhétorique, et qui embellissent la langue d'éloquence et de sentences. » Les dramaturges ne s'en sont pas fait faute! Sir Philip Sidney dira pareillement de *Gorboduc*, la « première tragédie anglaise » (1561) qu'elle est « pleine de discours majestueux et de phases qui sonnent bien, s'élevant à la hauteur du style de Sénèque ». Et nous retrouvons ici Sénèque, point de mire envié de cette génération, dont l'influence fut si grande pour la formation de cette rhétorique dramatique que T. S. Eliot ne craint pas d'affirmer : « Non seulement l'évolution de la structure dramatique, mais l'évolution de la cadence du vers blanc eurent lieu sous l'ombre de Sénèque ; il est à peine exagéré de dire que Shakespeare n'aurait pas pu former l'instrument du vers qu'il légua à ses successeurs, Webster, Massinger, Tourneur, Ford et Fletcher, s'il n'avait pas reçu un instrument déjà hautement évolué, grâce au génie de Marlowe et à l'influence de Sénèque [1]. »

Quelques citations ne seraient peut-être pas inutiles à ce point. Ici, par exemple, il s'agit de justifier solidement une résolution qui va s'affirmer. C'est un style réfléchi, à la syntaxe directe, claire, articulée logiquement; les images y sont discrètes, les monosyllabes abondent, chaque vers a sa conjonction, son adverbe, ou son relatif :

« *Un jour viendra où York réclamera son dû ; je prendrai donc le parti de Neville, je ferai bon visage à l'orgueilleux Humphrey, et, le moment venu, je réclamerai la couronne; car c'est la cible d'or que je cherche à toucher: non, Lancastre le fier n'usurpera mon droit, ni sceptre ne tiendra dans sa débile main, ni diadème portera*

1. T. S. Eliot, *Seneca in Elizabethan Translation*, p. 85 des *Collected Essays*.

dessus sa tête, dont les humeurs de sacristie ne sont point faites pour la couronne. Donc, York, reste calme[1]*...* »

On rencontre souvent ce style dans le monologue, débité sur le devant du théâtre à l'adresse des spectateurs, pour établir entre le héros et le public ce lien quasi impersonnel nécessaire à la parfaite compréhension des mobiles. Ailleurs, les procédés sont plus évidents. Voici Lorenzo, dans *La Tragédie espagnole*, qui veut pousser Balthazar à faire la cour à sa sœur, Bellimperia. Il accumule les comparaisons, plaquées sur le même dessin :

« *Monseigneur, si réservée que paraisse Bellimperia, que la raison vous garde en joie habituelle : avec le temps, le sauvage taureau supportera le joug, avec le temps, faucon hagard prendra le leurre, avec le temps, les coins menus fendront le chêne le plus dur, avec le temps, la plus douce pluie creuse un trou dans le roc, et elle, avec le temps, perdra de son dédain*[2]*...* »

Ou encore, la célèbre lamentation de Henry VI sur le champ de bataille de Towton, où la monotonie des répétitions produit un effet d'envoûtement, de lassitude indicible :

« *O Dieu ! je crois que ce serait heureuse vie... que d'être assis sur la colline ainsi que maintenant, à sculpter des cadrans bellement, point par point, pour voir par là comment s'écoulent les minutes, combien remplissent l'heure pleinement, combien d'heures il faut pour amener le jour, combien de jours pour parfaire l'année, combien d'années pour la vie d'un mortel. Ceci connu, on réglerait alors le temps : tant d'heures consacrées au soin de mes*

1. *Henri VI*, IIe partie, acte I, sc. I, monologue final.
2. *La Tragédie espagnole*, acte II, sc. I.

troupeaux, tant d'heures consacrées à prendre mon repos, tant d'heures consacrées à la contemplation, tant d'heures consacrées au divertissement, tant de jours mes brebis ont porté leurs petits, tant de semaines avant que les pauvres sottes ne mettent bas, tant d'années avant que je ne tonde leur toison: Ainsi minutes, heures, jours, mois et années... amèneraient tête chenue au calme du tombeau[1]. »

Le mouvement est ici celui d'une confidence à mi-voix, presque d'une prière, le balancement, celui d'un rituel. Ailleurs, le même mouvement rythmique se répète pour épuiser une énumération : c'est Richard II renonçant, l'un après l'autre, à ses privilèges royaux :

Je donnerai mes joyaux pour un chapelet,
Mon palais somptueux pour un ermitage,
Mes riches atours pour le froc d'un mendiant,
Mes coupes ciselées pour une écuelle,
Mon sceptre pour le bâton d'un pèlerin,
Mes sujets pour deux statuettes de saints,
Et mon vaste royaume pour une petite tombe,
Une petite petite tombe, une tombe obscure[2]...

La tirade à répétitions est digne parfois de cette « veine d'Hercule » (souvenir de l'*Hercule furieux* de Sénèque), dont Shakespeare se moque par la bouche naïve de Bottom, comme dans cet extraordinaire morceau de *La Vraie Tragédie de Richard III* (qui a précédé le *Richard III* de Shakespeare), où le mot « Revenge » sonne à la fin de chaque vers comme un glas prophétique dans l'âme épouvantée de Richard :

Ainsi dormé-je, veillé-je, quoi que je fasse
Je crois voir leurs fantômes béer vengeance...

1. *Henri VI*, acte II, sc. v.
2. *Richard II*, acte III, sc. III.

Le sang de mon neveu crie Vengeance, Vengeance,
Les pairs décapités viennent en foule chercher vengeance,
Et tout le monde crie, que meure le tyran !
Le soleil tout le jour brille et brûle vengeance,
La lune dans la nuit s'éclipse pour vengeance,
Les étoiles se font comètes pour vengeance,
Les planètes changent leurs cours pour vengeance,
Les oiseaux ne chantent leur douleur que pour vengeance,
Le croassant corbeau croasse pour vengeance,
Les timides agneaux vont bêlant pour vengeance,
Troupeaux entiers mugissent pour vengeance,
Et tout, oui, tout le monde je crois bien
Clame vengeance et rien que pour vengeance.
Et pour finir, j'ai mérité vengeance [1]...

On imagine l'effet scénique de ce martèlement verbal dans la bouche d'un acteur. La vocifération vise à hausser à l'échelle cosmique la frénésie de la vengeance qui va s'abattre sur le tyran. Cette rhétorique forcenée laisse loin derrière elle tous les morceaux analogues, et même les extravagances verbales de Hieronimo dans *La Tragédie espagnole.* Mais il est une autre figure de rhétorique encore plus formelle s'il se peut, et que les critiques anglais appellent « *tracers* ». C'est un jeu verbal qui consiste à faire rebondir le vers avec le mot clé du vers précédent. Kyd est friand de ce procédé :

Ma récente ambition a souillé ma foi,

dit le Viceroy de *La Tragédie espagnole,*

Avoir rompu ma foi a causé des guerres sanglantes,
Ces guerres sanglantes ont vidé mon trésor,
Et avec mon trésor le sang de mon peuple,

1. *La Vraie Tragédie de Richard III.*

Et avec son sang, ma joie et mon bien-aimé,
Mon bien-aimé, mon gentil fils, le seul que j'aie[1]...

Ou encore :

D'abord, dans sa main il brandit une épée,
De cette épée, il fit farouche guerre,
Dans cette guerre, il me blessa cruellement,
Par ces blessures, il me força à lui céder,
En lui cédant, je devins son esclave..., etc.[2].

Le mot ici se fait le chaînon rigoureux d'une séquence de constatations, pour aboutir à une conclusion, qui n'est rien d'autre qu'une prise de conscience plus aiguë, inévitable, d'un fait, en général tragique, qui à son tour, va déterminer une attitude, une action. La pensée chemine lentement, comme font les enfants qui comptent sur leurs doigts, et aboutissent tout de même à une somme. L'émotion lentement s'élabore, la résolution s'étaye, puis le héros tragique atteint la pleine clarté. Parfois, le raisonnement prend la forme antithétique, et le vers s'oppose au vers dans la conscience même du héros, comme s'il menait un débat. Ainsi médite Balthazar, amoureux de Bellimperia :

Pourtant elle pourrait m'aimer pour ma vaillance ;
Oui, mais la voilà diffamée par ma captivité.
Pourtant elle pourrait m'aimer pour obéir à son père ;
Oui, mais sa raison saura venir à bout de son désir.
Pourtant elle pourrait m'aimer comme ami de son frère ;
Oui, mais ses espoirs visent un autre but.
Pourtant elle pourrait m'aimer pour hausser son état ;
Oui, mais peut-être espère-t-elle état plus élevé.

1. *La Tragédie espagnole*, acte I, sc. III.
2. *Ibid.*, acte II, sc. I.

Pourtant elle pourrait m'aimer comme enchaîné à sa beauté;
Oui, mais je crains qu'elle ne puisse aimer du tout [1].

Ce n'est ici rien d'autre que le dessin de la stychomithie, réservée au dialogue, où les répliques s'échangent vers par vers, ou hémistiche par hémistiche, et ce peut être une belle escrime verbale, comme dans les deux scènes où Richard III fait sa cour à Anne (acte I, sc. 2), et, plus tard, à la reine Elizabeth, pour obtenir sa fille (acte IV, sc. 4). La reprise d'un mot, d'un membre de phrase, soit que le mot soit détourné de son sens premier, soit qu'il s'y ajoute une idée connexe, soit qu'il soit mis en opposition avec lui-même, peut aboutir, aux instants étales du pathétique, à un véritable style antiphonique, proche du rituel liturgique. Ainsi, dans la scène 3 de *III Henri VI*, lorsque, sur le même lieu où Henry VI se livrait à sa triste méditation pastorale, et pour souligner encore les horreurs de la guerre que déteste ce roi « trop humain », Shakespeare fait venir tour à tour, puis réunit, un père qui a tué son fils et un fils qui a tué son père. Le roi et les deux hommes échangent ici de véritable répons :

LE FILS

Comment ma mère pour la mort d'un père
Me recevra et rien ne la consolera !

LE PÈRE

Comment ma femme pour le meurtre de mon fils
Versera des torrents de larmes et rien ne la consolera !

LE ROI

Comment mon pays pour ces accidents douloureux
Méprisera le roi et rien ne le consolera !

1. *Ibid.*, acte II, sc. 1.

LE FILS

Quel fils regretta tant la mort d'un père ?

LE PÈRE

Quel père pleura jamais autant son fils?

LE ROI

Quel roi souffrit autant du malheur des sujets[1] *?*

Dans la lamentation, cette rhétorique atteint à des effets incantatoires, comme dans la célèbre scène de *Richard III* déjà mentionnée (acte IV, sc. 4). Sous la conduite de la reine Margaret, grande figure immobile et vengeresse, dont la voix, toutes les fois qu'elle s'élève, scande la prophétie, la menace, la malédiction, les reines dépossédées et malheureuses, les mères, les veuves de rois, se livrent à une véritable conjuration de la douleur, messe sacrée du chagrin, où alternent les soupirs, les sanglots, et les cris :

LA REINE MARGUERITE

Si le chagrin peut admettre une compagne,
Repasse tes douleurs en écoutant les miennes :
J'avais un Edouard, qu'un Richard a tué ;
J'avais un Henry, qu'un Richard a tué ;
Tu avais un Edouard, qu'un Richard a tué,
Tu avais un Richard, qu'un Richard a tué.

LA DUCHESSE D'YORK

J'avais aussi un Richard, et tu l'as tué,
J'avais aussi un Rutland, tu as aidé à le tuer.

LA REINE MARGUERITE

Tu avais un Clarence aussi, et Richard l'a tué[2]...

1. *Henri VI*, acte II, sc. v.
2. *Richard III*, acte IV, sc. iv.

Dans cette grande scène statique, c'est, jusqu'à la sortie de Margaret, comme une orchestration grandiose par la répétition des motifs, l'alternance des reproches, la similitude des griefs, le parallélisme des situations, la profondeur des émotions personnelles qui s'opposent et se confondent, que seule une rhétorique aussi formelle pouvait opérer. Le grand discours de la reine Marguerite, « experte en malédictions », comme l'appelle la reine Elizabeth, est le chef-d'œuvre de ce style superbe, rigoureusement équilibré, nostalgique et hautain, où, sous le caractère quasi impersonnel des thèmes traditionnels (le thème, par exemple, *mais où sont les neiges d'antan ?*) s'exprime une personnalité qui dépasse celle de la reine Marguerite elle-même, la personnalité de Shakespeare.

Déjà, dans son apostrophe douloureuse à la reine Marguerite, la Duchesse d'York, dans le cadre même des procédés de rhétorique (énumération, répétitions, balancement des épithètes, antithèses poussées jusqu'au calembour) Shakespeare réussit cette condensation des effets verbaux qui est la marque royale de son style propre :

Vue aveugle, vie morte, pauvre fantôme de vivante,
Spectacle du malheur, honte du monde, propriété du tombeau qu'usurpe la vie,
Brève abstraction et souvenir des jours cruels,
Repose sans repos sur la terre légitime d'Angleterre,
Qui au mépris des lois s'est grisée du sang des innocents [1].

Les effets, ici, sont plus subtils, plus complexes, et les procédés de rhétorique se doublent d'un usage particulier de la langue, cette violence faite par la métaphore à l'abstraction, qui donne force poétique à l'allégorie, et qui, par l'accumulation des images, tend à épuiser la

1. *Richard III*, acte IV, sc. IV.

substance même de l'objet à décrire et à saisir. Le portrait de la reine Marguerite que la duchesse d'York tente de faire est comme un blanc symbole de l'indicible misère humaine, faite de deuils, de honte et de sang, avec la prétérition de la grandeur passée, dans lequel la vie et la mort, le monde et le tombeau, la durée et le néant, les lois humaines et le crime, s'entrepénètrent jusqu'à l'identité pour composer cette ruine pathétique : la reine Marguerite.

De la tautologie simple aux effets puissants de reprise de mots, d'images, de thèmes, la gamme est inépuisable. La rhétorique emporte l'éloquence et donne au lyrisme une base solide, tandis qu'elle nuance l'expression à l'infini. Ce peut être l'effusion exclamative et extasiée devant la beauté :

Zénocrate, la plus adorable vierge vivante
Plus belle que rochers de perle et pierre précieuse,
Dont les yeux brillent plus que les lampes du ciel,
Et la voix est plus douce que la suave harmonie [1]...

où la préciosité de l'image hyperbolique, image d'apparat, ennoblit la naïveté de la jouissance du beau ; ce peut-être la protestation indignée :

Maudit soit le premier qui inventa la guerre !
Ils ne savaient pas, ah ! ils ne savaient pas, hommes simples,
Comment frappés par l'averse de la mitraille,
Trébuchant, ils trembleraient comme la frémissante feuille du tremble,
Redoutant la fureur des coups courroucés de Borée [2].

où le soupir qui coupe la répétition du second vers donne toute leur force aux allitérations vigoureuses des

1. *Tamerlan*, acte III, sc. III, 117.
2. *Tamerlan*, acte II, sc. IV, 1.

derniers ; ce peut être encore la douleur attendrissante ;

Ah, mes jeunes princes ! Ah, mes tendres bébés !
Mes fleurs décloses, mes chéris tout nouveaux [1] *!...*

la supplication :

Pitié pour nous ! O pitié pour la pauvre Damas !
Pitié pour les vieillards [2]...

l'invective :

Hideux démon ! pour l'amour du ciel, hors d'ici, et laisse-nous en paix ! [3]

l'interrogation douloureuse :

Ai-je une langue pour ordonner la mort de mon frère,
Et cette langue pardonnera-t-elle à un esclave ?...
Qui a plaidé pour lui ? qui, dans ma rage,
S'est jeté à mes pieds et m'a conseillé la sagesse ?
Qui m'a parlé fraternité ? qui m'a parlé d'amour ?... [4]

et même l'ironie :

York est muet, à moins de porter la couronne.
Une couronne pour York ! et, Messieurs, à genoux devant lui !
Tenez-lui les mains, pendant que je la mets sur sa tête !
(lui mettant une couronne de carton)
Voilà, fort bien, Monsieur ! maintenant il a l'air d'un roi [5] *!*

1. *Richard III*, acte IV, sc. IV, 9.
2. *Tamerlan*, acte V, sc. I, 80.
3. *Richard III*, acte I, sc. I, 50.
4. *Richard III*, acte II, sc I, 102.
5. *Henri VI*, acte I, sc. IV, 63.

Ces vers, qui appartiennent tous à la première période, ne sont pas remarquables par leur diversité de facture. Les coupes sont régulières, simples les ornements de style, rares les enjambements. Sur cette ossature solide, cependant, le mouvement, le ton, le choix des mots, peuvent exprimer des émotions bien différentes, avec des nuances déjà subtiles. On peut sentir dans les citations de Marlowe, de Kyd, de Shakespeare, des tempéraments bien caractérisés, et on ne saurait les confondre. L'instrument, pourtant, est le même, identiques les procédés. La différenciation se perçoit au frémissement sous la course des syllabes, aux rythmes d'attaque et de liaison, à l'image enfin, qui est un langage propre à chacun.

Une étude de l'image fournirait à elle seule matière à tout un ouvrage. C'est par le choix, l'utilisation des images, que Shakespeare est le plus remarquable de tous ses contemporains. Qualité reconnue par tous les critiques, et depuis fort longtemps. « Il n'est pas de mot, disait Gray, qui ne soit chez lui une image. » « Cette incomparable richesse d'images se montre, écrit Logan Pearsall Smith, par-dessus tout dans cet usage royal de la métaphore, qui est la qualité la plus remarquable de son style. » Rien de plus juste. Toutefois, ici encore, il ne faut pas oublier que l'image, la métaphore, sont des figures de rhétorique, et que leur premier emploi fut un emploi d'ornement. C'est d'ailleurs cette constatation qui donnera tout leur relief aux remarques qui suivront. Aucune règle rigoureuse ne nous permet d'affirmer à quel moment nous passons du plan de la rhétorique pure au plan psychologique, et même au plan métaphysique, dans l'utilisation de l'image. Il nous faudrait, pour cela, connaître le fonctionnement de l'esprit de l'artiste au moment où il opère. Nous ne pouvons que porter le jugement relatif de la critique littéraire, dont l'objet est de saisir le pourquoi et le comment d'une forme d'expression littéraire qui remplit sa fonction d'émotion. Poser le problème de l'image, c'est poser celui de toute expression poétique, c'est aussi dépasser celui de la forme pour atteindre à celui de la fonction poétique elle-même. Ce serait donc quitter le plan de la rhétorique pour celui de la poésie.

L'image pourrait se définir sommairement comme une illustration concrète que le poète appelle à son aide pour mieux définir, ou pour embellir l'objet qu'il cherche à décrire. A l'état primaire, c'est une comparaison. L'esprit cherche une analogie visuelle, qui fera mieux voir, mieux comprendre. La qualité de l'image dépend de la nature des rapports contenus dans l'analogie qui se présente. Ils peuvent être proches ou lointains, évidents ou secrets, grossiers ou aigus, rationnels ou bizarres, naturels ou forcés. Bref, la gamme de ces rapports est infinie. Elle va de la comparaison consacrée par une longue tradition (Achille s'élance comme un lion) au *conceit* le plus aiguisé. Les dramaturges ont d'abord usé des comparaisons les plus propres à illustrer leur objet, et c'étaient les plus traditionnelles. Elles ont une fonction d'ornement, de prestige. Venues bien plus souvent de l'héritage gréco-latin, ou des poètes italiens, que de l'expérience personnelle, elles s'efforcent de hausser l'objet sur le plan poétique par une assimilation à quelque chose de plus rare et de plus noble. C'est l'image laudative par excellence, base de toute poésie qui, naïvement, s'efforce à l'expression, enluminure d'un texte encore terne ou maladroit, et qui exalte les qualités, abstraites ou concrètes, de la femme, du guerrier, de l'amour, du courage, de la création. Il s'agit d'éveiller le sentiment de la beauté, de provoquer l'admiration, et même l'adoration. Les gorges sont d'ivoire, ou d'albâtre; les lèvres de corail; les yeux, des étoiles. Les déesses, les astres, les oiseaux, les saisons et les fleurs, les pierres et les métaux précieux composent des attelages charmants et symboliques, accouplés à l'objet à illustrer, et prennent valeur emblématique. Que de cygnes, d'ors et de roses! que de Flores et de Phœbus! que de lunes et de soleils, et de seins blancs de Vénus!

> *Zénocrate, la plus adorable vierge vivante,*
> *Plus belle que rochers de perle et de pierre précieuse,*

s'extasie Tamerlan, et rappelons-nous les sonnets de Shakespeare :

> *Te comparerai-je à un jour d'été...*

Innombrables seraient les exemples de cette « imagerie » proprement élisabéthaine, qui affirme le tempérament lyrique de cet âge, et donne à la poésie dramatique elle-même ce prestige indiscutable que toute poésie doit acquérir. Spenser est ici le grand maître et le grand pourvoyeur, et Marlowe, Shakespeare n'écrivent, vers les années 90, pas autrement. Une telle profuse richesse risque, trop littéraire, de se dessécher, par la répétition qui engendre la monotonie (malgré le désir de renchérir sur la finesse, la qualité précieuse), tant qu'elle se borne à ces parallélismes comparatifs, tant que l'esprit se contente de se mouvoir sur le plan analogique et que la syntaxe reste docile aux exigences des conjonctions. On a beau raréfier le point de comparaison jusqu'à le faire tenir sur une « pointe » (le *conceit*), on a beau élargir à tout le domaine végétal et minéral le jeu des similitudes (*euphuïsme* proprement dit), on n'y gagne que l'affectation. On a beau faire à l'esprit logique ou ratiocineur la part la plus large, user des ressources les plus aiguës de l'analyse et du raisonnement, retourner la comparaison à l'envers, dérouler le poème comme un théorème, une telle méthode se condamne au bizarre, et même à l'absurde, tant qu'elle se refuse à puiser dans l'expérience vivante. Le poète y acquiert une virtuosité sans pareille, il exploite les ressources des sonorités de sa langue, il découvre même des rythmes nouveaux, mais il ne peut prétendre à l'expression poético-dramatique. La sensibilité s'y use à s'asservir aux conventions d'élégance et de préciosité, et ceux des poètes — tel Sydney, habile, exquis en maint endroit ; tel Spenser remarquablement — qui n'évoluent pas au-delà de ces conventions sont des astres brillants, mais immobiles, ce qui est, pour un poète comme pour un astre, synonyme de stérilité.

Le dramaturge ne peut se contenter de cette immobilité sous peine de mort. Skakespeare, émule particulièrement heureux des poètes ses contemporains, ou ses prédécesseurs, qui ont offert des modèles, créé un langage poétique, établi des conventions prestigieuses, ne suit le mouvement que pour un temps. Ses premières pièces le montrent parfaitement à l'aise dans « l'imagerie » classique comme dans la rhétorique traditionnelle. Il est difficile de distinguer entre lui et Spenser, parfois entre lui et Marlowe, tant les styles se ressemblent, tant le souci de suavité est identique, les images interchangeables. George Rylands en donne un exemple remarquable [1] : voici Spenser :

Enfin le portail d'or à l'Orient
Sur le ciel profond s'ouvrit magnifique,
Et Phœbus, frais tel un fiancé qui va vers sa promise,
D'un pas léger s'en fut, agitant ses boucles couvertes de rosée.

et Shakespeare :

Voyez ! le matin ouvre son portail d'or,
Et prend congé du soleil dans sa gloire.
Comme il ressemble à la fleur de jeunesse
Orné comme un adolescent qui va dansant vers sa maîtresse.

1. *A Companion to Shakespeare Studies*, article de George Rylands, *Shakespeare the Poet*, p. 94. Toute traduction de cette poésie-musique sera ici, plus qu'ailleurs, décevante.

Tout juste peut-on dire que Shakespeare est plus suave, plus souple, plus délicat. Cette éminence que déjà il montre, et qu'on lui jalouse, cette merveilleuse facilité de faire de la poésie quelque chose de rare et de précieux dans le cadre d'une convention, avec les ressources communes que la langue anglaise lui offre à lui comme aux autres, Shakespeare ne les perdra jamais. De *Roméo et Juliette* à *La Tempête*, on retrouvera ces qualités, cette oreille sensible au quart de ton, ce sens du mouvement intérieur qui accompagne le déroulement d'une image, d'une émotion, — mais il y aura bien vite chez lui quelque chose de plus. La poésie-musique, les images décoratives, le « conceit », le calembour (image verbale, une métaphore avortée), le processus unilinéaire de l'analogie qui n'impose aucune violence à la syntaxe, jeux où Shakespeare est maître, qu'il pratique avec virtuosité, ne sont que des procédés extérieurs à la véritable expression dramatique, vers laquelle il tend avec plus d'urgence intérieure que tout autre dramaturge. C'est vers l'expérience personnelle qu'il se tourne, et, par voie de conséquence, à l'expression personnelle qu'il aboutit. Ici, pas de jeux sur les mots. Je ne veux pas dire que Shakespeare exprime *sa* pensée, *son* émotion, celle de *l'homme* Shakespeare — encore qu'en un certain sens cela serait soutenable. Je veux dire que son expérience personnelle passe dans la conscience du personnage, et que l'homme-Shakespeare s'efface derrière l'homme-Macbeth, par exemple. Le poète, d'abord, élargit le champ de sa perception. Il reste des lis et des roses, mais toutes les autres fleurs aussi bien sont à portée de sa main. La faune, la flore, la palette des saisons, les phénomènes de la nature, la panoplie des couleurs, la multitude des objets, que l'ingéniosité des hommes invente de siècle en siècle, les sciences exactes, ou abstraites, la démonologie contemporaine, l'alchimie, tout ce que l'esprit humain perçoit et conçoit constitue pour lui l'immense réservoir où il puise généreusement. Il n'y aura pas chez lui de démarcation entre *l'image poétique* et l'*image non poétique.* Toutes les images peuvent, chez les grands poètes, devenir poétiques. A côté de l'image conventionnelle, dans le boudoir parfumé, l'étrangère fait son entrée, surprenante nouvelle venue, qui dérange les habitudes, met en émoi les mijaurées et les précieuses (qui vont se sentir ridicules), froisse les plis bien lisses des pétales de rose, et s'installe avec assurance. Elle vient du dehors, de partout dans le vaste monde, vigoureuse, crottée, savante, arrogante ; elle sent l'écurie, la taverne, le plein champ; elle surgit du fond des profondeurs marines, ou des mystères encore plus troublants du subconscient. Elle apporte sa traîne de réminiscences, de superstitions, de rituel, où se jouent les sensations les plus diverses, dans un désordre toujours renouvelé. Elle danse de son propre rythme, puissante et souple, à la musique souvent discordante de ses inventions jusqu'alors inentendues, à l'étincellement de ses propres feux. Et c'est la première révolution que cette intrusion dans le champ poétique des éléments d'une expérience personnelle qui prend la création entière pour son objet. Donne, en même temps que Shakespeare, en est un adepte, avec un penchant, toutefois, pour l'appareil scientifique, plus ésotérique, et plus tortueux, avec une passion dominante (qui n'est pas celle de Shakespeare) : celle de retrouver l'unité fondamentale de la création sous les apparences contradictoires de la diversité matière-pensée.

Mais la grande nouveauté shakespearienne est ailleurs. C'est le passage progressif de l'image-ornement à l'image fonctionnelle. Changement total de destination de l'image. Elle n'est plus simplement d'apparat, mise en place d'un objet concret à côté d'un autre objet concret pour opérer, à des fins poétiques, une substitution d'un objet à l'autre, ou un plaquage d'une qualité sur une autre, propres à faire naître telle ou telle émotion consécutive à la perception de l'image ; elle n'est pas davantage cette substitution en train de s'opérer par le rapprochement qu'elle réduit, à mesure qu'elle se déroule, à une identité fugitive : elle est la substitution opérée, parfaite, au moment de l'énoncé. La pensée, l'émotion s'expriment images, dans une opération simultanée de l'esprit. Ce serait là « penser par images », si cette expression n'avait subi, à cause de certaines applications un peu téméraires, comme une espèce de dégradation. Mais entendons-nous bien. L'idée à exprimer fait appel à l'image pour soulever plus directement une émotion, car l'idée pure est dénuée de contenu émotif lorsqu'elle s'exprime dans sa nudité d'idée. Elle peut aussi se présenter directement sous forme d'image, et cette image est chargée par le poète d'assurer le déroulement, le développement de l'idée. Songeons, par exemple, au discours d'Ulysse à Achille, dans *Troïlus et Cressida.* L'idée, c'est que les hommes oublient le héros inactif, et voilà le thème de l'ingratitude. Ulysse ne philosophe pas dans le vide. Son discours sur l'ingratitude a pour but de pousser Achille à l'action Il faut donc associer au thème de l'ingratitude un certain nombre d'émotions propres à faire sortir Achille de sa tente légendaire. D'où la présentation inattendue du Temps (idée abstraite) sous la forme d'un pèlerin recueillant des aumônes pour l'oubli (autre idée abstraite), lequel, à son tour, paraît sous la forme d'un monstre qui se nourrit d'ingratitudes (troisième idée abstraite). Mais citons plutôt :

Le Temps a, Monseigneur, une besace sur le dos,
Dans laquelle il met des aumônes pour l'oubli,
Monstre au grand corps tout fait d'ingratitudes :
Ces miettes sont les belles actions d'hier, englouties

Aussi vite que faites, oubliées aussitôt
Que finies [1]...

Nous n'avons pas ici la simple allégorie, idée-image par excellence, abstraction figée dans les plis rigides de la robe traditionnelle, mais une métaphore en action, qui brusquement surgit, et fait surgir l'idée avec elle. Le Temps et sa besace, antre où l'oubli se gorge « d'ingratitudes », belles actions du passé oubliées. La cohérence logique de l'idée s'impose par l'illogisme même de la succession des images. Car cette besace prend tout à coup des proportions gigantesques. C'est le « monstre au grand corps », l'oubli, qui s'y tapit, et y dévore gloutonnement les « ingratitudes » — et ces ingratitudes, aumônes jetées à l'oubli, sont elles-mêmes assimilées à des « scraps », des débris de belles actions passées — ce qui est en soi illogique, car l'action n'est pas l'ingratitude, laquelle est une attitude ingrate vis-à-vis de la bonne action. Mais précisément ce télescopage des images, qui rentrent les unes dans les autres en trois ou quatre vers, offre, non pas une description de l'ingratitude, mais l'expérience personnelle d'une émotion qui, en s'exprimant, fait surgir la même émotion, et c'est la vision baroque d'un chaos impitoyable et dévorateur. La seule chose qui pouvait toucher Achille, c'est bien la blessure infligée à son orgueil. Tout le magnifique discours d'Ulysse est dans ce style, et dans ce ton. Métaphore sur métaphore — et Ulysse est un raisonneur, le plus souvent froid et calculé, ne l'oublions pas. Maître de soi, en tout cas. Poursuivons encore quelques vers : la persévérance fait briller l'honneur — comme les armes qu'on fourbit. A peine les mots « *Keeps honour bright* » prononcés, arrive l'image de « l'armure rouillée », qui illustre le « *have done* » : « en avoir fini ». Puis, l'honneur (et toute la série des méta-

1. *Troïlus et Cressida*, acte III, sc. III.

phores militaires, les plus propres à être comprises par Achille, va suivre) « marche dans un défilé si étroit qu'on n'y va qu'un de front ». Mais « l'émulation a un millier de fils lancés les uns après les autres », et, si l'on cède, ou se détourne de la ligne droite, les voici tous qui vont à l'assaut comme la marée montante, et bientôt l'on est dépassé. Ou alors, comme un cheval tombé au premier rang (l'image de la marée montante appelle celle de la charge de cavalerie) les autres vous foulent aux pieds — et, pour conclure, le Temps, une nouvelle fois, fait son apparition ; ce n'est plus le temps dévorateur, mais, ici, le civil Ulysse redevient l'homme du monde, l'homme de cour : le Temps, c'est l'hôte à la mode, qui serre négligemment la main de l'invité qui prend congé, pour tendre éperdument les bras au nouveau venu qui fait son entrée.

Je n'ai pas, à dessein, pris un morceau où les grandes passions soient en jeu, un des passages où l'homme tout entier est engagé, au point de son destin où il prend conscience de son échec, comme, par exemple, le célèbre « Demain, encore demain, et puis demain ... » de Macbeth. Mais un discours où l'intensité émotionnelle est à la limite de l'humour, puisque, sous le sérieux des paroles d'Ulysse se cache ici l'intention provocante à l'égard d'un personnage (Achille) auquel Ulysse se sent supérieur. On a vu toutefois quel enchaînement d'images en apparences peu logiques tient lieu d'une logique rigoureuse. La métaphore initiale n'est pas ici développée comme est développée soigneusement, suivant les bonnes règles de la rhétorique, celle du navire dans la tirade de Marguerite [1]. La rhétorique des *Henry VI* est encore une rhétorique formelle, qui utilise les « figures de style » conformes au dessein du discours, sans que ces images soient passées par la sen-

1. *Henri VI*, part. III, acte V, sc. IV. La tirade de Marguerite ouvre la scène.

sibilité du dramaturge, ou fassent partie de l'expérience du personnage. Marguerite, femme de courage, de haine et de colère, veut stimuler ses partisans avant la bataille de Tewksbury — elle les exhorte avec une passion verbale rigoureusement conduite, développant le thème du navire dans la tempête, aux voiles emportées, à l'ancre arrachée (c'était Warwick), au grand mât abattu (c'était Montague) — mais au pilote encore vivant : et c'est elle-même, et son fils Édouard, qui vont prendre la barre, braver les lames et les écueils, et conduire le navire au port. Substantifs, verbes, épithètes : rien qui ne soit strictement appelé par le point central de la métaphore : le mât, l'ancre, les câbles, les marins, le pilote, le gouvernail, les agrès, les haubans, les rochers, les sables mouvants, la marée, le naufrage — et les verbes « *blown overboard* », « *swallowed in the flood* », « *splits on the rock* », « *wash you off* », etc. C'est le modèle même de la métaphore cohérente, développée en quarante vers. Nos propres rhétoriciens ne pourraient que se montrer satisfaits, et Shakespeare ne saurait encourir ici le reproche d'incohérence. Mais ce qui manque, c'est le frémissement de la conviction. Emportée par le verbe, Margaret est émue à froid. L'image est proposée à sa passion, sa véhémence s'en empare, mais ne la brutalise point. C'est que l'image vient du dehors, et lui reste extérieure. Ce n'est pas la passion elle-même qui la fait jaillir, qui la brise et la pétrit au grand risque d'incohérence, mais au grand profit de la poésie. Marguerite est une Lady Macbeth avant la lettre, de tempérament aussi vigoureux, de taille peut-être plus grande, mais dont la sensibilité et la faculté d'expression ne sont pas encore éveillées.

Lady Macbeth a, elle aussi, quelqu'un à convaincre, et du courage à infuser — mais c'est d'abord sur elle-même que s'exerce l'incantation. La métaphore n'est plus un simple ornement emblématique, ni une allégorie traditionnelle, ni même un symbole occasionnel.

Elle est une opération vivante de l'esprit, qui puise dans l'univers matériel ambiant la substance dont la sensibilité se nourrit. La nuit, le mal, la cruauté. Je pense ici à la succession d'apostrophes incantatoires de la scène v, acte I, qui s'ouvre par le croassement du corbeau.

Le corbeau lui-même est enroué
Qui croasse l'entrée fatale de Duncan
Sous mes créneaux...

et qui se termine par la fameuse image, si souvent discutée :

« *Ni que le ciel puisse risquer un œil à travers la couverture des ténèbres...* »

Lady Macbeth se sublimise, pourrait-on dire, échange provisoirement sa nature de femme contre une essence raréfiée des forces du mal. L'invocation opère comme une magie, noire s'il en fut, et elle pourra désormais parler cette langue directe, brusque, coupante, tantôt réaliste et banale, tantôt se jouant de la métaphore avec une coquetterie raffinée (*la mémoire, cette gardienne du cerveau ne sera plus qu'une fumée dans l'alambic de la raison*), tantôt encore brutale comme l'acier, inhumaine au-delà de Clytemnestre (*Moi, j'ai donné le sein ; je connais la douceur de l'amour pour un enfant que l'on allaite...*), sans que rien soit inutile, sans que chaque mot, chaque rythme ne soit exactement le mot, le rythme, en accord total avec son émotion, et le plus propre à projeter sur son interlocuteur cet effroi magique qui le lui livre corps et âme pour l'accomplissement de son dessein. Si parfaite, dans ce passage, la cohérence — mais d'un ordre si différent de la tirade de Marguerite — si imperceptibles les artifices du style, si discret l'usage de la métaphore, et pourtant si puissant l'effet de cet équilibre entre la passion et son expression que le commentaire critique paraît vain. C'est que les images, pourtant nombreuses, n'ont d'autre rôle que d'exprimer une sensibilité, en parfait accord avec une situation et un interlocuteur : but suprême de l'expression dramatique.

C'est vers ce point que tend le développement du style dramatique de Shakespeare. L'image, d'accessoire, devient essentielle, tout en admettant des variétés infinies de qualité, de discrétion, d'intensité, de fonction symbolique. On a remarqué depuis peu (et cette constatation a inspiré des études diverses du rôle de l'image — que ce soit Miss C. Spurgeon, M. Wilson Knight, ou E. A. Armstrong) comment l'image donne la tonalité générale du morceau, et même du drame tout entier, comment les images d'une même famille se rassemblent en groupes évoquant des idées analogues, comment telle famille d'images crée d'une pièce à l'autre des correspondances de thèmes, comment, enfin, on pouvait même envisager l'étude d'une pièce comme celle d'une « expanded metaphor » (« déploiement d'une métaphore », Wilson Knight). Toutes ces remarques sont justes, et la seule erreur serait la systématisation trop rigide. Il est vrai que les métaphores relatives à la maladie sont abondantes dans *Hamlet*, que la mythologie aide puissamment à donner à telle autre pièce son caractère d'immatérialité évasive, que certaines images d'oiseaux, d'insectes, ont des connotations symboliques étranges, souvent inattendues et contrastées (ce qui donne plus de force à l'effet tragique), et que les deux pôles opposés autour desquels gravite le monde shakespearien sont les thèmes antithétiques de la Vie et de la Mort, du Bien et du Mal, de l'Ordre et du Chaos, diffus ou concrets dans l'œuvre entière, et qu'ils nous sont révélés dramatiquement par cette fonction poétique de l'image qui s'apparente à une clé métaphysique, ouvrant malaisément le mystère du destin de l'homme entre les deux infinis.

Mais ce n'est point tellement la portée philosophique de l'image qui nous préoccupe, c'est-à-dire la réponse que donnent l'image et son emploi aux questions relatives à la conception du monde moral et spirituel shakespearien — que sa fonction poétique proprement dite ; comment l'image anime le monde sensible, appréhendé à travers elle, et comment elle est suscitée, et colorée, par la sensibilité du personnage, de telle sorte qu'elle ébranle et colore notre propre sensibilité d'une façon analogue. En d'autres termes, comment la fonction poétique de l'image et sa fonction dramatique coïncident si étroitement qu'elles sont indiscernables. Il suffit, ici, de prendre un ou deux exemples pour illustrer ces remarques. Il n'est que le choix d'embarrassant!

Le cinquième acte d'*Antoine et Cléopâtre* est un des sommets de l'art shakespearien, parce qu'à tout instant on y trouve cette fusion intime de l'émotion dramatique et de la vision poétique, qui nous entraîne dans ce monde prodigieux où Antoine mort prend des proportions gigantesques, sous une lumière éclatante. L'imagination de Cléopâtre, portée par l'intensité du sentiment, toute brûlante de sa passion enfin purifiée par la mort, baigne d'une clarté surnaturelle l'univers sidéral où le héros a pris refuge, sans que la femme amoureuse elle-même ait perdu le contact du réel immédiat. Après son mensonge, ruse cruelle de l'amour qui succède à tant d'autres caprices, Antoine meurt vraiment sa mort, erreur tragique mais inévitable, libère Cléopâtre des servitudes de l'amour terrestre, et la conscience fastueuse de la reine, qui, jusqu'alors, évoluait dans le rutilement sensuel de ses coquetteries royales, brusquement aspire à l'immortalité. « *I have immortal longings in me* », dit-elle peu avant de livrer son sein à l'aspic. Mais cette brûlure d'immortalité, déjà son imagination en exprime les effets implicites, lorsqu'elle transpose dans le monde surnaturel les qualités éminentes de son amant. La beauté, la force tranquille, les colères terribles, la bonté, les joies sans flétrissures, la toute-puissance. Antoine mort est déifié, et l'image qui s'offre n'est plus une image de la terre, c'est une image du rêve, intense et précise comme une hallucination, et détachée de l'événement. Étrange dialogue entre Dolabella et Cléopâtre, où celle-ci, sans arrêter son esprit plus d'une seconde à la présence de l'intrus, pose la surprenante question :

Vous riez quand les enfants ou les femmes vous racontent (leurs rêves,
n'est-ce pas votre habitude[1] *?*

Sur quoi elle enchaîne —et, ici, il faut citer le passage tout entier :

J'ai rêvé qu'il y avait un empereur Antoine;
O encore un sommeil de ce genre, pour que
je puisse voir un autre esprit comme le sien!
Son visage était pareil aux cieux : et là
étaient incrustés un soleil et une lune, qui
suivaient leur cours et éclairaient ce
petit rond, la terre...
... Ses jambes s'arc-boutaient
par-dessus l'océan, son bras levé faisait au monde
comme un panache; sa voix avait pour ses amis
l'accord parfait de l'harmonie des sphères. Mais quand
il voulait épouvanter le globe, il grondait
comme le tonnerre. Sa bonté ne connaissait aucunement
l'hiver; elle était un automne que la moisson laissait
plus riche; ses joies étaient comme des dauphins;
elles montraient leur dos au-dessus de l'élément; dans
son cortège, allaient des rois et roitelets; il
laissait tomber de sa poche, comme autant de pièces
d'argent, royaumes et archipels[2].

1. *Antoine et Cléopâtre*, acte V, sc. II, v. 74 et sq.
2. *Ibid.*, acte V, sc. II.

Ce portrait d'Antoine est une des plus étranges réussites du dramaturge ; sa lumineuse inconsistance métaphorique exprime avec un rare bonheur cet émerveillement de l'âme en face d'un objet indescriptible autrement que par l'appel à la fable, émerveillement que la douleur et l'amour rendent possible, et qui pose comme une réalité aussi tangible que le monde matériel l'existence du monde fabuleux où l'amour incomparable de Cléopâtre et d'Antoine rejoindra l'éternité. Dès la première image, « son visage était pareil aux cieux », surgit comme un Antoine-mythe, aussi puissamment évoqué que le mythe du Satyre développé en quelques centaines de vers par Victor Hugo. Projeté en plein ciel d'un seul coup. Avec les attributs de sa grandeur, ce soleil et cette lune, éclairant le petit globe de la terre. Et comme les choses de la terre, précisément, reçoivent leur valeur relative et diminuée — la stature gigantesque se précise : « Ses jambes s'arc-boutaient par-dessus l'océan, son bras levé faisait au monde comme un panache ; sa voix avait pour ses amis l'accord parfait de l'harmonie des sphères. » Mais sa colère grondait comme un tonnerre lorsqu'il voulait épouvanter le globe. Puis, la qualité de l'image change, brusquement, et nous passons de la vision astronomique à la mesure, plus humaine, des saisons terrestres. « Sa largesse ne connaissait aucunement l'hiver » — l'automne, saison de « la douce maturité » (comme dit Keats) convient à cette inépuisable douceur d'Antoine. Et le souvenir des joies associées au registre de la douceur se concrétise sous la forme des dauphins bondissant dans l'élément marin. Puis, pour conclure, de nouveau la grandeur incomparable s'impose : « dans son cortège, allaient des rois et roitelets ; il laissait tomber de sa poche, comme autant de pièces d'argent, royaumes et archipels ».

La grandeur mythique d'Antoine est ici le pur produit d'une ardente imagination qui grandit l'héroïne aux proportions du héros, et prépare la scène de la sublime intronisation de la mort : « Donnez-moi mon manteau, mettez-moi ma couronne, j'aspire à l'immortalité. » En même temps qu'elle exprime la passion la plus dévorante, cette tirade de Cléopâtre exclut toute inquiétude de frustration, et la tendre adoration qui lui donne son rythme caressant et extasié déjà se situe au royaume surnaturel des fidélités éternelles. Comment exprimer, autrement que par ces images, cette insaisissable essence de l'âme de Cléopâtre, qui a de l'insaisissable essence de l'âme d'Antoine cette connaissance instinctive d'un phénomène cosmique se jouant de la création ?

Prenons une autre émotion : celle de la peur. Le Claudio de *Mesure pour Mesure*, condamné à mort, vient de voir s'évanouir la seule chance de salut en laquelle il ait pu quelque temps espérer. Sa sœur Isabelle, promise à la chasteté, lui annonce dans sa prison qu'elle a refusé de payer à Angelo la rançon de sa virginité, qu'elle estime trésor plus précieux que le salut de son frère. Et l'épouvante s'empare de cet homme. C'est alors qu'il tente un plaidoyer déchirant pour émouvoir la froide Isabelle et la convaincre de céder — ce plaidoyer, c'est l'image qu'il se fait de la mort :

Oui, mais mourir, et aller on ne sait où ;
Être étendu dans une gaine glacée et pourrir ;
Ce corps mouvant, sensible et chaud
devenir une glaise pétrie ; et l'âme bienheureuse
baigner dans des torrents de feu, ou résider
dans des contrées grelottantes à l'épaisse carcasse
de glace ; être emprisonné dans les vents
invisibles, et chassé sans repos par de
violentes rafales tout autour du globe suspendu
dans l'espace ; ou être pire que les plus misérables
de ceux que la pensée incertaine et sans
frein imagine hurlant ; — c'est trop affreux !

la vie terrestre la plus lassante et la plus détestée
que la vieillesse, le mal, le dénuement et la prison
peuvent imposer à la nature est un paradis
comparée à ce que nous craignons de la mort[1] *!*

Ce morceau célèbre (qui, plus que tout autre, défie la traduction) réalise cette parfaite alliance de l'imagination poétique et du mouvement dramatique déclenché par une intense émotion. Il est évident que Claudio s'efforce ici à l'éloquence persuasive, et qu'il y emploie toutes les ressources de l'imagination et du verbe. Sa passion maîtresse, la peur, il voudrait l'infuser à Isabelle; il voudrait la convaincre que rien n'est plus redoutable que cet effrayant inconnu de la mort qu'Isabelle, apparemment sans imagination, redoute moins que la perte de son honneur. La mort, l'honneur, ne sont pas interchangeables pour les deux personnages, car c'est de la mort de Claudio qu'il s'agit, et de l'honneur d'Isabelle. Mais la mort pour Claudio prend ce visage terrifiant d'un néant sensible où pourtant subsiste la menace d'une conscience épouvantée. Et ce sont les affres de cette conscience que l'imagination de Claudio s'efforce de faire passer dans les mots. Qu'Isabelle ait peur comme lui, plus peur de la mort que de son déshonneur, et Claudio sera sauvé. Pour enserrer ce néant dans des mots, l'abstrait le plus fuyant se voit pris dans les mailles concrètes des antithèses sensuelles — « *obstruction* » s'oppose à « *motion* », et le froid à la chaleur, comme la qualité sensible s'oppose à l'insensibilité de la motte de glaise que les pluies et le poids ont pétrie. C'est par des mots abstraits « *sensible warm motion* » que Claudio exprime le mieux et le plus brièvement tout l'implicite de la vie : la sensibilité, la chaleur, le mouvement ; et par une image concrète, ce que devient le résidu du corps vivant : « *a kneaded clod* ». Puis, c'est

1. *Mesure pour Mesure*, acte III, sc. I, 116.

le tour de l'âme immortelle que la vie terrestre comblait (*the delighted spirit*), à subir sa métamorphose et son châtiment inconnu mais terrifiant. Deux aspects attendus de l'enfer : les fleuves de feu, et les solitudes glaciaires, évoquées par le surprenant sixième vers. Mais ce n'est pas tout le possible : l'hypothèse s'offre à l'esprit de la prison des vents invisibles entraînant sans répit l'âme coupable dans une ronde effrénée autour du globe de l'univers suspendu dans le vide — et enfin Claudio arrive au bout de l'exprimable, à la limite de ce que la pensée peut concevoir avec précision, ne retenant que les hurlements de douleur : il s'arrête, « c'est trop horrible ».

Ici, la fonction de l'image est bien d'exprimer une réalité dramatique au-delà de laquelle il n'y a plus d'expression possible. L'image traduit le contenu d'une émotion ; elle est une idée ardente, le langage inévitable d'une conscience qui saisit le seul réel qui l'intéresse passionnément et qui nous intéresse : celui du personnage dans une situation donnée. Les sonorités des mots, les rythmes eux-mêmes, sont en accord direct avec le halètement de l'émotion, avec les nuances du ton intérieur : tout contribue à l'effet total. C'est ici que le vers blanc, que nous avons vu si gauche et si mécanique, devient merveilleusement souple et varié.

Je ne suis pas prosodiste, et me garderais de l'être sous la forme attendue qui consiste à user gravement de termes savants. Je ne tiens pas leur science pour inutile, mais je dis qu'ils ne m'ont rien appris s'ils se bornent à me présenter l'analyse rythmique d'un vers dans ces seuls termes savants. Une étude du vers doit toujours aboutir à un jugement de qualité, et de valeur, comme l'étude des tons chez un peintre doit profiter à l'amateur de tableaux. La scansion est une chose, la prosodie en est une autre, et toutes deux sont les servantes de la critique littéraire. Ceci dit, je peux me retourner vers l'épigraphe de ce chapitre et faire mien le jugement de T. S. Eliot en l'appliquant à Shakespeare : « Peu de choses peuvent arriver à une nation qui soient plus importantes que l'invention d'une nouvelle forme du vers. »

Le vers classique français, l'alexandrin, porte une civilisation, c'est-à-dire une forme de la pensée et de l'émotion, qui sont la pensée et l'émotion classiques françaises. C'est un monde particulier qu'il exprime, auquel il donne son visage précis et immortel. Sans le vers de Racine, le siècle de Louis XIV nous fût apparu tout autre, et sans doute aurait-il été tout autre à ses propres yeux. Mais aussi la suite de la littérature française, c'est-à-dire l'évolution de la civilisation française, eût été aussi toute différente. Quoique nous en ayons, nous ne pouvons penser poésie, et grande poésie, hors du concept alexandrin. On a beau le désarticuler et le rouer de coups, c'est lui qui triomphe encore chez nos romantiques, chez Baudelaire, Rimbaud, Valéry, et même Aragon. Non qu'il soit le seul possible, et le seul expressif, mais c'est de ses coupes que toutes les autres formes dérivent, c'est lui qui fixe au maximum la puissance poétique dont la langue française est capable, malgré l'ampleur en trompe-l'œil du décasyllabe, qui a, lui aussi, bien des titres à notre respect.

Mais si le décasyllabe, précisément, en dépit des magnifiques réussites qu'il offre de Scève à Valéry, reste un vers mineur, c'est que le français s'est cristallisé dans la scansion syllabique, au contraire de l'anglais où domine le système accentuel. Chaucer, au quatorzième siècle, nous emprunte le décasyllabe, et ce vers de cinq temps forts et de dix syllabes, va devenir le grand vers anglais. La raison en est simple : c'est qu'à l'intérieur du vers pourra, devra, s'instituer la substitution d'un rythme à trois temps au rythme à deux temps. En termes pédants, le rythme anapestique remplacera le rythme ïambique, toutes les fois que le poète le jugera nécessaire.

Immense avantage, et que la substance de la langue anglaise elle-même imposait. Dans une langue fortement accentuée, en effet, les séquences rythmiques seraient bien vite monotones, et, d'autre part, pour qu'elles fussent respectées, il aurait fallu se servir seulement de mono, ou de disyllabes. Dès qu'un mot de trois syllabes s'introduit dans le vers, l'équilibre risque d'être brisé. Mais ce danger est un bienfait, car l'accent est toujours assez fort pour que l'unité rythmique du vers soit respectée, et on ouvre ainsi la porte à toutes les variétés de combinaisons. C'est par le rythme, autant que par les images, que le vers est expressif. La succession rythmique est un dessin émotionnel, elle décèle une intention, elle impose un état d'âme (*mood*), elle précise une pensée. Pour nous en tenir à des exemples simples, le rythme trochaïque (rythme à deux temps, commençant sur un temps fort) est un rythme énergique, un rythme d'attaque, de marche scandée ; le rythme ïambique (son contraire, le plus fréquent) est plus léger, plus souple, vous porte plus aisément au bout du vers ; le rythme à trois temps, enfin, est celui du bondissement, du galop du cheval, de l'envol — il peut exprimer la joie, l'extase lyrique, les passions alanguies avec plus de force de persuasion. C'est grâce au mélange intime et varié de ces possibilités rythmiques, que le décasyllabe anglais, notre vers blanc shakespearien, est devenu l'instrument le plus parfait d'expression.

Il est, au début, raide et mécanique, et je ne reviendrai pas sur les exemples déjà cités au début de ce chapitre. A mesure que la complexité des personnages exige une forme d'expression plus variée, le vers se fait le docile instrument des nécessités organiques de l'émotion et de la pensée. La rime, d'abord, est peu à peu écartée du jeu dramatique, car elle bloque trop sévèrement le développement de la pensée au bout du vers, tendant à faire de chaque vers, ou de chaque couple de vers, un tout organique indépendant, où triompheront d'ailleurs les poètes de l'école classique (Dryden, Pope et les poètes du XVIIIe siècle) dont l'ambition est de maintenir dans le plus parfait équilibre le système syllabique et le système accentuel. Le vers blanc, par contre, débarrassé de la rime, autorise toutes les formes d'enjambement et toutes les variétés de rythme. La chute de la rime, la brisure du rythme ïambique pur : voilà le vers assuré d'un avenir prodigieux. C'est la sensibilité de l'époque qui va le pétrir, sensibilité, bien entendu, propre à chaque poète, mais qui comporte des traits communs et, comme pour toutes les grandes époques, insère la diversité des talents dans l'unité des perspectives. Le passage d'un vers à l'autre est déjà opéré à la fin du siècle seizième. L'année 1600 est comme une ligne de partage des eaux ; en deçà, les chenaux réguliers aux rives parallèles, au-delà, les mille ruisseaux féconds qui vont, en sinuant, à bonds capricieux, fertiliser l'avenir.

L'œuvre de Shakespeare connaît ce développement, ayant, plus que tout autre, pris l'univers entier pour son champ d'expérience ; il n'est pas étonnant que son vers présente la variété la plus grande. Il va du battement inflexible du pentamètre ïambique jusqu'au paragraphe en vers du *Conte d'hiver*, par exemple, où l'oreille la plus exercée reconnaît difficilement le squelette originel du vers blanc :

PERDITA

... *O Proserpine, passons aux fleurs maintenant, qu'effrayée tu laissas tomber du char de Pluton : les asphodèles qui paraissent avant que n'ose l'hirondelle, et que le vent de Mars couvre de beauté ; les violettes sombres, mais plus douces que les paupières de Junon ou le souffle de Cythère ; les pâles primeroses qui meurent vierges, avant de pouvoir contempler le brillant Phœbus en pleine force, maladie qui souvent échoit aux jeunes filles ; les primevères hardies et la fritillaire ; des lis de toute espèce, et parmi eux la fleur de lis*[1]...

J'ai choisi ce passage précisément pour montrer comment, même dans une simple énumération, même avec le thème traditionnel des fleurs emblématiques que Shakespeare reprend ici comme à la plus belle époque de la poésie d'apparat élisabéthaine, l'instrument d'expression s'est modifié. Je rappelle, pour mémoire, un passage de fleurs dans *Le Songe d'une nuit d'été :*

Je sais un tertre où fleurit le thym sauvage, où poussent la primevère et la violette timide ; tout recouvert d'un berceau de délicieux liserons, de douces roses trémières et d'églantine[2]...

Le passage du *Songe* est purement descriptif. C'est un cadre, un décor que Shakespeare dispose et peint pour y loger ses personnages féeriques. Nous y trouverons Titania endormie. Chaque fleur a son épithète attendue, mais n'a pas besoin d'avoir une personnalité. Le vers se déroule régulièrement, n'ayant à exprimer que la douceur du paysage féerique, émanant de la vision tranquille d'un paysage anglais conventionnel. Ici, la sensibilité du poète n'est en rien préoccupée de faire autre chose que du joli, délicatement. Ni les thèmes de la pièce, ni la personnalité d'Obéron, ni même sans doute l'expérience du dramaturge à l'époque où le *Songe* fut écrit, n'exigent mieux. C'est pourquoi les thèmes, les images, les vers, la musique de la féerie sont ainsi délicats, conventionnels, réguliers et exquis.

Mais avec *Le Conte d'hiver*, c'est une affaire bien différente. Le thème pastoral ici repris s'est chargé d'expérience humaine, comme le discours du berger

1. *Le Conte d'hiver*, acte IV, sc. III, v. 116.
2. *Le Songe d'une nuit d'été*, acte II, scène I.

(*Fie, daughter! when my old wife lived...* act. IV, sc. 4) peut nous en convaincre, et les fleurs, les images, ne sont plus des ornements destinés à enjoliver une description. Leur valeur emblématique est aussi dépassée, et c'est un rôle symbolique qu'elles jouent. Perdita, fille de roi, et bergère, la reine de la fête de la tonte, offre à chacun les fleurs qui lui sont dues : celles de la maturité aux hommes mûrs comme l'été, et celles du printemps à Florizel et aux jeunes bergères. Ce sont les fleurs que Proserpine laissa tomber du char de Pluton, le jour de son enlèvement — asphodèles et violettes, primevères et lis, associées à la fois au renouveau, à la fécondité, à la royauté redoutable, et au danger qui plane sur ces épousailles champêtres et retardera cruellement leur consommation. Le passage cité est riche en demi-teintes, en nuances à peine posées, en tonalités assourdies qui témoignent d'une expérience complexe comme hésitant devant la joie, et pourtant prête à accueillir la somptuosité de la vie dans la plénitude de l'amour.

L'énumération participe de l'adoration extatique et de l'adoration retenue, chaque fleur étant si belle et si expressive qu'il faut à Perdita une ligne mélodique pour chacune, un rythme caressant et plein, qui épuise l'élan de la phrase, et comble l'appel de l'émotion :

... daffodils,
That come before the swallow dares, and take
The winds of March with beauty...

... violets dim,
But sweeter than the lids of Juno's eyes
Or Cyterea's breath;

... pale primroses
That die unmarried, ere they can behold
Bright Phœbus in his strength, a malady
Most incident to maids...

... bold oxlips and
The crown imperial...

... lilies of all kinds,
The flower-de-luce being one...

Une vitalité joyeuse et légèrement ironique sous-tend tout le passage, remarquable dans les répliques qui suivent, où les fleurs dont Perdita voudrait joncher le corps de celui qu'elle aime seraient précisément la jonchée de l'amour, et non de la mort. On mesure, à ce mouvement, à ces images, à la valeur de ces symboles, toute la distance qui sépare le Shakespeare du *Songe* de celui du *Conte d'hiver*.

Nous jouons ici avec des nuances dans la suavité, mais à la musique des mots, au charme des connotations émotives attachées à chaque image de fleur où se rejoignent les saisons et les Dieux, s'ajoute le prix d'un dessin rythmique particulier pour chaque phrase mélodique. « *It has a dying fall* », comme dit le duc d'Illyrie, et cette retombée caressante, suivant qu'elle s'arrête sur une syllabe accentuée, ou se prolonge sur une muette, imprime au dessin rythmique une variété dans la grâce, plus subtile que la rime, exempte de la fadeur des monotones apprêts des « terminaisons féminines », dont abuseront Beaumont et Fletcher. Cet exemple extrême par la ténuité des nuances et la richesse de l'implicite montre quel merveilleux instrument le vers blanc est devenu entre les mains d'un artiste expert et sensible. On pourrait soumettre à pareille analyse tant d'autres passages que l'entreprise dépasserait les limites de cet essai. Ce qu'il importe de souligner, c'est que ce progrès du vers blanc s'accomplit parallèlement à un progrès de l'expérience et de la sensibilité. Il faut à l'artiste des moyens d'expression plus souples à mesure que ce qu'il a à exprimer devient plus complexe, plus difficile à débrouiller, plus délicat.

La maîtrise de la langue ne porte ses fruits qu'avec ce qu'il faut bien appeler la maîtrise prosodique, laquelle n'est pas l'exercice invariable d'une certaine virtuosité (des poètes mineurs peuvent être, et sont assez souvent, des virtuoses), mais bien le pouvoir de trouver à chaque forme de sensibilité une forme d'expression. Et la clé de cette fameuse richesse psychologique qu'on impute à Shakespeare réside sans doute dans sa merveilleuse maîtrise d'expression. Il n'est pour lui d'autre canon prosodique que celui que dicte l'émotion intérieure lorsqu'il est en pleine possession de son génie. Pas plus qu'il n'est de canon mélodique, ni de langage, ni de vocabulaire, ni de rhétorique, qu'il ne puisse infléchir aux exigences du moment dramatique et du personnage engagé. Ainsi le mélange des styles est étonnant dans les pièces de la fin de carrière. Le vers de la *Tempête* s'accommode parfaitement des fantaisies lyriques précieuses de la chanson d'Ariel, Caliban préposé aux malédictions et aux mômeries de Stéphano et de Trinculo articule avec une bonheur surprenant l'éloge le plus rare de la musique la plus spirituelle qui soit :

« *Cette île est pleine de rumeurs, de sons et de doux airs, qui donnent de la joie et ne font pas mal* [1]... »

et les déesses du Masque (Acte IV) s'expriment dans leur langage qui va de la pastorale conventionnelle aux rythmes incantatoires des bénédictions de Cérès et de Junon, tandis que Prospéro, dans un mouvement d'éloquence qui rappelle les plus beaux passages de l'invocation d'une Médée sénéquéenne ramenée aux proportions d'un magicien humain, en des vers superbes d'équilibre et de puissance imagée qui préfigurent déjà la sobriété épique du Satan de Milton, prononce sa formule d'abdication — combien différente de celle d'un Richard II.

1. *La Tempête*, acte III, sc. II, la fin.

Ainsi nous passons de la rhétorique scholastique à la rhétorique organique, de l'image d'apparat à la métaphore vivante, de la pointe verbale ou intellectuelle à la dialectique du cœur, de la prosodie régulière à la licence expressive, de la monotonie grandiose à la diversité tragique des passions les plus personnelles, et cependant les plus universelles. C'est par cette vigoureuse diversité que Shakespeare surpasse tous les autres dramaturges, cette vie qu'il a su donner à la convention, à l'image, à la musique que le vers était capable de porter, à l'expression dont le langage pouvait se faire le véhicule, à la sensibilité qu'il est du devoir de l'artiste de rendre communicable par ce qu'on appelle une œuvre d'art. Reste la substance communiquée — et, sommairement, le chapitre qui suit s'offre à l'examiner dans l'esprit qui nous a guidé jusqu'ici.

TROISIÈME PARTIE

LES THÈMES

On a huge hill
Cragged and steep, Truth stands, and he that will
Reach her, about must, and about must go.

JOHN DONNE.

LES THÈMES

Rares les critiques qui ont résisté au désir d'interroger l'œuvre de Shakespeare afin d'y trouver la révélation de « l'homme » — la plupart ont mené l'enquête avec une curiosité d'autant plus ardente que tant de points de son existence restent obscurs, ambigus, ou controversés. Même ceux pour qui la matérialité de la vie n'a pas l'importance qu'elle revêt pour certains ont succombé à la tentation de suivre à la trace le filigrane biographique qui accompagne la courbe de l'œuvre, aux fins de reconstituer son visage spirituel et moral. Ils se sont efforcés d'établir comme une Carte du Tendre, du Désespoir ou du Sublime, de ses sentiments personnels, une charte de sa foi, une arithmétique de ses goûts, et de ses dégoûts ou une Table de ses idées. On a cherché la « clé » du cœur de Shakespeare tantôt dans les poèmes de jeunesse et les *Sonnets*, tantôt dans les tragédies, tantôt dans les pièces « apaisées » de la fin. On a confronté le texte avec les faits pour en tirer des conclusions péremptoires et hasardeuses ; on a pressuré chaque allusion pour qu'elle livre un secret — Shakespeare, l'homme, est reconnaissable, ici, ou là, à telle inflexion du texte, dans telle tirade, à tel jugement sur la vie, sur la femme, sur l'amour, sur lequel tel événement, ou telle aventure intime (« reconstituée », avec toutes les chances d'erreur) jette une lumière « indiscutable » ;

il croit que... il pense que... il aime, ou il déteste ceci, ou cela — bref, tant de commentaires nous ont offert une biographie « spirituelle », « psychologique », « historique », « métaphysique », ou « symbolique », qu'il serait futile de les examiner l'une après l'autre pour les réfuter, ou de tenter l'entreprise une fois de plus...

Dire que Shakespeare se retrouve dans son œuvre, c'est énoncer une banalité sans ambages. Mais encore convient-il de dire quel Shakespeare on a la prétention de reconstituer. Cet homme mystérieux, dont on ne sait au juste ni quand ni pourquoi il vint à Londres, dont les amitiés et les amours ne sont révélées que par deux dédicaces et de magnifiques exercices littéraires, dont le rôle exact qu'il a joué sur la grande scène élisabéthaine ne nous est connu que par quelques ragots et allusions au sens cryptique et toujours débattu, dont nul n'établira jamais les raisons véritables de sa retraite à Stratford, ni ne saura de quel mal il a souffert au moment des Tragédies du Désespoir, qui oserait avancer avec assurance qu'on peut présenter de lui un portrait ayant quelque chance d'authenticité ?

Loin de moi l'idée d'épouser la querelle des anti-stratfordiens, et de refuser à Shakespeare le droit d'être l'auteur de ses œuvres! Je sais bien que ces critiques vont encore plus loin dans l'art ingénieux d'interpréter les textes et de dégager avec assurance un sens discutable d'allusions ou de données fragiles qui n'en contiennent peut-être aucun du genre de celui qu'on leur attribue. Je crois que le jeu policier qu'ils mènent si savamment est encore plus hasardeux, malgré les trésors d'érudition et d'ingéniosité qu'ils déploient. Mais je suis tout aussi incrédule à l'égard de ceux qui affirment avec le même sérieux que Shakespeare s'est « raconté » dans ses pièces, et que les situations, les personnages, les thèmes ont un rapport étroit avec ses aventures personnelles. Il est bien évident, certes, que l'expérience personnelle a la même importance que les événements contemporains, pour un artiste dont c'est la tâche, précisément, de nourrir son œuvre de cette substance personnelle puisée dans la matière vivante de son temps, et soumise aux accidents contemporains. Une trahison, un amour heureux, tout comme une calamité publique, l'angoisse d'une guerre, ou l'euphorie d'une victoire nationale, peuvent avoir sur lui une influence déterminante. Toutefois, ce qui importe pour le critique ce n'est pas l'événement ou l'expérience en eux-mêmes, mais la transposition qu'ils ont subie. Lorsqu'on peut aller de l'événement à l'œuvre, l'explication de l'œuvre en est grandement facilitée. Mais passer de l'œuvre à l'événement, de l'événement à l'homme, par l'interprétation d'une allusion infléchie dans le sens favorable à une explication satisfaisante, par la créance accordée à la « preuve interne » qui n'est souvent qu'une complaisance psychologique, voilà qui est bien plus délicat. Une allusion polyvalente, un fait incertain, un symbole poétique, se raccordent bien plus souvent par un jeu artificiel (et séduisant) de correspondances forcées que par une nécessité irréfutable. Et la façon dont l'esprit créateur est affecté, soit par la conjoncture historique, soit par l'incident personnel, peut offrir des formes si diverses et si opposées que les critiques devraient s'en tenir à une prudente réserve. La peste à Florence inspire à Boccace une œuvre d'évasion, Gautier fignole *Émaux et Camées* tandis qu'éclate une révolution, de Foe écrit un journal de la peste dont il n'a jamais vu les horreurs, et, par contre, d'autres entreprennent délibérément de raconter, par voie directe ou détournée, leur propre histoire et celle de leur temps. Dans ses grandes lignes, par ses thèmes majeurs, l'œuvre d'un artiste authentique réfracte les préoccupations profondes de l'époque où elle se situe, et c'est là le problème essentiel. Nous pouvons dire, par exemple, que la *Terre Gaste* de T. S. Eliot offre une image émouvante, encore qu'allusive et difficile à déchiffrer, du désarroi spirituel qui a suivi la guerre 14-18, mais nous ne pouvons, sans risquer de faire sourire le poète, inférer de ce poème à sa vie. Une expérience personnelle traduite en termes poétiques vaut par la façon dont elle est exprimée, et, en soi, n'intéresse pas le critique au même titre que le biographe ou l'historien. Lorsque, bien plus tard, les critiques étudieront les thèmes de *La Terre Gaste* (à supposer que les critiques de notre génération leur laissent quelque chose à dire!) ils les rapprocheront de thèmes analogues développés dans des œuvres contemporaines, si diverses qu'en soient les formes d'expression, et ils auront à se préoccuper de la valeur inspiratrice de ces thèmes sur les hommes qui les ont utilisés. Ils auront à les traduire en termes intelligibles pour leur époque, et à montrer comment le poème tire d'eux sa qualité, et son importance, dans la perspective des créations esthétiques.

Il en va de même, je crois, avec Shakespeare, auteur dramatique. Sans doute, il vous induit en tentation pseudo-critique par l'accent de conviction qui tonifie tant de déclarations, et si diverses, de personnages qui, à un moment ou à un autre, pourraient bien être les porte-parole du dramaturge. Et ce n'est pas seulement cet accent de conviction qui prédispose à croire à la présence de l'homme réel derrière le personnage fictif, c'est surtout, peut-être, ce ton de confidence directe perçu à travers le langage familier et poétique, cette qualité profonde de l'émotion, cette façon particulière qu'il a de s'adresser à vous par-dessus son interlocuteur (ironie dramatique), perceptible en tant de passages. Il paraît impossible que ces accents soient purement impersonnels, que ces thèmes ne soient pas vitaux pour l'auteur, que Shakespeare n'ait pas « mis du sien » toutes les fois qu'un problème important se présentait à lui. Mais ce qu'il faut se garder de faire c'est de conclure à l'identité du personnage et de l'auteur, et d'affirmer, par exemple, que Shakespeare est aussi bien Obéron ou Thésée, Mercutio ou Roméo, Ulysse ou Troïlus (sans compter Thersite !), Ariel, Caliban, Prospéro et ainsi de suite, à moins qu'on ne veuille dire que cette identification est du genre de celle qui confond le Révérend Charles Lutwidge Dodgson, mathématicien éminent, et *Fellow* de Christ Church, Oxford, avec Lewis Carroll, qui s'élance avec Alice à la poursuite du Lapin Blanc, ou bien passe avec elle à travers le miroir au pays des données merveilleuses où les inconnues ne s'inscrivent pas sur les abcisses des *x*.

Car, suivant que l'on est touché par la grâce de telle sublime ou subtile sentence, c'est un homme imaginaire que l'on induit du particulier au particulier. Nous voici en présence d'un Shakespeare-Protée, évanoui aussitôt qu'entrevu, ressuscité de ses cendres comme l'oiseau d'Arabie, reflet de l'homme même qui s'acharne à reconstituer son image. La singulière polyvalence de Shakespeare gagne en diversité illusoire suivant le tempérament, la culture, la doctrine du commentateur. Image composite, confuse, puzzle d'enfants intelligents dont les constructions bizarres ne forment bientôt plus qu'un irritant dessin. Émotions, idées, images, dans ce monde extraordinaire, s'opposent avec une égale force qu'elles semblent se confirmer, les jugements se déjugent, les convictions s'annulent, les ambiguïtés prolifèrent, les sentiments, les passions, les vices, les vertus, s'entrelacent, composent le paysage le plus disparate sur une trame de croyances, de conventions, d'acquiescements, elle-même mouvante et insaisissable. Voici qu'on nous présente un Shakespeare catholique, et quelqu'un remarque qu'il n'a pas fait mention une seule fois de la Sainte Trinité ; puis, c'est un Shakespeare démocrate, mais on nous prouve qu'il détestait la populace et qu'il était plus royaliste que le roi. Ou encore, il fait confiance à l'amour le plus éthéré, il exalte l'union parfaite des âmes, il fait parler la plénitude de la passion authentique en accents inoubliables, mais aussi (trahison!) nul plus que lui n'a couvert la femme de plus ardentes injures, n'a peint de couleurs plus haineuses les basses passions humaines, concupiscence sans amour, luxure arrogante et sordide, jalousie criminelle qui se fonde sur le néant, corrolaires inévitables de ce qu'on appelle l'amour. Loin d'exalter la gloire militaire, comme on pourrait le croire après avoir lu *Henri V*, il raille et parodie les héros, qu'ils soient d'origine nationale ou relèvent de l'antiquité — Hector, après un beau raisonnement qui démontre l'erreur des Troyens débattant sur l'opportunité de garder Hélène, conclut par l'absurde qu'il faut la garder, et quelle sanglante satire de la guerre que la contre-partie bouffonne des *Henri IV*, avec Falstaff comme énorme et rayonnant pôle de dispersion. Républicain avec Brutus, politique avec Marc Antoine, pieux et résigné avec les rois malheureux et criminels, provocateur avec Coriolan, blasphémateur avec Timon, dément avec Lear, Machiavel avec tant d'autres, hypocrite et luxurieux avec Angelo, chaste et pathétique avec ses pures figures de jeunes filles, cabotin mélancolique et déréglé avec Hamlet, assassin damné d'enfer avec Macbeth.., il est sceptique, il est sectaire, il est stoïcien, il est tendre, il est terrible, il est tolérant ; il est rageur, il est cynique, il est rêveur. Montaigne et Platon, Ovide et Sénèque, Pétrarque et Machiavel. Homme sage et rangé, plein de sages propos et de superstitions, pédéraste et amant turbulent, ami fidèle, ami prudent, ami déloyal, père attendri, mari cruel, créancier inflexible et donateur généreux — à quelle image s'arrêter!

Mais ne sont-ce pas là vaines questions et pseudo-problèmes? ou, si l'on préfère, n'est-ce pas prendre le problème par son côté le plus trompeur, parce que, sans doute, le plus immédiatement humain? C'est faire route vers l'impasse des conjectures, construire des mythes aussitôt détruits qu'élevés. La véritable personnalité de Shakespeare, c'est celle qui se confond avec sa mystérieuse et omniprésente puissance poétique. Ce n'est pas, en soi, l'attitude qu'il prend en face des problèmes qu'il se pose ou des thèmes qu'il développe, c'est la façon de les traiter, l'accent qui vibre dans sa voix, la qualité de l'image, les modulations du rythme — ce qui fait que Shakespeare est reconnaissable entre tous, moins sec que Ben Jonson, meilleur lyrique que Marlowe, plus vigoureux que Webster, aussi suave que les amoristes patentés, et ainsi de suite, sans que l'on puisse dire que les problèmes abordés, les thèmes traités, les solutions proposées, aient cette originalité déconcertante, et quasi foudroyante, que l'on accorde à quelques baroques, et à John Donne en particulier. On retrouve en lui toute son époque, il est tous ses contemporains à la fois, et cependant aucune confusion n'est possible, il est étrangement *détaché*, unique, souverain.

Si, à cette œuvre exaltante, il nous faut, coûte que coûte, poser une question qui dépasse la simple exigence esthétique, que ce soit du moins une question valable pour la connaissance de l'homme de son temps, et, par conséquence directe, valable pour le nôtre aussi. Il ne suffit plus de dire que les personnages de Shakespeare sont tels qu'on aimerait les rencontrer dans la rue, dans un salon, sur le champ de bataille, ou ailleurs, et faire d'eux ses amis ; non plus qu'il serait extraordinaire de s'asseoir en face de Shakespeare lui-même dans une taverne, et de subir l'envoûtement de ses propos. L'univers qu'il a créé vit suivant certaines lois ; ses personnages sont mus par certaines passions, torturés par certains problèmes, croient, redoutent, aiment, s'agitent, meurent. A mesure que se développe devant lui la perspective animée d'une pièce, que ses hommes et ses femmes s'ordonnent, se meuvent, sur l'espace du tréteau, dans le temps d'une représentation, et dans le cadre d'une convention dramatique, à mesure que la pièce prend corps par l'expression verbale, s'électrise par l'échange des répliques, s'actualise par la vision des mouvements, le jaillissement des images, la perception même d'un accent, d'une musique de la voix humaine, cet univers surgit du néant, se construit, se développe en prolongements réels. Une image de l'homme alors se précise, non pas abstraite, creuse, réduite à sa silhouette, mais pleine, solide, de chair et de sang, qui parle et agit, parle et agit non pas comme un fantôme tiré d'un monde inconnu, mais dans un monde déterminé, substantiel, et qui nous saute aux yeux. Le drame c'est celui de la place de l'homme dans ce monde, du rôle qu'il est appelé à y jouer, de la façon dont il le joue, et des raisons pour lesquelles il le joue ainsi.

Inutile de nous replacer dans un univers psychologique que nous avons partiellement répudié. Le problème des *Henri IV* ou *V*, de *Hamlet*, ou de *La Tempête*, n'est pas un problème psychologique. La vitalité de Hotspur, de Gloucester ou de Coriolan, n'est pas une vitalité psychologique. La vérité est dans la poésie. L'homme et son univers moral et matériel sont transmués en substance poétique. Et les thèmes sont la substance dont la poésie est l'expression. Voilà, je crois, le grand principe dont il est clair pour moi que toute critique shakespearienne, à la suite de la critique anglaise de ces vingt-cinq dernières années, devrait désormais s'inspirer.

Le thème se définit comme le sujet d'un développement, mais il n'est pas un concept pur, pas plus que le développement ne saurait être une pure attitude intellectuelle. Une fois saisi, il implique et conditionne l'engagement de la conscience tout entière du poète, dans cette fusion qu'il opère entre le personnage fictif et sa propre personnalité. C'est-à-dire, dans l'objectivité poétique, tout développement d'un thème comporte une réaction émotive à son égard, qui dépasse la simple adhésion de l'intelligence ou le simple refus de croyance.

Pour un poète, le thème est d'essence dramatique, et il semble puéril d'ajouter qu'il est particulièrement cela pour un *poète dramatique !* C'est pourtant faute d'avoir senti l'évidence de cette proposition qu'on a si souvent pris l'accessoire pour l'essentiel. De l'attitude prise envers les thèmes contemporains, de la façon de les traiter, du rôle qu'on leur fait jouer, se dégage cette conception de l'homme qui est la raison dernière de l'œuvre d'art.

C'est alors qu'on peut parler de « l'expérience » de Shakespeare. Et qu'on peut expliquer cette fameuse « courbe » de son œuvre, qui va des problèmes politiques aux problèmes moraux, de l'angoisse à l'apaisement, du jeu verbal expérimental à l'expression exhaustive d'une conscience qui a vécu, qui va de l'*extérieur* à l'*intérieur* de l'homme. L'œuvre se présente alors avec une richesse surprenante, les caractères prennent tout leur relief, la poésie résonne en accents inentendus. Et c'est vraiment d'un *développement* qu'il s'agit, mais aussi d'un enrichissement, d'un approfondissement de la connaissance. Le secret de l'étrange séduction de Shakespeare, la présence de ce quelque chose qui « appauvrit toute description » et qui paraît être « une connaissance instinctive des racines de l'être d'où jaillissent les phénomènes » [1], c'est dans l'étude des thèmes qu'il faudrait sans doute les chercher.

Thèmes mineurs, thèmes d'apparat, thèmes majeurs, thèmes symboliques ; tantôt inscrits en clair, tantôt développés longuement, tantôt, au contraire, effleurés, suggérés, agents mystérieux des remous souterrains de l'âme ou des grandes décisions, mais partout présents, actifs, solides, substance sans laquelle une pièce ne serait qu'un cadavre ou un automate, une chose vide, morte, et fardée, comme le squelette de *La Tragédie du Vengeur*. C'est le thème qui supporte la réalité humaine, en appa-

1. U. M. Ellis Fermor, *The Jacobean Drama*, p. 249.

rence inexplicable, à partir de laquelle se fait la transmutation poétique, parce que chaque thème pose un conflit que le déroulement des situations doit résoudre. Et l'examen des thèmes soulève tant de questions, projette sur les personnages, sur les situations, les images, le style, une lumière si révélatrice qu'on s'étonne d'y être resté insensible si longtemps.

Ces thèmes ne sont rien d'autre que les « données immédiates de la conscience » du temps. Une conception du monde s'en dégage, et de la place de l'homme dans la création. Outre une « science », cela implique une foi, une politique, une morale et une métaphysique. Dieu, la Création, l'Homme. Ce que l'esprit humain, opérant sa réflexion sur l'univers et sur lui-même, s'attache à connaître ; un jeu de certitudes qui donnent un sens à la vie, au comportement de l'homme vis-à-vis de Dieu, de ses semblables, de lui-même. Encore une fois il ne s'agit pas de prétendre qu'il existe une « philosophie » de Shakespeare, et d'affirmer que Shakespeare écrit ses pièces en fonction de cette philosophie — mais les passions, les attitudes, les actions, les réflexions des personnages sont tout naturellement conditionnés par l'attitude intellectuelle et émotionnelle du temps en face des problèmes que pose l'existence de l'homme dans l'univers. Entre l'œuvre et l'époque, il y a une cohésion instinctive, et comme inhibée, qui se situe bien au-delà d'une doctrine ou d'une foi positives, qui vivifie les personnages, les conventions dramatiques, les idées, les charge de sens, leur donne ce caractère tragique d'une interrogation douloureuse qui pose rien moins que le problème du destin de l'homme, non seulement dans le cadre historique réduit du passé, mais dans la perspective infinie de l'universel.

La notion fondamentale qui régit la pensée médiévale et se prolonge jusqu'à la fin du XVIe siècle, c'est celle d'un ordre et d'une hiérarchie nécessaires et préétablis, présidant à l'enchaînement des vérités éternelles comme à celui des rapports entre les hommes et la Création, et des hommes entre eux. C'est du chaos que la Création est sortie, pour entrer dans un ordre divin, l'homme à sa place, doué de raison, dans un univers fait pour lui, *ni ange ni bête*, mais capable d'atteindre à un équilibre relatif entre ses tendances spirituelles et ses servitudes matérielles, capable de réaliser une unité salvatrice au sein de l'harmonie universelle. Cette notion d'ordre est partout présente dans l'œuvre de Shakespeare, et elle trouve son expression la plus complète dans le fameux discours d'Ulysse reprochant aux Grecs leur échec prolongé devant Troie :

Nous avons négligé les prérogatives du chef...
Les cieux eux-mêmes, les planètes, notre globe au milieu,
Suivent les lois du rang, de la priorité et de la place,
Position, direction, proportion, saison, forme,
Devoirs et coutumes, sur toute la ligne de l'ordre établi ;
C'est pourquoi le Soleil, glorieuse planète,
Trône dans la noble éminence de sa sphère
Parmi les autres ; et son œil salutaire
Corrige les mauvais aspects des planètes néfastes,
Et décrète, avec l'autorité d'un roi,
Sans discussion aux méchants comme aux bons. Mais [quand les planètes
En néfaste confusion errent désordonnées,
Quels fléaux, quels sinistres présages, quelles discordes,
Quelles fureurs de la mer, quels ébranlements de la terre,
Tumulte dans les vents, terreurs, changements et horreurs,
Disloquent et fracassent, déchirent, déracinent
L'unité et la calme harmonie des états,
Jusqu'en leurs fondements ! Oh ! quand l'ordre est ébranlé,
Échelle qui conduit à tous les hauts desseins,
L'entreprise est perdue ! Comment les communautés
La hiérarchie des écoliers et des confréries des cités,
Le paisible trafic de rivage à rivage,
La primogéniture et les droits de naissance,

Les prérogatives de l'âge, de la couronne, du sceptre et des
[lauriers,
Pourraient-ils, l'ordre ôté, tenir leur place propre ?
Supprimez-le, détendez cette corde,
Écoutez-moi cette cacophonie ! Tout désormais se heurte
En pure hostilité : les eaux emprisonnées
Enflent leur sein bien plus haut que les rives,
Et font une bouillie de ce globe solide :
La force écraserait les faibles,
Le fils brutal abattrait son père :
Et la Force serait le Droit — ou plutôt, le Droit et le Tort,
En l'éternel conflit desquels réside la justice,
Perdraient leurs noms, et la justice aussi.
Alors, tout se ramènerait à la force,
La force serait vouloir, le vouloir appétit ;
Et l'appétit, ce loup universel,
Doublement secondé par le vouloir et le pouvoir,
Ferait fatalement sa proie du monde entier,
Jusqu'à se dévorer lui-même [1].

A l'ordre cosmique correspond un ordre de la communauté humaine, clairement exprimé par la bouche de l'archevêque de Cantorbéry dans *Henri V* (pour ne prendre qu'un exemple) dans la minutieuse comparaison qu'il développe entre une ruche et la communauté des hommes :

Elles ont un roi et des officiers de tous rangs...

et correspond aussi un ordre dans la conscience même de l'homme. C'est la non-observance des règles fixées qui entraîne la rupture d'équilibre et les calamités, à la fois dans l'ordre cosmique et dans l'ordre humain. Car la correspondance est étroite entre les ordres cosmiques, naturels et humains, et l'homme, microcosme, est soumis

1. *Troïlus et Cressida*, acte I, sc. III, v. 78 et sq.

aux mêmes lois strictes qui conditionnent l'équilibre universel. La menace tragique qui pèse constamment sur le destin des royaumes comme sur celui des individus, c'est précisément celle d'une rupture d'équilibre provoquée par une poussée trop lourde des forces du désordre sur un des plateaux de la balance.

Or, la fin du XVIe siècle, comme toute époque de transition, voit se désagréger cette conception harmonieuse du monde qui, malgré les dérèglements et les conflits qui pouvaient la mettre en danger, n'avait pas encore été sérieusement entamée. La science, la philosophie, la morale et la politique (ou la morale politique) sont venues peu à peu saper les bases de cet édifice optimiste. Une cosmologie nouvelle, avec Copernic, détrône la terre de sa position centrale dans l'univers cosmologique et toute l'harmonie des sphères en devient discordante. Montaigne porte un rude coup à la supériorité de l'homme dans la hiérarchie des êtres vivants, dans sa terrible et souriante *Apologie de Raimond Sebond*, et nous avons vu dans un des premiers chapitres l'influence démoralisante (au sens propre du terme) de Machiavel. « Où est la vérité? dit Pilate, en plaisantant — et il n'attendit pas la réponse. » La constatation de Hamlet, après son entrevue avec le fantôme — *this time is out of joint* — peut servir de symbole pour l'époque tout entière : c'est bien en effet une disjonction qui s'opère, un cadre qui s'effrite, un équilibre qui se rompt, et ce sont les aventures de l'âme humaine décontenancée, inquiète, hésitante, désespérée, à la recherche d'une foi, d'un ordre nouveau, de nouvelles raisons d'espérer, qui font la substance de la tragédie. Lorsque les valeurs séculaires qui ont jusqu'alors donné son sens à la vie menacent de s'effondrer, c'est le destin de l'homme qui est en question, c'est son intégrité elle-même qui court le risque de disparaître. Avec plus ou moins de lucidité, chaque époque d'incertitude ressent cette angoisse, cette peur, et les exprime à travers ses techniques. Sensibilité et pouvoir d'expression collaborent pour fixer dans l'œuvre d'art une image de ce désarroi, de cette fièvre : l'artiste marque cette image de son empreinte. Et mieux encore, lorsque sa forme d'expression est la forme du drame, où les matériaux sont les hommes et les femmes pour qui ces problèmes se posent avec l'urgence d'une décision qui les pousse à l'action et qui, chaque fois, exige de leur conscience une réflexion personnelle, un examen lucide de la portée, des conséquences de leur action, examen qui peut d'ailleurs se situer *après* l'action, lucidité qui peut avoir pour seule efficacité d'établir, au moment de l'irréparable, une nouvelle échelle des valeurs.

Ce qui fait la grandeur émouvante et unique de Shakespeare, c'est qu'il a, tout au long de son œuvre, et comme instinctivement, enchaîné ses personnages, du plus haut au plus bas, à la crise politique et morale qui, péniblement, enfantait le monde à venir dans lequel l'homme, aux prises avec ses passions, ses faiblesses et ses vices, était tout de même assuré de retrouver une place digne de lui, parce qu'il est l'homme. Et cette diversité infinie que Montaigne découvre à chaque étape de son érudite méditation et à chaque pas de son impitoyable analyse de soi-même, Shakespeare la trouve aussi dans les innombrables personnages qui s'agitent dans l'univers que son imagination de dramaturge fait se mouvoir sur les tréteaux. Il n'est, sans doute, aucune situation dans laquelle homme puisse se trouver, aucun problème qu'il n'ait eu à résoudre, aucune réflexion, aucun « état d'âme », aucune fluctuation de la conscience, dont il n'ait tiré profit. Ce sont les frontières mêmes de la liberté de l'homme que Shakespeare a essayé de reculer jusqu'aux limites indécises entre la démence et le stoïcisme, le crime et la générosité, le don de soi et le durcissement de l'âme devant la mort. Il le fait en homme de la fin du XVIe siècle, et cependant quelque chose en lui transcende son temps, peut-être, après tout, parce que la grande affaire ce n'est pas la façon dont les problèmes sont résolus, mais celle dont ils sont posés, et l'intensité avec laquelle ils se présentent à la conscience de qui les doit résoudre.

Cette notion d'ordre que nous trouvons partout dans Shakespeare, qui hante les pièces politiques, les grandes tragédies, et qui n'est pas exclu non plus, bien loin de là, des comédies, c'est elle qui donne à l'œuvre sa cohérence comme sa raison d'être tragique. Cette autre notion, aussi, sensible à travers tant de comparaisons et d'images, d'une correspondance, et même d'une similitude symbolique, entre l'homme, le corps de la communauté humaine, et l'univers, survivance nostalgique de la pensée du Moyen Age, constitue l'arrière-plan encore stable, mais dangereusement menacé, devant lequel se joue la tragédie humaine. Un caprice, une passion, un crime, et ce peut être la ruée des forces de confusion qui vont, pour un temps, obscurcir le soleil, couvrir la terre et l'âme de l'homme de nuées impénétrables, au sein desquelles la violence, l'injustice, le mal, se donneront libre cours. Jusqu'au moment où le crime payé, le facteur du mal abattu, les forces du désordre vaincues ou apaisées, le soleil à nouveau brillera, et l'équilibre *naturel* sera rétabli. Lorsque les passions se déchaînent, lorsque la nuit est particulièrement maléfique, et la tempête violente, les proportions de cette agitation et la qualité de cette démence sont toujours qualifiées de « *unnatural* » — contre-nature, ou anti-naturelles (le français n'a pas de terme pour qualifier cette *absence*, ce retrait de la *nature*). Et c'est bien cela qui est insupportable à la création, devant quoi l'esprit s'effare, parce que c'est le retour au chaos, négation même de la création, où toute vie est impensable et impossible, où la souffrance n'a plus de sens. Pour l'individu, comme pour la communauté. Pour le roi, comme pour le sujet.

Les pièces historiques, dans leur ensemble, peuvent être considérées comme la tragique illustration, simple au départ, mais qui gagnera en complexité, de ce thème d'un ordre compromis, et même bouleversé, par une dérogation aux lois naturelles. Déjà sensible dans la première série (celle des *Henri VI*), le thème se développe et se précise dans les *Henri IV*, et peu importe ici, pour la valeur générale de cette constatation, que *Richard III*, par exemple, anticipe chronologiquement (sinon historiquement) sur la résolution de la crise. Déjà, dans le premier *Henri VI* (même si Shakespeare n'est pas responsable de toute la pièce), ce sont les puissances du désordre qui vont créer la confusion : querelles des grands autour du prince, absence, chez ce prince, des qualités qui font vraiment un roi, action maléfique de la sorcière Jeanne qui vient à bout de la vaillance et de l'honneur d'un Talbot, et qui se prolonge, symboliquement, par l'entrée en jeu de la Française Margaret, autre personnification des forces de la sorcellerie. Le féroce appétit des maisons rivales, acharnées l'une contre l'autre pour recueillir la succession d'un roi généreux mais pusillanime, ravage le beau royaume d'Angleterre, devenu sanglant champ de bataille, où trahisons, crimes, rébellion font rage, où culmine le désordre dans le symbolique combat qui oppose le fils à son père, et le père à son fils, sur une terre qu'éclaire seul un soleil ensanglanté. Mais aussi dans ce chaos triomphal du mal se forge et s'aiguise l'âme damnée qui en est l'expression symbolique, le pur produit nécessaire, la perle noire éclatante, ou plutôt, pour ne pas dépouiller Gloucester des qualités bestiales que ses ennemis lui décernent, le crapaud venimeux, le chien difforme, l'ignoble démon. On voit Gloucester surgir et s'épanouir dans les deux dernières parties de la trilogie des *Henri VI*, pour parvenir, au sein du désordre qu'il aggrave et dont il profite, à sa perfection de force mauvaise, dans la pièce qui lui est consacrée à lui seul. Là, toutes ses forces sont tendues vers l'établissement, puis la conservation d'un ordre personnel, fondé sur le mal, issu du mal. Mais la stabilité d'un tel ordre est illusoire, et ce qui le rend tel, c'est précisément le rétrécissement progressif du domaine où un tel ordre peut régner. Le plus grand ennemi de Richard, ce n'est pas l'investissement de la haine, c'est la terrible solitude où il aboutit, c'est ce face à face avec lui-même à quoi se réduit sa victoire :

Qu'est-ce que je crains ? Moi-même ? Je suis tout seul ici. Richard aime Richard ; c'est cela, je suis moi. Est-il ici un assassin ? Non. Oui, moi. Alors, fuis ! Fuir qui, moi-même ? Belle raison ! De peur de me venger. Quoi, sur moi-même ? Hélas, je m'aime. Pourquoi ? pour quelque bien que je me suis fait moi-même à moi-même ? Oh, non, hélas ! je me hais bien plutôt pour toutes les horreurs que j'ai moi-même commises [1] *!*

où il prend conscience de l'insoluble contradiction qui est en lui. (Identique position, et même sentiment chez Macbeth un peu plus tard, mais exprimés avec une toute autre puissance poétique, parce que Shakespeare aura développé son style dramatique et enrichi son expérience.) La nuit qui avait paru se dissiper à l'avènement d'Édouard IV,

L'hiver de notre déplaisir s'est transformé en radieux été sous ce soleil d'York ; et les nuages qui menaçaient notre maison sont engloutis aux abîmes de l'océan [2].

s'épaissit à nouveau, et au matin de la bataille de Bosworth le soleil se cache :

LE ROI RICHARD

... *Ratcliff !*

1. *Richard III*, acte V, sc. III, v. 182 et sq.
2. *Ibid.*, acte I, sc. I.

RATCLIFF

Monseigneur ?

LE ROI RICHARD

On ne verra pas le soleil aujourd'hui;
Le ciel est sourcilleux et boude à notre armée[1]...

tandis que Richmond, le ministre des forces du bien, l'envoyé de Dieu pour rétablir l'ordre, pour faire régner la justice et la paix, réconcilier les maisons rivales et guérir la maladie de l'Angleterre, invoque calmement, avec des accents religieux et soumis, Dieu Tout-Puissant, au seuil d'une nuit qui sera peuplée pour lui de rêves bénéfiques :

O Toi, dont je m'estime le capitaine,
Jette sur mon armée un regard favorable[2]...

« *J'ai dormi du plus doux sommeil, et j'ai fait les rêves du plus bel augure, Messeigneurs, depuis votre départ, qui soient jamais entrés sous un front endormi*[3]. »

La figure de Richmond n'est encore qu'une allégorie du roi idéal, à peine vivante, de même que celle de Richard, malgré ses ruses, son agitation et son allant, précisément parce qu'elle est trop engagée dans l'action brutale et immédiate, reste encore loin de la complexité de celles qui suivront. La technique dramatique se ressent ici de la chronique et de la moralité, tranches d'histoire resserrées mais linéaires, équilibre presque rituel de bien des scènes, emploi constant de l'analogie symbolique, conflit évident des forces du bien et du mal, renversement des situations. Mais dans la seconde trilogie, où le problème reste le même, nous aurons un

1. *Ibid.*, acte V, sc. III, v. 281.
2. *Ibid.*, acte V, sc. III, v. 98.
3. *Ibid.*, acte V, sc. III, v. 227.

enrichissement considérable des caractères et des thèmes — plus fouillés les caractères, plus complexes les thèmes — qui montre le stupéfiant progrès accompli par le dramaturge en peu d'années. Reprenant à la fois le conflit de l'ordre et du désordre, et l'étude de la figure idéale du roi, Shakespeare amplifie la tragédie par le contre-point ironique et bouffon de ses figures populaires dont Falstaff est le héros. De même que la trilogie des *Henri VI* a comme épilogue le triomphe avorté de l'avorton Richard, ainsi la trilogie des *Henri IV* a comme prologue la douloureuse et courte carrière de *Richard II*.

Richard II, c'est l'histoire du crime initial, c'est aussi la peinture d'une figure de roi qui attire sur lui, et sur l'Angleterre, un siècle de guerres civiles et de désordres sanglants, par son immobilité au sein de l'illusion. On a dit (et le paradoxe est séduisant) que Richard II préfigurait Hamlet par sa propension à la méditation, cette façon qu'il a de se délecter au jeu des analogies verbales, de confondre l'illusoire avec le réel, de reculer sans cesse devant l'action. Le rapprochement toutefois est superficiel, d'abord parce que Hamlet absorbe plus de réel qu'une conception romantique de son caractère ne porte à le croire, ensuite parce que Richard se fige volontairement dans une conception *formelle* de son rôle de roi qui ne correspond pas au réel. Roi d'un âge reculé, il croit que sa qualité sacrée de roi de droit divin va mettre à sa disposition les cohortes des anges pour lutter contre les rebelles, alors que les armées chimériques ne tiennent pas contre de vrais soldats. Son ennemi, le réaliste Bolingbroke, ne parvient pas à dissiper cette illusion, même s'il met les anges en déroute. Mais il commet le crime capital de régicide, crime qui pèsera sur sa conscience et sur son règne, crime irrémissible pour lui, malgré sa tentative de le racheter par une croisade, malgré son désir sincère de gouvernement généreux et juste. Il ceint la couronne, mais il entre dans le malheur, et il entraîne un siècle d'histoire après lui. Vieux roi malade et découragé, déçu par son fils, le compagnon déréglé de Falstaff, en butte aux rébellions, son royaume est dans le chaos jusqu'à sa mort. Le Prince Hal, le futur Henri V, commence sa vie dans le désordre, mais il possède les qualités vraiment royales qui lui permettent de toucher la poix sans être souillé. Il est sans doute la meilleure approximation du roi idéal que Shakespeare ait tentée, et c'est lui qui joue le mieux son rôle de roi. Toutefois — et ici intervient cet enrichissement du caractère qui le distingue de Richmond — ce soleil n'est pas sans taches, et ce roi n'est pas sans défauts. Le thème de la royauté est ici traité à fond, et le caractère de roi mis à l'épreuve devant les problèmes qui dépassent la simple possession de la couronne et que soulèvent à la fois l'exercice du pouvoir et le drame intérieur de la conscience d'un homme en sa qualité de roi. La conversion du Prince Hal est qualifiée de miraculeuse, et ne va pas sans un certain calcul politique, qui exclut la pure spontanéité en face des devoirs royaux ; son attitude avec Falstaff est empreinte d'une dureté inexplicable qui nous laisse un malaise ; il pose le problème de la responsabilité de la guerre par lui déclarée en termes évasifs, comme pour l'éluder et la faire retomber sur la France, ce qui met apparemment sa conscience à l'aise — mais en réalité c'est sa passion plus que sa raison qui décide ; sa colère, une fois soulevée, fait éclater la frêle enveloppe de sage humilité, et l'orgueil parle en termes arrogants,

> *Mais je m'y dresserai plein d'une gloire si éclatante, que j'éblouirai tous les yeux de France...* [1] »

Il rejette sur les citoyens de Harfleur (une fois de plus, il se soulage) la responsabilité du pillage et de tous les

1. *Henri V*, acte I, sc. II, v. 278.

maux déchaînés par la guerre dont il a pleine conscience, mais, dans la fameuse veille de la bataille d'Azincourt, éclate le conflit entre le roi et l'homme, où le roi cherche en vain cette « aise du cœur » dont jouit l'homme privé, et sent peser sur lui le poids du remords qui oppressait la conscience de son père. Tout en faisant au sentiment patriotique et à la gloire du roi les concessions nécessaires, Shakespeare laisse entrevoir, dans les méditations et les soliloques du roi, par les réponses dénuées d'artifice de ses interlocuteurs dans la nuit de la bataille, et, aussi, par les réflexions cyniques des sordides acolytes d'un Falstaff refroidi, que le problème politique, lié au problème moral, est loin d'être résolu par une campagne victorieuse et un mariage aux heureuses conséquences pour le pays. Ce n'est point de Richard II qu'il faudrait rapprocher Hamlet, mais bien du roi Henri V, à cause de cet élément d'inquiétude qui ne le quitte guère, par ces vues assez sombres de la nature humaine, par cette constante interrogation de la raison soucieuse qui oppose sans cesse la violence à la maîtrise de soi, la générosité au caractère implacable des devoirs impersonnels du souverain, le dérèglement des passions à l'équilibre harmonieux qui est l'idéal nostalgique et inaccessible vers quoi tendent éperdument et le roi et le sujet. Déjà, chez ce prince, rôde la présence troublante des mauvais démons intérieurs qui vont s'épanouir dans les grandes tragédies. Déjà se pose aussi le problème de l'apparence et du réel, qui est bien davantage qu'un problème psychologique, puisque, de la solution qu'on lui donne, que ce soit simple prise de position intellectuelle ou prise de responsabilité effective par le comportement, dépend, en dernière analyse, le sens même que l'homme donne à la vie.

De pièce en pièce, d'ailleurs, les thèmes font corps de plus en plus étroitement avec les personnages et les situations. Chaque drame, chaque comédie pose un ou plusieurs problèmes, qui ne sont pas seulement ceux vers la solution desquels s'achemine le dénouement, mais le fruit d'une application toujours plus sérieuse de la pensée, secondée par l'émotion, aux aspects variables à l'infini de la condition humaine. Nous ne pouvons ici qu'effleurer cette évolution (qui demanderait à elle seule un volume) et glaner au passage quelques indications avant d'arriver au terme où Shakespeare juge bon de l'arrêter. Shapespeare cherche à atteindre la réalité humaine dans ce qu'elle a de plus authentique et de plus profond. Une pièce expérimentale comme *Peines d'amour perdues*, qui appartient à la première période, témoigne déjà de ce souci, malgré l'apparente légèreté du sujet. Quatre hommes ont formé le projet de consacrer chaque heure de leur vie à l'étude, au détriment de tout autre besoin humain. Quelle que soit la noblesse du but à atteindre — la Navarre sera la merveille du monde! — cette claustration volontaire ne résiste pas aux assauts du désir. Les quatre hommes ne sont pas immunisés contre l'amour. Et lorsque, honteux, ils se reconnaissent parjures, c'est à l'amour que le plus subtil d'entre eux décerne le mérite de conduire l'homme à son total épanouissement :

Mais l'amour, enseigné par les yeux d'une femme, ne reste pas tout seul muré dans le cerveau, mais, avec la mobilité de tous les éléments, vole aussi vif que la pensée en chacune des facultés, et donne à chacune faculté double, qui surpasse leur fonction et leur rôle propre [1]...

L'amour, pourtant, n'apparaît ici que badinage, bien que la comédie se termine sur une note grave, et que Rosaline préfère mettre Berowne à l'épreuve de la souffrance (elle l'envoie dans un hôpital) plutôt qu'à celle du savoir. L'intégrité de l'âme toutefois n'est pas ici en question, pas plus qu'elle ne le sera dans la tragédie de *Roméo et Juliette*, où rien n'entame la foi, l'optimisme,

1. *Peines d'amour perdues*, acte IV, sc. III ,v. 327.

et la splendeur de l'amour, malgré le « lamentable » échec de ce couple d'amants parfaits. C'est à une cause extérieure à eux-mêmes que revient la responsabilité de cet échec : ils seront à jamais les victimes des astres (*star-cross'd lovers*), et ils meurent sans malédictions. Le mal n'a pas encore pénétré dans la conscience du personnage — *le mal et sa conscience,* qui font les révoltés des grandes tragédies.

C'est un lieu commun de noter l'assombrissement progressif qui gagne le théâtre de Shakespeare à l'aube du siècle dix-septième, et que l'on perçoit également ailleurs que chez lui. Le mélancolique Jaques de *Comme il vous plaira,* personnage douteux, et que Shakespeare traite avec plus d'ironie que de sympathie, manque de vitalité et d'équilibre. On aurait des réserves à faire aussi sur l'Antonio du *Marchand de Venise,* ou sur la singulière héroïne de *Tout est bien qui finit bien.* Dans *Le Marchand de Venise,* la silhouette inquiétante de Shylock conduit bientôt l'action au point dangereux où elle frôle la tragédie, tandis que se dégage, entre les thèmes de l'apparence et du réel, des richesses matérielles et des richesses spirituelles, le thème majeur de la pièce, celui de la grâce, fille de l'harmonie universelle, mise au défi par la lettre aveugle du droit au service de la cruauté et de l'esprit de vengeance : la bête contre l'ange, lutte où cependant l'ange triomphe encore, non sans malice souriante, malgré les dangers courus.

Les comédies brillantes elles-mêmes ne sont pas exemptes d'une certaine angoisse voilée, et peut-être un jour faudra-t-il reconsidérer le jugement courant qui leur assigne une place de choix dans l'insouciance amusée et l'indifférence aux problèmes sérieux qui semblent caractériser l'esprit du poète lorsqu'il les composa. *Beaucoup de bruit pour rien* est une pièce bien plus grave qu'on ne veut communément l'admettre, même si la mort de Héro est feinte, même si le « villain » n'est qu'un auxiliaire dont l'étude n'est pas poussée très loin, même si la comédie se termine par une réconciliation générale. Bénédict et Béatrice se révèlent à la réflexion autre chose que les escrimeurs d'élite qu'on voit en eux, et leurs vives passes d'armes ne sont que le miroitement superficiel d'une attitude bien plus sourcilleuse en face des problèmes que posent l'amour et la société dans laquelle ils évoluent. Quant à la *Nuit des Rois*, si délicieuse, si veloutée qu'en paraisse l'atmosphère, l'inquiétude n'en est pas absente, le ton de certaines scènes est franchement en marge de la comédie, et on en retrouvera les échos aggravés dans les pièces ultérieures. Je crois d'ailleurs que l'attitude française à l'égard des comédies de Shakespeare a, dans une large mesure, été conditionnée par notre attitude à l'égard du théâtre de Musset. Il est curieux de voir comment, à force de nous entendre dire que Musset est le dramaturge français le plus apparenté à Shakespeare, nous en sommes venus à projeter sur le modèle le jugement que nous portons sur l'imitateur. La ressemblance, en vérité, est toute de surface, et l'analogie dangereuse à pousser trop loin. L'indigence de la pensée de Musset, malgré le pétillement de l'esprit et l'habileté d'une technique qui a toutes les apparences du naturel, devrait rendre le critique plus prudent.

La note grave se précise, et l'importance accordée aux thèmes majeurs est évidente, dans la tragédie de Jules César, où il ne faut pas nous laisser induire en erreur par l'atmosphère dite « romaine ». Ce qui est en cause, dans *Jules César*, plus qu'un problème politique « romain » dont la « romanité » n'est que l'accident, c'est, une fois de plus, mais avec quelles profondes résonances dans le personnage de Brutus, le thème du conflit de l'ordre et du désordre, du bien et du mal, présentés sous les apparences d'un conflit entre le sentiment de l'honneur et la séduction d'un crime commis pour la « raison noble ». Ce n'est pas sans raison que les mots

« honneur », « honnête », « honorable », reviennent si souvent sur les lèvres des personnages, tantôt avec leur sens positif, tantôt comme une antiphrase, saturée, par accumulation, d'ironie destructive. Chez ce héros malheureux — je veux dire Brutus — la pureté des intentions se ternit au contact de l'illusion politique, et la recherche de la liberté s'empêtre dans les maillons sanglants d'un régicide où sombrent l'honneur, la paix de la conscience et l'ordre public. Dans une atmosphère de présages, de superstitions et d'orage, la pure conscience de Brutus se débat et succombe aux insinuations du mal, qui lui présente la mort de ce héros peu sympathique — et même taré — Jules César, comme la seule solution conforme aux principes de la justice et de la liberté. Toute la tragédie n'est rien que la lente dégradation de la conscience de Brutus, avant et après le crime, sans qu'il perde d'ailleurs le droit à notre estime et à notre admiration. Brutus accumule les défaites après les scrupules, et tout se passe comme dans une vision de cauchemar qui n'est pas sans préfigurer la proche tragédie de *Macbeth.* Ici, également, la nuit est la grande et redoutable matrice où grouillent les germes du mal et les fantômes, où l'âme est assaillie tandis que le corps frissonne, où les plus étranges contrastes — terreurs avouées, nostalgie de l'harmonie, désir d'évasion, refuge dans un stoïcisme individuel alors que tout est perdu, et, dans le désordre déchaîné, l'ordre futur se prépare qui fera justice des chimères du mal, pour un temps vainqueur.

Mais *Jules César* n'apparaît pas comme une tragédie de l'universalité. Peut-être que le thème de l'honneur pur y est trop accusé, peut-être que l'ensemble de la tragédie, malgré la grandeur de certains passages, reste trop l'exposition d'un drame individuel étroitement lié à un événement historique fameux, que trop de célébrité précisément *désindividualise.* C'est *Hamlet* qui apparaît comme le premier drame shakespearien, pouvant prétendre à la fois à l'extrême individualité et à l'universalité. La lutte, ici, entre l'homme et son destin, l'homme et les pièges que lui tend le mal, l'homme et ses fantômes, ses tentations et ses contradictions, passe sur le plan élevé où elle peut prétendre représenter symboliquement l'homme tout court. A la faveur d'un fait divers anecdotique, axé sur le thème de la vengeance, Shakespeare écrit une tragédie démesurée. Démesurée, mais imparfaite, parce qu'elle part dans tous les sens, et que les efforts pour la réduire à l'unité, malgré le personnage central, resteront vains. Mais cette imperfection même est le signe d'un intérêt nouveau et approfondi, l'effet d'une conception du monde et de la nature de l'homme bouleversante, qui sans cesse dépasse le cadre où la simple technique dramatique voudrait la contenir. C'est que le drame se passe dans la conscience de Hamlet, et que toute l'agitation extérieure, tous les événements qui sont l'armature de la pièce se réduisent à la représentation symbolique d'une agitation intérieure que nulle action ne résoudra, que nulle décision n'apaisera. Le thème profond, sous prétexte de vengeance, n'est rien d'autre que la nature même de l'homme, confrontée avec les problèmes moraux et métaphysiques grâce auxquels elle se définit — l'amour, le temps, la mort, peut-être même le principe d'identité, le problème même de l'existence et de la qualité, pour ne pas dire de « l'être et du néant ». Le choc que reçoit Hamlet à la mort de son père, et au remariage de sa mère, déclenche l'assaut des questions pernicieuses à la paix de l'âme, et la révélation du fantôme déclenche celui des réponses corrosives. Le monde change de couleur, la vie de signification, l'amour est dépouillé de sa spiritualité, la femme de son prestige, l'état de sa stabilité, la terre et le ciel de leurs séductions. C'est, par la soudaine irruption du mal, une réduction du monde à l'absurde, de la douceur à l'amertume, de la raison à la folie. Maladie contagieuse qui s'étend de l'homme au royaume, du royaume à la voûte céleste :

« *Il en va si péniblement avec mon caractère que cette belle sphère, la terre, me paraît un promontoire stérile ; ce dais si magnifique, l'air, voyez-vous, ce splendide firmament qui nous surplombe, ce toit majestueux incrusté de feux dorés, ne me paraît rien d'autre qu'un ignoble et pestilentiel assemblage de vapeurs* [1]. »

Hamlet, passionnément, enquête sur l'ordre humain, social et cosmologique, parce qu'un événement s'est produit de nature à disloquer sa conscience et à ébrécher sa foi. Le choc reçu le pousse à l'impitoyable logique du doute, son hyper-sensibilité (il est atteint de « mélancolie ») sécrète désormais le dégoût et le mépris, son intelligence lucide opère une diabolique analyse des valeurs faussées par l'intrusion, dans le monde harmonieux au sein duquel il était lui-même naguère.

« *L'espoir et la rose de ce bel état, le miroir de la mode, et le moule de l'élégance* [2]. »

de l'impossible, de l'impensable — et le travail de démolition se poursuit avec un frémissement rageur qui n'épargne rien. Il est curieux de voir avec quelle application soutenue, dans ses nombreux monologues, l'esprit de Hamlet appuie sans cesse ses raisonnements sur des antithèses qui ne sont figures de rhétorique qu'en apparence. Il a toujours au fond de lui la nostalgie d'un cadre, d'une noblesse, d'une spiritualité que la raison aussitôt dément, et il se livre au jeu de massacre avec une joie sauvage, une méchanceté rusée, une insensibilité intellectuelle qui font de cette gymnas-

1. *Hamlet*, acte II, sc. II, v. 303.
2. *Ibid.*, acte III, sc. I, v. 155.

tique prodigieuse de l'esprit un argument de choix pour les partisans de la folie de Hamlet. Mais Hamlet n'est pas fou. Ce simulateur reste maître de sa simulation, et c'est son intelligence aiguë qui déconcerte. Intelligence aiguë du mal, haine du mal par conséquent, qui emprunte au mal ses armes pour le vaincre, qui n'a d'autre ressource que de faire le mal. La raison, subitement, se fait l'esclave de la passion, et l'homme souverain devient bête malfaisante. D'où, cette cruauté inouïe, ces blasphèmes, ces crimes. La scène avec Ophélie, celle, plus loin, avec Gertrude, sont de celles que l'on supporte difficilement. Même les rudoiements et la frénésie d'Othello, qui vitupère et tue l'innocence sont moins douloureux que les invectives dont Hamlet se complaît à souiller Ophélie. Le destin de Desdémone est moins cruel que celui d'Ophélie, car sa mort n'est qu'injustice contre laquelle la raison se révolte en lui opposant, précisément, la justice ; mais celui d'Ophélie est irrachetable, même par la raison, car le mal est souillure de l'âme, et cette innocence est pollution dans l'inconscience. Quant à la scène avec Gertrude, elle passe les limites de ce qui est possible au théâtre. Ici éclate la haine du sexe en termes jusqu'alors inentendus et qui ne trouvent d'équivalents que chez certains romanciers modernes, américains notamment. Insupportable, parce que le sarcasme nauséeux s'exerce contre sa mère, parce que la violence de l'imagination sensible attribue à l'être tabou par excellence les excès passifs de la bête, et l'hypocrite comportement de la femme perdue. Hamlet évoque avec une complaisance haineuse les relents des draps souillés, la sueur fétide d'un inceste qui est une désécration, et il y faut l'intervention du fantôme pour le rappeler à plus de décence. Hamlet passe ici les bornes, et le chaos mouvant d'une pensée désagrégée semble retrouver, dans son horreur de la bestialité sexuelle, une ligne de résistance si cohérente qu'elle a fait dire à quelques critiques qu'il était un chaste offensé. Je ne le crois pas. La pierre de touche du personnage, c'est son identification consciente et rageuse à la double nature de l'homme, révélée par l'inconduite de sa mère (inconduite au regard de la norme morale non écrite, mais traditionnelle), et qui s'exprime dans ces généralités pour la première fois, semble-t-il, perçues d'une façon aiguë, et intolérable, par une conscience personnelle :

« *Quel chef-d'œuvre que l'homme ! Comme noble est sa raison, infinies ses facultés ; dans son corps et ses mouvements, comme il est bien proportionné et admirable, dans ses actions, comme il ressemble à un ange ; et par son intelligence, semblable à un dieu ! La merveille de l'univers, le parangon des animaux ! Et pourtant, en ce qui me concerne, qu'est-ce donc que cette quintessence de la poussière ? L'homme ne me réjouit pas*[1] *!* »

And yet to me... C'est la réaction personnelle, constamment introduite sous cette forme percutante particulière aux volte-face de Hamlet, comme si on enfonçait un fer rouge dans la plaie, qui donne au personnage ce mordant, au conflit intérieur cette réalité insoutenable, qui font que Hamlet sous les formes les plus diverses, hante la mémoire des hommes depuis sa création. Risiblement, on a fait de Hamlet un personnage romantique, comme si on pouvait le réduire à une attitude grandiloquente et sentimentale. Hamlet, au contraire, est antiromantique par excellence ; sa clairvoyance et sa brutalité le jettent farouchement contre toute illusion : son esprit négateur se refuse à tomber dans le piège des apparences idéalisées, et, s'il joue de l'emphase, c'est comme à rebours, pour donner plus de prise au sarcasme, qui se retourne contre lui. Dans cette agitation désordonnée, toutefois, l'*expérience* humaine

1. *Hamlet*, acte II, sc. II, v. 309.

s'approfondit. Psychologiquement, Hamlet s'assagit et se résigne à mesure que la pièce avance, se résigne à penser que cette maladie mortelle dont il est atteint, et qui menace aussi dangereusement l'ordre politique (*il y a quelque chose de pourri...*), assure cependant la continuité de la vie, et la solidité de l'état. Pour lui, le tour est joué, et « le reste est silence » — mais Fortinbras réalisera peut-être ce que Hamlet a manqué.

« L'expérience » de Hamlet, pour insatisfaisante qu'elle soit, conduit Shakespeare à des abîmes encore plus profonds, à des cavernes plus sombres. *Hamlet*, somme toute, se termine sur une note qui n'exclut pas l'optimisme. La mort inévitable du prince de Danemark n'est qu'un incident douloureux au milieu de quelques autres, dans une aventure d'où se dégage une « philosophie » assez analogue à celle des drames historiques. La différence, c'est que le thème du désordre a envahi la conscience, et devient l'affaire personnelle du héros. Mais la poésie du doute et de l'invective est encore contenue dans des limites que les pièces qui suivent vont reculer. De même, l'appréhension, par la conscience du poète, de la complexité de la situation humaine, avant d'aboutir au blasphème négatif, va le jeter dans l'irrésolution irritante des « comédies à problèmes » que sont *Troïlus et Cressida* et *Mesure pour Mesure*.

Troïlus et Cressida est une pièce à faces multiples, dont les critiques récents ont très justement souligné l'ambiguïté. Sur les deux grands thèmes de l'Amour et de la Guerre, se développent les situations les plus propres à jeter la confusion dans l'esprit du lecteur. Ce n'est pas la *nature* même de la guerre qui est ici en question, comme elle pouvait l'être dans les pièces historiques, c'est la raison qui préside à son déclenchement, c'est la façon de la conduire, les buts qu'elle s'assigne, les catastrophes qu'elle entraîne. Le problème est examiné du double point de vue des chefs qui en portent la responsabilité, *et* de l'esprit satirique, personnifié par Thersite — lequel n'est pas *engagé* dans l'aventure tragique, mais l'observe du dehors, et la transcende, non pas comme un Falstaff avec sa vitalité individualisée par un humour vigoureux, mais avec cette sécheresse acide de la *fonction* de sarcasme à laquelle il est confiné, tout comme Apemantus, dans *Timon d'Athènes*, philosophe de la mauvaise humeur et de la haine. Les Grecs sont partis en guerre pour venger l'affront fait à Ménélas : c'est l'honneur de la race qui est en jeu. Les Troyens résistent au siège pour une raison similaire. Mais l'honneur n'a pas d'objet valable sur quoi se fonder. Une femme indigne, une putain : voilà pourquoi l'on se bat. Tel est le point de vue de Thersite. Et qui se bat ? Des généraux et des rois qui ont perdu tout sens de la discipline, des orgueilleux égoïstes comme Achille, des bavards comme Nestor, des sots bovins et fats comme Ajax, et, du côté Troyen, malgré le pur héroïsme d'Hector et l'idéalisme furieux d'un Troïlus, des idolâtres de l'honneur qui cherchent en vain une justification raisonnable à l'adoration de leur mythe. Car la beauté souveraine d'Hélène, qui jetait naguère Faust aux confins de l'extase, n'est qu'un trompe-l'œil qui recouvre la corruption, ou plutôt le vide, car la corruption n'est pas tellement en elle que partout en dehors d'elle. C'est la raison qui est devenue cynisme, le Temps qui dévore la durée dont on voudrait les instants éternels, la société et les lois imposées par les hommes qui font obstacle à toute réalisation de soi. L'appareil chevaleresque, défis, gages jetés, combats singuliers, rituel dégradé à la fois par l'inobservance d'un code autrefois sacré, et par l'indignité de la cause pour laquelle il est agité, est une parodie bouffonne — et triste à la réflexion — des grandes scènes de *Richard II*. Bafoué par les Grecs, l'esprit de chevalerie subsiste, ardent, chez les Troyens, mais il n'a plus d'objet digne de lui. Un monde s'écroule sur les plaines venteuses de Troie.

Partout règnent le désordre, la confusion. L'esprit lucide d'Ulysse s'applique avec une grande subtilité à diagnostiquer le mal. Cette guerre porte en elle les germes de sa propre désintégration — une « drôle de guerre », pourrait-on dire, où tout a été négligé, l'honneur, l'art du gouvernement, la conduite des opérations. Le grand discours d'Ulysse, déjà cité, est plus qu'une belle leçon politique qui pourrait porter ses fruits, elle est une leçon morale, un avertissement inutile que la clairvoyance donne à des hommes murés dans leur orgueil qui s'entre-dévorent avant de se dévorer eux-mêmes. Dans les deux camps, le flottement, l'incertitude, sapent le « moral » de l'armée. L'anarchie qu'Ulysse redoute tant, n'est pas seulement une anarchie militaire, elle est morale aussi bien, elle engendre le chaos où fleurissent les trahisons. Dire que nous avons dans *Troïlus et Cressida* une parodie du monde héroïque est insuffisant. La parodie est plus affaire de style que d'esprit, car, si, pour le style, elle est exercice délibéré, pour l'esprit elle ne saurait s'arrêter à la surface des choses, et n'avoir qu'un aspect négatif. A l'époque où Shakespeare écrit *Troïlus*, il est aussi maître de son style, de sa technique, que de sa pensée. La façon infamante dont Achille fait massacrer un Hector désarmé, autant qu'une version dérisoire du fameux combat entre ces deux vaillants guerriers, est l'indication d'un accablant reflux de la foi. Et les Troyens valent à peine mieux, malgré leur héroïsme romanesque, leur culte de l'honneur, leur amour de la beauté. Ce monde est plus dangereusement pourri que le royaume de Danemark. Les prophéties de Cassandre sonnent le glas d'Ilion, mais les trompettes des Grecs ne retentissent pas pour une victoire sur des ruines. Les derniers bruits de la bataille qui s'élèvent sous les murs menacés sont des cris de lamentation pour la mort d'Hector, et les vociférations de Troïlus maudissant Pandarus, tandis qu'il cherche rageusement dans le combat une mort héroïque pour se délivrer de l'amour. Les derniers mots de la pièce appartiennent à Pandarus — « *une bonne médecine pour mes os douloureux* » [1].

Il est significatif, d'ailleurs, que les images empruntées à la maladie, à la digestion, abondent. A la figure rageuse de Thersite, le railleur professionnel, incarnation du cynisme, qui réduit le grand dessein de la Guerre de Troie à un combat pour un cocu et une putain, et qui crache la vérole, la gale et les abcès purulents à la face de tous, s'oppose, chez les Troyens, la figure louche de Pandarus, organisateur plein d'humour et de bonne volonté des coucheries des héros. Dans la nature humaine, l'un ne voit que stupidité, orgueil, cruauté inutile, bestialité instinctive et arrogante, l'autre n'a de bonne humeur que s'il réussit à favoriser les amours illicites : il n'est à l'aise que dans l'immoralité. Le haineux Thersite, chien grondeur et poltron, l'entremetteur Pandarus : voilà les produits extrêmes de la belle intelligence grecque et de l'idéalisme troyen.

Sur le fond pseudo-héroïque de l'« épopée », se détache ce couple d'amoureux, Troïlus et Cressida, répliques singulièrement dégradées de Roméo et de Juliette. En eux, la même jeunesse, la même ardeur — mais quelles différences : Troïlus, sincère, fidèle, exalté, qui se dit « aussi vrai que la simplicité de la vérité, et plus simple que la vérité dans son enfance » [2], n'est pas dupe des aspirations ambitieuses de l'amour humain, et, loin de raisonner comme Roméo, pour qui le « destin » est seul responsable de l'échec total auquel il est condamné, trouve en lui-même, avant que le « destin » n'intervienne, l'explication de ses secrètes appréhensions : « ce qu'il y a de monstrueux dans l'amour, Madame, c'est que la volonté est infinie et l'exécution bornée, que le désir est illimité, et l'acte esclave de la

1. *Troïlus et Cressida*, acte V, sc. 10, v. 35.
2. *Ibid.*, acte III, sc. 2, v. 176.

limite »[1]. L'amour physique, dans *Roméo et Juliette*, n'est évoqué que dans les rabachages gaulois et sains d'une femme du peuple, cette Nourrice, qui, dans *Troïlus et Cressida*, est devenue Pandarus. Là, les amants invoquent les étoiles, écoutent le chant du rossignol. Ici, la même hantise de l'union, mais le vertige n'est plus celui des sphères célestes. Les images, le ton, dans les grandes répliques de Troïlus, ont une intensité dont la saveur est bien différente. C'est bien de saveur qu'il faut parler, car les images inspirées par le sens du goût dominent[2] — et, dans ce goût, on appréhende comme un arrière-goût de corruption ; la sensualité s'exalte avant la consommation et redoute l'assouvissement :

« *J'ai le vertige; l'attente me fait tourner la tête, la saveur imaginaire est si douce qu'elle enchante mon odorat; que sera-ce lorsque le palais humide goûtera vraiment le nectar trois fois réputé de l'amour! La mort, je le crains* [3]...

L'attente qui ronge Troïlus donne à son imagination une vision si aiguë que son impatience raffine encore sur la préciosité des métaphores conventionnelles.

... *Oh!* [*tu me dis*] *que sa main, par comparaison, rend tous les blancs pareils à l'encre écrivant leur propre indignité* [4]...

et ravive les blessures de l'amour jusqu'à les rendre intolérables :

... *Instead of oil and balm*

1. *Ibid.*, acte III, sc. 2, v. 87.
2. Voir l'excellent article de D. A. Traversi, *Scrutiny*, décembre 1938.
3. *Troïlus et Cressida*, acte III, sc. II, v. 17.
4. *Ibid.*, acte I, sc. I, v. 57.

dit-il à Pandarus, qui lui vante les charmes de Cressida,

« ... *Au lieu d'huile et de baume, tu introduis dans chaque plaie dont l'amour m'a blessé, le couteau qui l'a faite* [1]. »

La métaphore violente, qui remplace la flèche traditionnelle par le couteau (l'Amour a-t-il jamais blessé ses fidèles à coups de couteau), trahit son intolérable anxiété. L'ombre de la trahison prochaine se projette déjà dans l'âme inquiète de Troïlus.

Cressida, de son côté, déjà fort avertie (« les femmes sont des anges quand on leur fait la cour — les choses gagnées n'ont plus d'intérêt — *Things won are done* »), coquette rouée, presque blasée, qui feint de n'être accessible que par l'intercession du vice grimaçant et joyeux qu'est Pandarus, malaisément, toute hésitante,

« *J'ai comme une espèce de moi qui demeure avec vous, mais aussi un moi sans tendresse, qui prend congé de lui-même, pour être le jouet d'un autre* [2]. »

se hausse, au cours de cette capitale deuxième scène de l'acte III, à l'emphase d'un grand serment de fidélité, qui voudrait rendre un son aussi sincère que celui de Troïlus. Elle appelle déjà sur soi l'anathème — « oui, qu'ils disent (si je suis infidèle) : aussi fausse que Cressida ! » — Elle contient déjà son inconstance prochaine, elle *est* l'inconstance et elle le sait.

Au petit matin glacé de la nuit merveilleuse, mais trop courte, les railleries alarmées de Pandarus, les appels pressants des messagers du « destin » qui viennent réclamer la fille de Calchas, les serments renouvelés dans la hâte et sans conviction, les vantardises grossières de

1. *Ibid.*, acte I, sc. IV, v. 63.
2. *Ibid.*, acte III, sc. II, v. 147.

l'avantageux Diomède, les réflexions amères de Troïlus sur le Temps :

« *Le Temps cruel, avec la précipitation d'un voleur, entasse son riche butin* [1]...

tout cela donne à la séparation brusquée des amants un caractère de gêne étrange, de catastrophe en puissance, d'ironie décourageante. On a fait remarquer [2] le rôle dévastateur que joue le Temps dans la tragédie de Troïlus : « D'un bout à l'autre de la pièce, écrit Wilson Knight, dans les métaphores condensées, dans l'analyse de soi détaillée, et, partant, dans le dialogue et les incidents, nous avons une philosophie de l'amour qui considère l'amour comme essentiellement mal à son aise dans le temps, et incapable d'une concrétisation continue dans le flux difficile des événements. L'intérêt porté à l'amour tourne autour de ce thème : celui de la valeur immédiate détruite, ou apparemment détruite par le Temps [3]. » Et M. Traversi, rapprochant ce thème de celui des *Sonnets* : « La tragédie consiste moins dans la souffrance personnelle de Troïlus que dans l'influence dominante qu'exerce le Temps sur les relations et les sentiments humains [4]. » Il semble, en effet, que le problème psychologique de la trahison de Cressida ne se puisse résoudre par la simple affirmation de son inconstance. L'étude de caractères est ici encore, comme si souvent dans Shakespeare — pour ne pas dire toujours — subordonnée à une conception des relations humaines. Et comment porter sur Cressida un jugement moral si elle est convaincue d'avance de la caducité de ses sentiments ? La scène, toutefois, de la consommation instantanée de la trahison, où Cressida

1. *Troïlus et Cressida*, acte IV, sc. IV, v. 44.
2. G. Wilson Knight et D. A. Traversi.
3. Wilson Knight, *The Wheel of Fire*, p. 74.
4. *Scrutiny*, déc. 1938, article de D. A. Traversi, p. 308.

reçoit sans sourciller les baisers de tous les chefs grecs, est pénible à supporter ; pire encore celles où Troïlus assiste avec Ulysse aux minauderies déshonorantes de la femme qui lui a juré sa foi. On comprend, en vérité, les sarcasmes de Thersite, et les précautions oratoires d'Ulysse. Troïlus peut se poser la question : « Cette femme, elle ? » — et répondre par l'inconciliable : « C'est et ce n'est pas Cressida. » L'amour torturé pose ici un problème d'identité que la pièce ne résout pas. Ou plutôt, la raison s'égare devant les données opposées de l'apparence du souvenir et de la réalité du présent, comme si l'amour lui-même sujet aux incertitudes du temps, mais aussi de l'accident, et de la personnalité, était incapable, ailleurs que dans une vision simplifiée de son essence (soit idéalisme à la Pétrarque, soit fornication comme le veulent Thersite et Pandarus), d'atteindre à cette pureté d'objet et de fonction qui lui donne un sens positif. La complexité de sa nature s'entoure de circonstances aggravantes que peu de poètes jusqu'alors avaient voulu voir : car au problème métaphysique que les amoristes, et Shakespeare lui-même, dans les *Sonnets*, posaient dans la ferveur d'une passion qui aspire à la plénitude dans l'unité, s'ajoute le conflit non moins insoluble de l'indignité des substances au cœur même des aspirations de l'amour. La seule issue qui reste à Troïlus c'est de se rejeter dans la frénésie de la guerre maudite et sans espoir, où Troie va s'écrouler en ruine sur une conception du monde périmée. Puissante, bien construite, variée, cette pièce présente une remarquable unité de dessein et d'atmosphère. Elle est le produit d'un esprit qui n'a cessé de s'éloigner des solutions tranquillisantes que lui offrait son époque au commencement de sa carrière, et qui, avec l'expérience a vu l'inquiétude s'installer en lui

Mesure pour Mesure passe pour une comédie, et c'est la reine des *problem-plays*. L'atmosphère y est plus oppressante encore : nul héroïsme, nul élan romanesque, ne viennent l'alléger. Tout y est lourd de conséquences, concerté, réglé avec un soin minutieux. La préoccupation morale est évidente d'un bout à l'autre, mais, si grave qu'elle soit, elle paraît mal définie, et donne lieu à des interprétations divergentes. On l'a longtemps considérée comme étant l'expression du pessimisme le plus découragé, comme une pièce manquée, sans unité intérieure, qui montrerait le peu d'intérêt que Shakespeare aurait pris à son sujet. Au contraire, les critiques contemporains sont d'un avis opposé. Wilson Knight n'hésite pas à comparer le duc au Christ, C. J. Sisson déclare qu'elle est « d'esprit profondément chrétien », D. A. Traversi, F. R. Leavis, Miss M. C. Bradbrook sont, pour des raisons similaires, de fervents admirateurs de la pièce, et M. Roy W. Battenhouse, dans un article tout récent, n'hésite pas à faire reposer son interprétation sur la doctrine chrétienne de la rédemption.

Il est vrai, toutefois, qu'on y respire avec difficulté, dans les exhalaisons de la prison, les relents du bordel et de l'alcôve, aux rideaux étouffants et officiels. Certains des personnages, Angelo en particulier, sentent l'empois de leur collerette, et le papier mâché de leurs décrets — peut-être aussi a-t-il l'haleine fétide du diable en liberté. La robe du moine, comme la coiffe de la novice, paraissent aussi suspectes que les plaisanteries sont forcées, les situations intolérables, le dénouement artificiel et trop bien conduit. On dirait qu'il s'agit de tirer la pièce d'un mauvais pas, presque d'un mauvais lieu, au prix d'une fin édifiante, difficile à mettre en scène, propre à montrer que tout espoir n'est pas perdu. Les personnages principaux et quelques comparses, aussi bien, sont gens de mauvais pas, de mauvaise foi, de mauvaise volonté, de mauvaise fréquentation. Impossible de faire de la pièce une tragédie, bien que la mort hante les esprits et les coulisses, que le titre évoque la balance de la justice, que le prix de la vie d'un frère soit l'abandon de la chasteté d'une sœur. Et si les raisonnements moraux abondent, si l'introspection éthique est poussée dans ses derniers retranchements, on a quelque peine à croire, comme le voudrait M. Wilson Knight, que la pièce a des résonances évangéliques si nombreuses et si profondes qu'il faille, pour la bien comprendre, relire Saint Jean ou Saint Matthieu.

Le problème du gouvernement, qui semble, au début, être, une fois de plus, celui que le duc voudrait résoudre, se trouve posé en termes si particuliers qu'il peut difficilement rester aussi net et aussi pur jusqu'à la fin de la comédie. Imaginez un conflit entre la luxure et l'État — un État vertueux (ou qui voudrait l'être), qui fait fermer les maisons publiques, décrète qu'il punira de mort le crime de fornication, mais applique la loi dans des circonstances singulières. Le Duc « philosophe » veut voir l'expérience fonctionner, il délègue ses pouvoirs — de vie et de mort — à un faisant-fonction choisi avec soin, pour rôder à son aise dans les rues mal famées, les couloirs du palais, les cellules des prisons. L'autorité se dissimule sous le capuchon d'un moine et sévit par procuration contre la nature humaine, laquelle est vouée d'avance à l'infamie de la faute, ou à la honte du châtiment. Le plus rigoureux, le plus apparemment noble des dignitaires de l'État, sur qui repose la charge et l'honneur de faire respecter la loi, subitement prend feu, et se trouve pris au piège, comme un chasseur maladroit qui devient son propre gibier. L'hypocrite, aussi âpre dans la fraude vis-à-vis de soi-même qu'il était inflexible dans la vertu, tend la mort d'une main, et le déshonneur de l'autre. Le démon de la luxure le possède. Jamais le désir ne s'est encore exprimé en injonctions aussi catégoriques :

« ... *J'ai commencé, et maintenant je lâche les rênes à la course sensuelle; accorde ton consentement à la dent de mon appétit; écarte toute délicatesse et ces rougeurs prolongées qui chassent ce qu'elles appellent...*

Angelo menace avec une dureté qui l'épouvante lui-même

« ... *rachète ton frère en cédant ton corps à mon désir; ou sinon, il mourra non seulement de bonne mort, mais ta cruauté prolongera sa mort par des tortures sans fin*[1]... »

Il fuit avant même que lui vienne la réponse, il donne l'ordre de l'exécution. Conscience tourmentée, son orgueil, son pharisaïsme exigeant l'ont perdu. La vertu, pour sauver les apparences, compte sur les apparences — mais, là encore, l'intérieur est pourri.

L'intérêt dramatique est, par ailleurs, assez divisé. Claudio, le pécheur, que la perspective de la mort remplit de terribles angoisses, payera-t-il pour la corruption générale? Isabelle, hors de son couvent, saura-t-elle fléchir Angelo qui lui propose le marché déshonorant? Le député-duc, à la vertu glaciale, brûlant de ce désir qu'il a pour mission de châtier chez les autres, aura-t-il la tête de Claudio, ou la vertu d'Isabelle? Et le Duc expérimentateur, « le philosophe des coins sombres », mène tout le jeu (jamais le déroulement d'une action n'avait autant dépendu d'un seul personnage, et la chose se répétera dans la *Tempête*, où, du moins, le Plasmateur est magicien), s'efforce de rétablir un équilibre précaire, plein de raisonnements, de maximes, de conseils, d'ordres secrets, exhortant en vain celui-ci au courage:

« ... *Raisonne ainsi avec la vie: si je te perds, je perds une chose que seuls les sots voudraient garder*[2]... »

1. *Mesure pour Mesure*, acte II, sc. IV, v. 160.
2. *Ibid.*, acte III, sc. I, v. 6.

manigançant avec celle-là une substitution qui sauvera sa vertu par un procédé indigne de la vertu, et avec cet autre une substitution de têtes, pour mener à bien la théâtrale dispensation des récompenses et des punitions de la fin, où il essaye de nous persuader (avec un succès relatif) que son autorité peut ramener l'ordre dans l'État et faire régner la justice sur un monde condamné.

Mais aucun repentir ne pourra, semble-t-il, racheter la criminelle hypocrisie d'Angelo dont le nom est une antiphrase symbolique ; aucune docilité au mariage atténuer notre méfiance envers l'insensibilité d'Isabelle, dont la vocation religieuse est aussi douteuse que son sentiment de l'honneur était offensé ; aucune heureuse issue nous faire oublier l'égoïsme et la lâcheté physique de Claudio devant la mort (« Oui, mais mourir... ») — ou trop, ou pas assez humains ces personnages, y compris le duc philosophe, dont la sagesse est un effort trop concerté pour donner à l'arbitraire couleur de bénévolence. Il est incapable de vraie générosité envers Lucio, qui l'a offensé personnellement, et Lucio n'est pas entièrement méprisable : il a du moins la fidélité à la confédération des pécheurs ; l'ardeur qu'il met à défendre Claudio au moment le plus dangereux témoigne en sa faveur. Le monde interlope des souteneurs et des entremetteuses sur lequel la pièce s'entrouvre de temps en temps paraît plus sain en comparaison. Eux, du moins, sont sincères jusqu'au cynisme, et ne cherchent pas à en faire accroire. L'édit les ruine, et ce n'est pas au nom de la vertu qu'ils protestent. Mais les autres personnages n'inspirent que méfiance ou répulsion. Shakespeare leur a donné un caractère si incertain ou si méprisable, les a placés dans des situations si propres à mettre en relief les seuls aspects déplaisants ou louches de leur âme, que les thèmes majeurs de la pièce, loin d'être ceux de la justice, de l'honneur, ou de l'amour, semblent être ceux de la laideur, du péché et de la vilenie. Le conflit entre l'instinct et la raison, les bonnes intentions et la masse de résistance qu'offre le magma complexe des vices atteint ici la phase, sinon la plus tragique, du moins la plus démoralisante. Quel que soit l'idéal d'ordre et de générosité qui inspire l'expérience du duc philosophe, guide pas à pas les péripéties de son scénario compliqué, lui donne le ton paternel, bienveillant, miséricordieux que prend ce moralisateur plein de sentences et de pardons, le sentiment de malaise qui nous étreint dès que l'action se noue ne nous quitte pas après son dénouement heureux. Le mal est ici insinuant, gluant, honteux. Décidément, c'est la négation de toute pureté, de toute intégrité. Le juge et la victime sont également suspects. Le chaste et le licencieux également repoussants. La vie, la mort, également irréelles et peu souhaitables. Toute noblesse paraît exclue d'une vie qui contient « mille morts » sournoises, d'une mort qui prolonge en les décuplant les horreurs de la vie. L'une et l'autre sont appréhendées en termes profondément ambigus. Et il n'est pas absurde de conclure, comme le fait Miss Ellis Fermor [1], que nous avons atteint le point le plus bas du cynisme et du dégoût.

A moins que, la réflexion aidant, nous ne soyons séduits par le mirage d'une interprétation symbolique de la pièce, et n'acceptions alors d'y voir une illustration dramatique de l'histoire de la rédemption [2]. Le souverain déguisé se mêle au peuple, comme Dieu est descendu sur la terre, pour mener la lutte contre Satan, et délivrer la créature de la servitude du diable. Il laisse à son « député » (Angelo) l'exercice de la loi, mais il entreprend dans le même temps d'atténuer ses rigueurs. Ainsi, deux

1. *The Jacobean Drama*, p. 263.
2. Comme G. Wilson Knight et Roy W. Battenhouse, l'un dans *The Wheel of Fire*, l'autre dans son article : « Measure for Measure and the Christian Doctrine of the Atonement. » (*P. M. L. A.*, déc. 1946, p. 1029 à 1059).

grands principes entrent en conflit, celui de la Loi et celui de la Grâce. La loi sera l'instrument qui va permettre à la Grâce de se manifester, et la Grâce, après un combat aux péripéties dramatiques, triomphera. Les faux justes se révèlent les pécheurs, ils seront démasqués et punis. Les pécheurs avaient en eux suffisamment de grâce pour être pardonnés et rachetés. Ainsi, le sacrifice du Prince de l'Amour aura porté ses fruits. Le symbolisme des noms (Marianne = Marie + Anne — la Vierge et sa Mère, Angelo = l'Ange — Satan est un ange déchu ; le Duc, Vicentio = le chef vainqueur, etc.), les images bibliques nombreuses (l'étoile du matin, le berger, le pêcheur, la rançon) ; les thèmes de parabole qui y sont contenus, ceux, notamment, de la pêche (miraculeuse), du fiancé, de la tentation, du péché ; la justification du mensonge et du déguisement à des fins salvatrices ; les péripéties de l'action (Isabelle la sainte, intercédant pour le pécheur, recevant la proposition de sa mort spirituelle, repoussant la tentation de commettre une mauvaise action pour une bonne raison, puis, acceptant de sauver son honneur et son frère, sur les conseils du Duc, par une manœuvre qui, symboliquement, peut s'interpréter comme une ruse de l'esprit divin combattant le démon avec ses propres armes, pour enfin recevoir sa récompense sous la forme de l'union avec le Fiancé symbolique) : tout cela incline à admettre un contexte surnaturel qui donne à la pièce un sens plus riche et plus élevé. Rien n'y manquerait, pas même la tentation de la grâce chez une Isabelle qui, au moment où se pose pour elle la tragique alternative, est incapable d'un élan de charité. Mais sa conversation avec le Duc (Acte III, scène 1) la rend accessible à des sentiments plus humains, et lui fait accepter le subterfuge de la substitution de Mariana qui la sauve du déshonneur et qui rachète en même temps le pécheur menacé. « La main qui vous a faite belle vous a faite bonne », dit le

Duc, « la bonté qui fait la beauté marchandise facile lui donne aussi courte durée ; mais la grâce, qui est l'âme de votre nature, conservera toujours à votre corps sa beauté ». Ces paroles se prêtent facilement à une interprétation surnaturelle du mot « grâce ». Enrichie par la grâce, la vie spirituelle atteindra la plénitude où la beauté mystique inaltérable protège le corps de toute souillure, et Isabelle consentante aux suggestions du bon moine prépare sans le savoir l'union parfaite que le Duc lui offre à la fin : « Ce qui est à moi est à vous, et ce qui est à vous est à moi. » Ainsi comprise, la pièce vient se ranger dans la tradition des mystères et de la moralité. Sur le plan temporel, le Duc, plein d'indulgence et d'amour soucieux, sait agir avec douceur, par persuasion, et sa claire intelligence ordonne à sa guise le cheminement de la vertu à travers le bourbier des vices ; user aussi de son autorité royale pour assurer à chacun sa juste rétribution. Sur le plan surnaturel, il symbolise le Prince idéal qui tente de mettre fin au désordre du monde par son esprit de Justice, de Charité, de Sagesse enfin. Et Wilson Knight peut conclure : « Il faut lire la pièce non pas comme un tableau des affaires humaines normales, mais comme une parabole, comme les paraboles de Jésus. »

Cette double interprétation, qu'on le veuille ou non, élargit singulièrement la portée de *Mesure pour Mesure*, et rend possible au moins deux constatations. La première, d'ordre historique, si l'on veut — à savoir qu'il ne convient pas de s'attacher à décrire avec trop de rigueur la « courbe » morale ou philosophique de l'œuvre shakespearienne. Si l'on s'en tient à la chronologie la plus vraisemblable du canon, *La Nuit des rois* (1602) et *Tout est bien qui finit bien* (1604) s'inscrivent entre *Troïlus et Cressida* (1602), suivi (ou précédé) de près par *Les Joyeuses Commères de Windsor*, et *Mesure pour Mesure* (1604). Période d'incertitude, d'instabilité, où le poète passe d'un thème à un autre, d'un « mood » à un autre, interrogeant le monde infatigablement, s'attaquant à tous les problèmes avec une intelligence ardente et lucide, essayant de construire une vision cohérente, au prix d'une expérience douloureuse. Toute classification des pièces dans cette période centrale qui voudrait aboutir à une doctrine resterait donc arbitraire. Le bloc compact des « pièces noires » n'existe pas chronologiquement, sauf pour *Othello*, *Macbeth* et le *Roi Lear*, qui s'ordonnent autour de l'an 1606. Mais le critique n'a pas le droit d'exiger pour la commodité de sa démonstration que les poètes s'en tiennent à des tranches de production aussi nettement délimitées. Un thème, une attitude peuvent fort bien se reprendre, se contredire, se rejoindre au gré de l'esprit créateur. L'infinie complexité d'une œuvre comme celle-là refuse de se laisser emprisonner dans les cadres rigides d'une courbe géométrique.

La deuxième constatation est la suivante : le drame poétique a ceci de particulier et qui, précisément, est sa fonction propre, de contenir au-delà des mots, des faits et de sa structure, un implicite louvoyant, une marge d'incertitude entre le sens évident et l'intention qui le dépasse, entre la matière et l'esprit. Le poète nous parle par signes éclatants ou obscurs tour à tour, et l'expérience poétique, comme l'expérience religieuse, s'exprime par ces voies détournées qui s'appellent l'image, la métaphore, le symbole, toutes façons de ruser avec le but à atteindre, qui est l'expression d'une vérité humaine sensible et durable, sous les aspects variés de la beauté. Il n'est donc pas surprenant que les pièces de Shakespeare aient donné lieu à des interprétations si diverses, dont chacune est un enrichissement de l'expérience spirituelle du lecteur ou du spectateur. La diversité des thèmes et des moyens d'expression atteint chez notre auteur une telle richesse que la prospection, depuis trois siècles qu'elle dure, est loin d'être terminée. On commence à peine à voir clair. *Mesure pour Mesure*, sur quoi nous nous sommes un peu plus longuement étendu, est un exemple typique de cette polyvalence qui devrait rendre le critique à la fois hardi et prudent.

Toutefois, nous sommes loin, dans *Mesure pour Mesure*, des aspirations à l'immortalité de Cléopâtre. Même si l'on accepte l'interprétation chrétienne de la pièce, elle reste, par sa structure, et par ses préoccupations, trop accrochée au temporel, à l'ici-bas, pour être autre chose qu'une étape dans un voyage à travers le royaume du mal qui en connaîtra de pires. Ce qui, peut-être, frappe le plus à la réflexion, lorsqu'on a donné à l'interprétation parabolique toutes ses chances, c'est l'absence de grandeur tragique, à la fois dans le bien comme dans le mal. Mais avec *Othello*, qui appartient sensiblement à la même période, la qualité esthétique va changer. Nous entrons décidément dans un univers tragique où la noblesse et la grandeur ont d'autres accents.

Tragédie domestique aux lignes pures, avec *Macbeth* et *La Tempête*, la plus proche de la structure « classique », par l'unité de thème, d'action et d'atmosphère, sinon de style, *Othello* a la simplicité d'une crise psychologique (c'est un cas limite) et le caractère d'une crise morale désespérée. Cette tragédie, qui met en scène des personnes réelles dont la fonction symbolique est inutile à leur grandeur (même Iago est trop fortement individualisé pour passer pour un simple symbole du Machiavel traditionnel, ou de l'esprit du mal), est la première de Shakespeare qui atteigne aussi aisément au sublime.

La crise psychologique entraîne à sa suite la crise morale, et celle-ci dépasse le fait divers de la jalousie criminelle, sans que rien d'explicite ne gêne, par le commentaire ou l'allusion trop directe, le jeu dramatique aux ressorts puissants dont la vigueur ne se détend pas un instant jusqu'au suicide final. Il n'y a pas dans *Othello* de dialectique explicative ou démonstrative (même, une fois de plus, dans les discours d'Iago), et le rôle de l'intellect reste subordonné à celui de la passion qui enflamme l'imagination et pousse à l'action. Si grande que soit l'importance d'Iago, si exactement calculées ses machinations (et on a vu en lui l'intelligence diabolique qui œuvre avec une application subtile à la désagrégation d'un ordre moral détesté), c'est le More qui porte tout le poids du drame, et on ne saurait plus longtemps présenter la pièce comme une simple étude de la jalousie non fondée, provoquée par l'exercice d'un pouvoir démoniaque, lui-même déchaîné par les passions conjuguées de la haine et de l'envie. Il n'est pas certain que l'intelligence d'Iago soit opposée à la stupidité inconsciente d'Othello, et que les ravages de la jalousie soient le seul effet d'une crédulité enfantine, alimentée par un maître calomniateur. Iago, certes, possède tous les traits du « villain » de la Renaissance, en ce sens qu'il s'explique ouvertement, soit par ses *a parte* adressés au public, soit au cours des scènes avec Roderigo, où il ne laisse rien ignorer de ses plans. Sa tactique grossière est conduite avec une imperturbable économie de moyens, et les efforts qu'il fait pour rendre plausible sa haine effrayante ne sont guère convaincants. On en est encore à se demander ce qui parle le plus fort en lui de l'envie, de la jalousie, du dépit, de l'appétit d'avancement. C'est la haine qui donne à ses calculs la rigueur, à son esprit la lucidité, à ses intuitions leur force de pénétration. Mais le mobile, au fond, importe peu. Le masque qu'il porte, cette inattaquable cuirasse de miroitante honnêteté, recouvrent l'esprit le plus agile et le plus habile, au service d'une passion négative qui s'acharne à la destruction. Il n'y a pas en lui de tentation à user d'insinuations doucereuses. Il procède par intimidation et par coups directs : le cynisme lui donne son prestige avec Roderigo : « *La vertu, des figues ! C'est en nous-mêmes que nous sommes ceci ou cela. Nos corps sont nos jardins dont nos désirs sont les jardiniers* [1]. » La brutalité vulgaire de ses comparaisons, de son vocabulaire, la présomption arrogante de ce qu'il affirme, le trahiraient avec tout autre personnage que ce Roderigo bassement envieux et borné. Il y a dans son langage quelque chose de haché, d'incomplet, d'exagéré aussi, qui est suspect. Avec Othello, il en use autrement. Il sait prendre des précautions oratoires pour mieux placer sa calomnie ; il sait aussi être bref dans l'allusion accusatrice, comme s'il hésitait toujours à avancer ce qu'il avance, s'il était sur le point de retirer ce qu'il vient d'avancer. Son chef-d'œuvre, c'est le premier cri : « Ha! je n'aime pas ça! » (acte III, scène III, v. 35), qui injecte le venin. Un homme à scrupules, « honnête » parce que scrupuleux. Rarement lyrique, mais fulgurant lorsqu'il l'est (l'image du « monstre aux yeux verts » vient de lui), et (est-ce mimétisme inconscient, est-ce seulement le fait que Shakespeare, sans nul souci du « réalisme » du langage, ayant à exprimer l'infinie nostalgie de l'inquiétude, place sur ses lèvres la plus belle formule poétique de toute la pièce), capable tout d'un coup de donner à l'expression de sa haine satisfaite la riche mélodie d'une extase triomphale :

... Ni pavot, ni mandragore,
Ni tous les sirops soporifiques du monde
Ne te redonneront jamais ce doux sommeil
Qui était hier ton apanage [2]...

Jamais encore la haine n'avait exulté de tels accents. Sans doute, faudrait-il remonter à Médée bravant Jason pour trouver un sadisme de cette qualité poétique. Iago, ici, se fond dans ce que Wilson Knight appelle « la musique d'*Othello* ». Mais cette fluidité voluptueuse est rare chez

1. *Othello*, acte I, sc. III, v. 321.
2. *Ibid.*, acte III, sc. III, v. 331.

lui. Sa joie s'exprime plus souvent avec sécheresse, même lorsqu'il s'exalte comme un tortionnaire qui travaille sa victime et lui fouille la chair jusqu'à l'évanouissement. Brutal, cynique, incisif, il mène cet étrange dialogue du bourreau avec sa proie, où les voix se répondent comme à travers un brouillard de sang et de larmes, avec l'accent assuré d'un homme sûr de ses effets. Othello est tout embué de douleur et de colère ; il frissonne de rage et d'impuissante misère, et l'autre se fait avec aisance un naturel dans le mensonge et la surenchère de sincérité. Parfois, les tons alternent et se croisent dans l'échange mortel des répliques. Iago s'élève au grand style, et Othello passe à la prose vulgaire, hachée, balbutiante :

« Soyez témoins, vous flambeaux éternels du ciel! Vous éléments qui nous entourez! Soyez témoins qu'ici, Iago, fait don entier de son esprit, de ses mains, et de son cœur au service d'un Othello qu'on abuse [1]. » s'écrie l'enseigne ; et Othello, torturé au-delà de l'endurance :

« ... *coucher avec elle! coucher sur elle! nous disons, coucher sur elle, on la calomnie! coucher avec elle! C'est répugnant. Mouchoir — aveux — mouchoir. — Avouer, et être pendu pour sa peine. D'abord être pendu, et puis avouer : je tremble rien que d'y penser* [2]... »

Démasqué, Iago aboie, puis se tait, après un dernier défi :

« *Ne me demandez rien : vous savez ce que vous savez. A partir de maintenant, je ne dirai plus un mot.* [3] »

On imagine volontiers qu'il se taise, lui, sous la torture.

L'esprit du mal? Sans doute. Le mal en possession de

1. *Ibid.*, acte III, sc. III, v. 464.
2. *Ibid.*, acte IV, sc. I, v. 37.
3. *Ibid.*, acte V, sc. II, v. 302.

toutes ses facultés intellectuelles, d'un caractère agressif, vigoureux, impitoyable. Qui, pourtant, et c'est parce qu'il est le mal, n'a d'imagination affective que pour haïr ce qui le dépasse, ce qui est le bien. Othello, le « noble héros », Desdémone, « l'innocente victime » — et leur parfaite union, leur mariage romanesque, leur attachement fondé sur l'admiration, l'adoration. Est-ce cela que Shakespeare a voulu détruire ? Othello, sans conteste, est présenté sous les traits les plus nobles : vaillance, dévouement total à l'État, amour spiritualisé que nulle sensualité, aux jours heureux de la plénitude, ne vient ternir. Il s'exprime avec cette autorité des grands caractères, à peine emphatique, toujours calme, rayonnant et digne, jusqu'au moment où l'inquiétude entame cette noblesse et substitue à la rhétorique imposante du premier acte,

Très puissants, graves et respectables Seigneurs [1]...

le rythme angoissé, haletant, les imprécations furieuses, les images répugnantes des scènes où le monstre lui ronge le cœur :

« *J'aimerais mieux être un crapaud et vivre dans les émanations d'un cachot, que de laisser un coin de la chose que j'aime à l'usage des autres* [2]...

« *Monte, noire vengeance, des profondeurs de l'enfer ! Et toi, amour, cède ta couronne et le trône de ton cœur à la haine tyrannique ! Gonfle-toi, mon sein, de cette charge, car ce sont des langues d'aspics* [3]... »

Mais il a fallu passer par la suprême épreuve : celle qui consiste à tuer ce qu'on aime. Car Othello n'a jamais

1. *Ibid.*, acte I, sc. III, v. 76.
2. *Ibid.*, acte III, sc. III, v. 270.
3. *Ibid.*, acte III, sc. III, v. 448.

cessé d'aimer Desdémone, et l'acte du justicier se double d'un acte d'amour. Les terribles scènes où Othello insulte et brutalise Desdémone sont moins le produit d'un esprit furieux que d'un esprit aveuglé par la terreur du chaos. L'homme d'armes a perdu le goût des armes — la troupe empanachée, le coursier hennissant, le fifre qui perce l'oreille avant le combat, tout cela ne lui sera plus jamais d'aucune joie. « *Fini, le travail d'Othello* [1]. » Il sent l'abîme s'ouvrir sous lui, et sa démence est un vertige. Le vide qui s'installe en lui, c'est bien l'absence de son amour :

« *Que mon âme aille en perdition si je t'aime et quand je ne t'aime pas, voici le chaos qui revient* [2] *!* »

Cet amour qui affermissait sa vie, son indignité maintenant fait chavirer sa foi :

« *Si elle est fausse, alors le ciel est sa propre dérision. Je ne veux pas le croire* [3]. »

La souffrance alors le grandit jusqu'à des proportions que nul héros privé n'avait encore jamais atteintes. Othello n'est pas un chef d'État, sa ruine n'entraînera pas le désordre de la cité, mais l'ébranlement que son mal met en action porte très loin dans la conscience humaine. Voici l'amour qui tue sans cesser d'être l'amour, la tendresse qui se fait cruelle sans cesser d'être la tendresse : « Je te tuerai, et puis je t'aimerai » (v. 2-18).

Et cette extraordinaire réplique, à quelques secondes du crime :

OTHELLO

Pense à tes péchés.

1. *Ibid.*, acte III, sc. III, v. 358.
2. *Ibid.*, acte III, sc. III, v. 358.
3. *Ibid.*, acte III, sc. III, v. 277.

DESDÉMONE

Ils sont l'amour que je vous porte.

OTHELLO

Oui, et pour cela tu meurs [1] »

Voilà l'absurdité pathétique de la justice et de l'amour. Il ne suffit pas que le justicier s'acharne sur l'innocence, il faut que « l'erreur judiciaire » s'aggrave de tout le poids de la tendresse désespérée du bourreau pour la victime, et de la victime pour son bourreau. Le jeu de cache-cache de l'apparence et du réel prend une fois de plus une tournure tragique, et la chasse aux ombres se termine par un massacre des réalités. Une fois consommée l'immense tâche du meurtre, qu'Othello aborde avec cette lenteur, cette lourdeur d'un homme qui se meut dans un air étouffant et dont chaque geste est douloureux, chaque image une torture, il s'attend que l'univers entier en soit épouvanté :

« *Il me semble qu'il devrait y avoir une immense éclipse de la lune et du soleil* [2]... »

Il est devenu le centre d'un monde tragique, comme il avait été le centre d'un monde guerrier, comme il s'était établi dans un bonheur spectaculaire par un coup de force, en plein Sénat. Cet homme si sûr de lui, si facile à berner, si tendre et si féroce, a toujours été un peu comédien. Il a le sens de sa situation par rapport à ceux qui l'entourent, bienveillant et hautain avec les uns, noble et respectueux avec les autres, il est conscient de sa grandeur comme de sa honte, il joue son rôle, il joue presque *un* rôle. Dès qu'il paraît et ouvre la bouche, on l'écoute ; dès qu'il commande, on obéit. Entre lui et les autres, il y a une imperceptible marge que les autres ne franchissent pas. Justicier jusqu'au bout, c'est-à-dire jus-

1. *Othello*, acte V, sc. II, v. 40.
2. *Ibid.*, acte V, sc. II, v. 98.

qu'avec lui-même, il ne manque pas sa dernière scène, où on le retrouve tel qu'il était au commencement de la pièce. Un calme souverain, la claire conscience des services rendus, une honnêteté scrupuleuse, une imagination nostalgique et riche, le souci du geste enfin,

Et dites, en outre, que dans Alep, une fois [1]...

Ce suicide d'Othello est la seule conclusion logique de cette tragédie dont Desdémone est la perle, « plus riche que toute sa tribu, que le vil Indien jette au loin ». Monde absurde que celui où l'innocence est ainsi frappée, où la calomnie désagrège l'esprit le plus noble, où la justice se parodie pour s'accabler. « *Blood! blood! blood!* » — « *Fool! fool! fool!* » s'écrie Othello — bestialité, sottise — simple épisode, toutefois, d'une tragique histoire qui connaîtra d'autres excès. Malgré la discrétion remarquable des propositions métaphysiques, la portée de la pièce est considérable. C'est, de plus, une œuvre d'art achevée. Après laquelle on se sent, comme Lodovico, « le cœur lourd ».

Trois pièces s'offrent maintenant en noir faisceau, par leur proximité chronologique, la parenté des thèmes qui les animent, le caractère atroce et magnifique du lyrisme, inséparable du mouvement dramatique, qui illumine ce monde de désolation où le mal est l'indiscutable dominateur. Mais chacune, cependant, s'isole dans sa grandeur, enveloppée de sa propre atmosphère, et les couleurs de la nuit y sont différentes. Nuit sanglante avec *Macbeth*, nuit zébrée d'éclairs blafards et parcourue de rafales démentielles avec *Le Roi Lear*, « nuit de la colère », avec *Timon d'Athènes*, qui est, par excellence, la tragédie des imprécations. Nous voici au point le plus bas de l'étiage, dans le mal absolu avec *Macbeth*, l'aberration mentale la plus grotesque avec

1. *Ibid.*, *acte* V, sc. II, v. 351.

Lear, la haine de l'espèce humaine la plus universelle avec *Timon*.

Macbeth se présente, en effet, comme le triomphe absolu du mal, le mal à l'état pur, si l'on peut dire, le mal sans raison, ni aboutissement. Un grand poème de la mort et de la nuit, placé sous la voûte maléfique des ululements des sorcières, qui débouche sur l'enfer en plein minuit. Du sang, des spectres, une lutte désespérée — et puis la mort. Extraordinaire poème, hallucinant d'un bout à l'autre, masse compacte de mots, d'images, de cris, tous associés à la fonction lyrique des ténèbres et de la mort. Autour du thème majeur, celui de la confusion des valeurs — *Le beau c'est le laid, et le laid c'est le beau* » — se groupent progressivement tous les facteurs qui brouillent les cartes, tous les symboles qui portent en eux la promesse d'une fleur vénéneuse, toutes les menaces que recèle l'air empoisonné d'un royaume malade et maudit. Partout l'incertitude, l'ambiguïté, l'indécision, accompagnent la montée tragique du héros qui gravit les pentes arides menant vers le Château du Désespoir, aux profondeurs de cauchemar inouïes, où le surnaturel et le non-naturel pipent les dés trempés de sang de la fatalité, où brille au fond de la nuit l'or massif d'une couronne, que hante la flottante image d'un poignard. Tapie sous ses murs crénelés, hautaine et méprisante, attend la femme aux yeux gris fer, qui prépare les chaînons sanglants des crimes à venir. L'amour, ici, n'est plus de mise, pas plus, d'ailleurs, que tout autre sentiment humain. Il est commode de parler de « l'ambition » hésitante de Macbeth, et de celle, plus dure, plus exigeante de sa femme. Oui, l'un et l'autre désirent la couronne, et leur complicité admet une communauté de but. Mais l'ambition n'est pas le moindre mystère de ce couple inhumain qui s'isole dans un monde où plus rien d'humain, au sens où Montaigne autrefois prit le mot, n'émane d'eux ni ne les touche. La poésie du mal jaillit sans le secours d'un mobile propre à satisfaire le psychologue, et se referme sur les personnages comme une floraison monstrueuse qui étouffe les âmes et envahit l'univers. Mettre l'accent sur l'ambition et ses conséquences, ce serait réduire *Macbeth* à une tragédie domestique, alors qu'elle est, éminemment, un nocturne du désespoir.

C'est du crépuscule aux ténèbres que varie l'éclairage de la pièce, si l'on peut dire, et de la pénombre à la nuit sont lâchées les forces mauvaises qui vont fléchir ou bander les volontés, semer partout la terreur, nourrir les mauvais desseins, faire surgir les cauchemars, provoquer les hallucinations, pousser les bêtes à la malfaisance, armer le bras du criminel, convoquer le sabbat des sorcières et des spectres, avec tout juste assez de lumière pour que le sang soit visible sur la lividité de la chair.

La pièce s'ouvre dans le demi-jour d'une tempête symbolique, où les trois sœurs fatales — ni hommes ni femmes — donnent rendez-vous à Macbeth et à son destin, après avoir posé en quelques vers fulgurants le thème de la confusion. La première vision qui s'offre ensuite à nos yeux est celle d'un homme ensanglanté venant raconter la bataille longtemps indécise, et les exploits surhumains de Macbeth. Déjà Macbeth prend stature gigantesque, familier de la mort, à grands gestes d'épée toute fumante de sang. La révolte et la trahison président au carnage en termes d'épopée, et l'héritage d'honneur que fait Macbeth à la faveur d'un massacre rend le son équivoque d'une ruse du destin complice de la vaillance. Étrange menace que ce douaire de Cawdor dont le roi fait si confiant hommage à la bravoure du général. Dans cette scène, dite du Sergent, sont précisés les thèmes essentiels qui nourriront la pièce entière ; les images pullulent qui créent l'atmosphère de bataille et de confusion ; le vers de Duncan qui la clôt :

« *Ce qu'il a perdu, le noble Macbeth l'a gagné*[1]. »

est l'ironique écho (parce qu'inconscient) des termes mêmes dont les sorcières avaient usé pour assigner son heure à la victime choisie. Perdus, gagnés, la bataille, l'honneur, la couronne ; gagnés, perdus, la couronne, le repos, la vie.

Leitmotiv pareillement la tricherie des aspects opposés du réel. Macbeth reprend (aussi sans s'en douter) les termes antithétiques que les sorcières ont réunis :

« *De jour si laid et si beau je n'en ai jamais vu*[2]. »

Entendez l'âpreté du combat et la joie de la victoire, les cadavres amoncelés, les amis morts, et les hourrahs des survivants, le danger couru et qu'on a écarté, le jour douteux sous un ciel bas où gronde le tonnerre et qui, contre toute espérance, s'éclaire au soir d'une lueur — mais entendez aussi tout ce que l'avenir tient d'alternances en réserve, de pièges tendus, de fausses apparences, de sournoises ambiguïtés. Macbeth en est à sa première surprise. On croit toujours qu'une émotion forte est plus forte que toutes celles qui l'ont précédée. Macbeth connaîtra une longue série de jours qui seront et plus « *foul* » et plus « *fair* » que celui de la veille, et chaque fois son effarement grandira. Les sorcières qui apparaissent aux généraux victorieux, en les reconnaissant et les saluant de prédictions qui contiennent une part de vérité, déclenchent chez Macbeth le mécanisme du raisonnement illusoire qui ne s'arrêtera plus de fonctionner. C'est toujours par un choc surprenant que commencent les catastrophes. Un moment vient où l'esprit prend subitement conscience d'une révélation qui va changer le cours de la destinée. Le spectre dans *Hamlet*, le « *je n'aime pas ça* » de Iago, ici, la coïncidence

1. *Macbeth*, acte I, sc. II, v. 69.
2. *Ibid.*, acte I, sc. III, v. 1.

d'une vérité et d'une prophétie que le proche avenir va voir se réaliser. Être reconnu pour Glamis est déjà de nature à retenir l'attention ; être Cawdor contre toute vraisemblance donne encore plus à penser ; recevoir la promesse d'être roi enfin, fait battre le cœur et se dresser les cheveux sur la tête. Dans son *a parte* (que remarque Banquo, ce témoin impardonnable), Macbeth est tout entier contenu : partagé entre l'épouvante et les tentations de l'imagination, brûlé du désir de devancer l'avenir, il saisit dans un éclair tout le possible — qui est l'essence de ce qui n'est pas. Jusqu'au bout, il sera trompé sur les apparences ; entre le possible et l'impossible, le réel et le chimérique, l'ardeur du désir et le fait, l'esprit de Macbeth est incapable de distinguer. Le mal qu'il porte en lui, c'est cette foncière incapacité à ne pas être le jouet de la face des choses, mal qui, par delà Macbeth, est peut-être le mal universel de l'esprit humain. Jamais l'angoisse du choix, la torture de l'alternative, ne s'étaient ainsi offertes au protagoniste d'un drame poétique avec cette continuité alarmante, jamais ne s'étaient-elles accompagnées de ce prolongement de la vision vers les perspectives les plus déchirantes. Macbeth fait semblant de s'en remettre au destin : « *Advienne que pourra !* » mais il ajoute aussitôt : « *Le temps s'écoule et vient à bout du jour le plus ingrat* » (1, 3, 146) — abandon à la fatalité des conséquences, qu'il essayera, plus tard, mais en vain, de plier à sa volonté.

Le roi Duncan, de son côté, résout l'alternative avec entrain, mais son rôle, précisément, consiste à commettre la même erreur avec la même assurance. Sa réflexion sur l'exécution de Cawdor

« *Il n'est point d'art qui sache déchiffrer sur le visage la matière secrète de l'âme. C'était un gentilhomme en qui j'avais fondé une absolue confiance*[1]. »

1. *Ibid.*, acte I, sc. IV, v. 11.

est chargée d'inconsciente et tragique ironie. Il reporte sur Macbeth la confiance dont Cawdor était indigne, et avec quelles nobles paroles l'assure-t-il de sa gratitude. L'innocence et la loyauté ont d'avance partie perdue dans ce combat contre les forces du mal qui vont brutalement passer à l'attaque.

L'élément surnaturel qui, au début, pouvait sembler relever de la pure convention, qui peut aussi se prêter à une interprétation symbolique, envahit le drame dès que nous apparaît Lady Macbeth ; il se dépouille alors de ses contingences grotesques (haillons de sorcières, leur laideur, leurs barbes), pour passer sur un plan rigoureusement déshumanisé. Elle parle, toute droite, et, d'un seul coup, elle commande à l'avenir. Sa voix impérative prophétise comme on jette un os au destin, elle dissipe les réticences avec un mépris sibilant, et gravit, mot après mot, les degrés de l'ascèse du mal. L'invocation farouche aux esprits qui fomentent les pensées de mort, la sublime prière à la cruauté, l'appel à la métamorphose de la femme en bête féroce, l'apostrophe à la nuit complice du crime, sont les étapes de cette purification à rebours. Les mots opèrent ici comme une incantation de magie noire, prononcée dans la plus parfaite lucidité. Lady Macbeth élimine tout ce qui pourrait ôter au mal sa nocivité spécifique ; sans haine, sans imprécations, sans autre mobile que le mirage du cercle d'or de la couronne, elle se forge une armure intérieure de violence calculée et d'insensibilité invulnérable aux sollicitations de la pitié. Il y a, dans ce premier discours, une densité telle, qu'il paraît irréductible à l'analyse. C'est la première fois, peut-être, que Shakespeare met tant de choses en si peu de mots — et c'est une qualité de la pièce tout entière que cette richesse contenue, cette tension extrême de l'expression qui n'admet pas de relâchement. La richesse poétique et l'intérêt dramatique fusionnent et montent ensemble jusqu'aux sommets les plus élevés de l'art shakespearien : ces deux premiers actes de *Macbeth*, précisément, où le pathétique est indiscernable de la poésie.

A peine Lady Macbeth a-t-elle prononcé son incantation, que déjà Macbeth se présente, pour recevoir d'elle le fatal conseil de duplicité :

« *Soyez la fleur innocente sous laquelle est tapi le serpent*[1]... »

Brûlant les étapes, Macbeth est venu se jeter dans les rouages de la machine infernale sans que son choix soit décidé, sans qu'il ait perdu le sens (il ne le perdra jamais) de la dualité d'un monde où force lui est de se porter sans cesse, ou de glisser, vers le côté de l'épouvante et de la nostalgie. Le masque de loyauté qui se durcit sur son visage protège à peine ses traits du rictus, tout comme, en parallélisme symbolique, le château d'Inverness, à l'air si pur et hanté des martinets, recèle sous ses voûtes les plus indignes desseins. Dans sa conscience, toutefois, la lutte se poursuit entre l'ange et le démon. La scène VII est un beau poème « métaphysique », commencé dans le jeu hésitant des abstractions, où Macbeth spécule sur l'idée malaisée de la justice et du châtiment — (en réalité, ce monologue ne doit pas être pris à la lettre comme l'expression des scrupules d'un homme acculé à une mauvaise action, et qui en redoute les conséquences, mais comme ayant une corrélation anticipée avec la suite de la tragédie impersonnelle dont la carrière de Macbeth est le symbole), et qui se termine par la transposition en vision concrète d'une forme suraiguë de la sensibilité. La lutte qui se poursuit entre les formes sensibles du bien et du mal aboutit à la projection, de caractère hallucinatoire, du sentiment de la pitié. Il y a dans l'enchaînement des idées comme des images (je veux dire dans la première, comme dans la dernière

1. *Ibid.*, acte I, sc. v, v. 65.

partie du monologue), quelque chose de fleuri dans l'inachevé, une bousculade des concepts et des métaphores, qui rappellent le baroque dans sa phase la plus impure, et peut-être la plus séduisante, une identification enfin, sous la pression fiévreuse de l'esprit en travail, de la pitié avec son objet qui donnent à ce texte une extraordinaire force d'impact :

« ... *Et de plus, ce Duncan a été si débonnaire dans l'exercice du pouvoir, si juste souverain dans sa noble fonction, que ses vertus, embouchant, à l'instar des anges, des trompettes, plaideront contre l'abominable crime de sa mort ; et la pitié, comme un nouveau-né tout nu, enfourchant l'aquilon, ou comme un chérubin du ciel monté sur les coursiers invisibles de l'air, soufflera ce crime affreux aux yeux de tous, et les larmes noieront le vent* [1]. »

Provisoirement, ce délire verbal, par l'insistance mise sur l'horreur de l'acte qui se prépare, donne la victoire aux amollissantes forces du bien. C'est par un durcissement accru que la volonté impitoyable de Lady Macbeth va renverser la situation. Le dernier îlot de résistance de la pitié, cette partie tendre et sensible du cœur qui refuse encore de se rendre, va être brutalement liquidé. La prière incantatoire de Lady Macbeth a certainement porté ses effets. Plus cruelle que Clytemnestre, plus calme que Médée, il ne lui reste pas une goutte du « lait de l'humaine tendresse » qui ne soit changée en fiel, et l'horreur que soulève sa froide affirmation

« *Moi, j'ai donné le sein, je connais la douceur de l'amour pour un enfant qu'on allaite ; mais j'aurais, son sourire éclairant mon visage, arraché ses gencives sans dents collées à ma poitrine pour lui broyer le crâne, si j'avais, comme vous, été liée par un serment* [2] *!...* »

1. *Ibid.*, acte I, sc. VII, v. 16.
2. *Ibid.*, acte I, sc. VII ,v. 54.

dépasse tout ce que l'imagination des grandes cruelles de l'histoire dramatique a pu concevoir. Ici, le réalisme agressif de l'évocation rend un son affreux, mais c'est aussi parce que la langue atteint un tel degré de précision, une force si drue, par la grêle des consonnes et la cadence du vers, que chaque mot perce jusqu'au vif. La réflexion admirative de Macbeth :

« *N'enfante que des mâles*[1] *!* »

est l'admission résignée d'une défaite. Lady Macbeth a fait plus que vaincre les derniers scrupules, elle s'est haussée à ce degré de pureté dans le mal d'où nulle héroïne de tragédie ne la délogera plus.

Il reste cependant à Macbeth à parfaire son âme de criminel. La fièvre ne le quitte plus, cette chaleur du cerveau qui enfante les hallucinations, c'est-à-dire décuple la lucidité. Poignard vivant, sur lequel le sang vient dégoutter et se figer. Le célèbre monologue est encore un triomphe du délire verbal à forme incantatoire, car c'est avec des mots que Macbeth, hagard, s'exalte au courage de l'acte répugnant. Il lui faut s'assurer la poétique connivence des ténèbres, et, plus que le breuvage que sa femme lui a préparé, la potion verbale qu'il absorbe lui procure cette ivresse nécessaire. La nuit lui livre les plus chers de ses fantômes furtifs, ceux qui rendent palpables l'épaisseur, le mystère, l'épouvante, dissimulés dans cette partie de l'hémisphère où, par alternance, les ombres succèdent au jour :

« *Maintenant, sur la moitié de l'univers, la Nature a pris l'image de la mort, et les songes pervers abusent du sommeil blotti sous ses rideaux ; la horde des sorcières offre à la pâle Hécate les sacrifices qu'elle attend ; et le meurtre, spectre flétri, réveillé par sa sentinelle, le loup,*

1. *Ibid.*, acte I, sc. VII, v. 72.

qui lui hurle son mot de garde, s'ébranle à pas furtifs, avec les pas géants d'un Tarquin ravisseur, et vers sa victime se glisse comme un fantôme[1]... »

La sortie de Macbeth laisse sur la scène un vide affreux de quelques secondes, suspens d'un pathétique inouï, qui se prolonge, après l'arrivée de Lady Macbeth, jusqu'à son lamentable retour. Le dialogue qui suit, haletant, pressé, chuchoté, entre le criminel défait et sa complice cynique, sue la peur chez l'un et chez l'autre, malgré le raidissement surhumain de Lady Macbeth, si grande la tension qui a précédé le crime. Macbeth, lui, s'effondre — et là encore, ce qu'il dit relève du délire onirique et de l'hallucination. La lente litanie des bienfaits du sommeil, thème antique s'il en fut, prend sur ses lèvres, l'accent désespéré d'une plainte d'agonisant, et le meurtre d'un vieillard endormi figure celui du Sommeil divinisé. Le « *sleep no more* » retentit sous les arcades du château, et se prolonge en échos infinis tout au long de la carrière sanglante du héros. Il a, pour contempler ses mains, ce regard fixe de la démence, et l'imagination agrandit la souillure aux proportions de l'océan :

« *A qui sont ces mains ? Ha ! Elles m'arrachent les yeux ! L'océan tout entier du grand Neptune lavera-t-il ce sang qui souille mes mains ? Non ! cette main plutôt ensanglantera l'immensité des mers*[2]. »

Elle, de son côté, bien qu'elle ait une vue plus réaliste des taches de sang :

« *Un tout petit peu d'eau nous lavera de cette affaire*[3]. »

avoue qu'elle n'a pas osé planté le poignard dans le corps de Duncan, tant il ressemblait à son père — seule fai-

1. *Ibid.*, acte II, sc. v, v. 49.
2. *Ibid.*, acte II, sc. II, v. 60.
3. *Ibid.*, acte II, sc. II, v. 68.

blesse *consciente* qu'elle aura jamais au cours de la pièce. Sa volonté est tendue à se rompre dans ces surhumaines minutes, et elle ordonne sans défaillance tous les détails de la mise en scène destinée à écarter les soupçons.

Mais le crime commis est si odieux, si contraire aux lois naturelles, qu'il devient comme le geste symbolique qui va déchaîner le chaos. Déjà nous avons vu, avec *Jules César*, comment le crime, même commis pour des « raisons nobles », entraînait fatalement après lui la confusion dans l'État et la déchéance du criminel. Ce déterminisme du mal s'aggrave dans *Macbeth*, s'aggravera encore dans *Le Roi Lear*. Déjà, au moment où il est commis, le dérèglement des éléments ressemble à une exultation prophétique :

Cette nuit a été fort troublée [1]...

déclare Lennox, la tempête a emporté des cheminées, on a entendu d'étranges cris de mort, le hibou a crié toute la nuit, et la terre fiévreuse a tremblé. Plus loin, le Vieillard, qui tient le rôle du chœur, et Ross, se font des confidences encore plus surprenantes. Au lendemain du crime, la nuit règne en plein jour, est-ce que le jour a honte de paraître ? Et les chevaux du roi, ces nobles et belles bêtes, prises de démence, elles aussi, se sont révoltées contre l'homme, et jetées les unes sur les autres, comme pour s'entre-dévorer. Le triple cri d'horreur de Macduff retentit dans la nuit à la découverte du crime et c'est une désécration «

« *La confusion a réalisé son chef-d'œuvre ! Le meurtre le plus sacrilège a fracturé le temple oint par le Seigneur, et la vie s'est enfuie du tabernacle* [2]. »

1. *Ibid.*, acte II, sc. III, v. 54.
2. *Ibid.*, acte II, sc. III, v. 66.

Lorsque nous reverrons Macbeth, à l'acte suivant, la violence faite à la nature le condamne au long calvaire du crime que le crime entraîne, et le travail souterrain du mal opère maintenant dans une âme tout entière possédée par la fatalité du mal. Il s'isole dans ses décisions, et Lady Macbeth disparaît pour ainsi dire de la scène ; elle ne reçoit plus que des confidences ambiguës, elle s'efforce en vain de sauver les apparences d'une folie que ses conseils ne peuvent apaiser, elle sera enfin la victime désarmée de cette terreur sournoise qu'elle répudiait naguère si hautement. Le ressort de la volonté se rompt, dans cette solitude jalouse où la nécessité de l'action criminelle rejette implacablement le meurtrier. Chacun est la proie de ses propres terreurs, qui poussent l'un à la frénésie de l'action, l'autre aux divagations obscures d'une conscience obsédée, pour la conduire finalement au suicide. Mais les thèmes poétiques, qu'ils soient associés à la préparation du crime, à son accomplissement ou à ses conséquences, offrent toujours même visage, et ont toujours même importance. Ils sont la substance intime de la tragédie, et ne sauraient être isolés de l'action, ni de l'étude des caractères. C'est pourquoi la scène de Macbeth avec les Meurtriers, qui prépare le guet-apens où Banquo doit périr (scène, dit-on, inutile à l'action, ou qui pourrait être beaucoup plus courte) est une scène capitale [1]. Le thème de la hiérarchie des êtres dans l'échelle de la nature illustrée par la hiérarchie des chiens, recèle sa part de secrète ironie du mal. Celui de la maladie, qui reviendra ailleurs, corrélative au dérèglement de l'âme, revêt une valeur symbolique, souvent utilisée par Shakespeare, en contraste avec le thème nostalgique et sous-jacent de la santé, harmonie du corps de l'âme, et de l'État, que Macbeth souhaite désespérément, et sait être hors de sa portée. Et toujours se retrouve celui de la confusion, de l'incertitude, de l'ambi-

1. *Ibid.*, acte III, scène III.

guïté entre l'être et le paraître, le certain et le douteux, la violence du vœu et la fragilité de sa réalisation.

L'épouvante devant le crime, comme devant l'abstention du crime, se traduit dans un langage qui tire tous ses effets de la symbolique personnelle d'un Macbeth livré aux forces obscures de la poésie. Le dialogue contenu et frémissant entre Macbeth et Lady Macbeth, dans le crépuscule épaissi où va s'accomplir le meurtre de Banquo, est peut-être le passage le plus mystérieux et le plus riche de la tragédie. Il débute par la déroutante métaphore du serpent, qui a tant intrigué les commentateurs :

« *Nous avons entaillé le serpent, il n'est pas mort ; il va cicatriser sa plaie, redevenir lui-même, et notre misérable malice, comme naguère, reste à la merci de ses crocs.*[1] »

Qu'est-ce que ce serpent ? Est-il le symbole de la victime dont la progéniture indemne (les fils du roi se sont enfuis) représente la résurrection menaçante, et dont la dent venimeuse pourra mordre de nouveau ? Est-ce le mal lui-même, sous la forme obscure du danger que contient la survivance d'un témoin ? Le serpent est en général associé (et dans cette pièce même) à la traîtrise, au guet-apens que tend le destin sous des formes innocentes, et il soulève la peur et la répulsion. Mais cela ne fait pas de sens. L. C. Knights suggère que le serpent est « l'ordre naturel que Macbeth a entaillé », mais qui guérira sa blessure, et retrouvera sa vitalité. Il faut alors charger le mot « *snake* » de toute la haine de Macbeth pour cet « ordre naturel », pour cette harmonie des choses qui finalement chassera le fauteur de désordre, comme, dans une chair qui se guérit, le corps étranger est absorbé ou rejeté. Dès le vers suivant, d'ailleurs, cette haine éclate : Macbeth souhaite voir la destruction de l'univers plu-

1. *Ibid.*, acte III, sc. II, v. 13.

tôt que de vivre dans la terreur du retour à l'ordre naturel — et le rythme ascendant, précipité jusqu'au quatrième pied, est expressif de cette violence :

« *Mais que la carcasse des choses se disloque, que les cieux et la terre aillent en damnation...*[1] »

Puis, c'est l'indicible nostalgie du repos. L'évocation de l'état bienheureux de la victime contenue dans le rythme lent, accablé, de la période qui suit, s'alourdit de toute la lassitude de Macbeth, de toute sa haine sourde pour un Duncan désormais hors d'atteinte, et dont la sérénité n'a point pour lui des effets pacifiants :

« *Duncan est au tombeau; après la fièvre agitée de la vie, comme il dort bien ! La trahison ne peut plus rien sur lui ; ni poignard, ni poison, ni haine des sujets, ni la guerre étrangère, rien ne peut plus le toucher* [2]. »

Et le soir tombe, tandis que se préparent le banquet, symbole des réjouissances, et le meurtre de Banquo — l'invité d'honneur, qui n'y paraîtra que spectre ensanglanté. De nouveau, Macbeth profère, à mi-voix, une invocation à la nuit. C'est que la nuit est son domaine préféré, le seul où il soit à l'aise, celui où la pitié, confondue avec le jour, ne pénètre point. Il a, pour l'invoquer, les accents de la tendresse, et l'épaississement de la lumière est comme une volupté. Les bêtes familières de la nuit sont déjà en mouvement ; le corbeau solitaire, dont le vol se dirige lourdement vers le bois ténébreux, devient comme le symbole du crime — qui plane et va s'abattre aux abords du château, sur un Banquo marqué par le destin. L'émotion lyrique qui gagne Macbeth,

1. *Ibid.*, acte III, sc. II, v. 16.
2. *Ibid.*, acte III, sc. II, v. 22.

incompréhensible à sa femme, s'arrête brusquement sur la constatation du nécessaire enchaînement des crimes :

« *Viens, nuit qui cilles les paupières, mets un bandeau sur les yeux attendris du jour compatissant, et de ton invisible et sanglante main, annule et déchire en morceaux ce contrat de la vie de Banquo qui fait blêmir mon teint. La lumière se charge d'ombre, et la corneille vole vers la forêt hantée par les corbeaux : ce que le jour contient de bon commence à s'abandonner au sommeil, et les noirs agents de la nuit s'éveillent avec le désir de leur proie. Mes paroles te déconcertent? Attends encore un peu! Commencé dans le mal, notre dessein se consolide par le mal*[1]. »

Le meurtre de Banquo n'est, en effet, que le second de la série. D'autres suivront, jusqu'à la nausée que donnent les flaques de sang au meurtrier le plus endurci. Car même une âme de boucher se lassera de tuer. Les éclats de colère qui retentissent dans la scène du banquet, le défi jeté aux monstres les plus redoutables (le tigre d'Hyrcanie, l'ours moscovite, le rhinocéros et sa corne) n'apaisent point la terreur de Macbeth que le surnaturel épouvante alors qu'il en devient la proie. La mort n'est plus la mort, si les cadavres surgissent de leur tombe, et vous chassent de votre siège! Le délire atteint ici la frénésie : le style est heurté, les images violentes, la pensée procède par bonds, s'exprime par cris. La pâleur du visage, les grimaces épouvantables, les hoquets de la voix, la fièvre brûlante du cerveau : tout indique le désordre physique parallèle au désordre mental. L'homme est tout entier possédé...

Ainsi, le seul recours possible contre l'épouvante et les cauchemars est-il de foncer toujours plus avant dans le

1. *Ibid.*, acte III, sc. II, v. 46.

crime et le blasphème, d'appeler sur le monde entier ce chaos dans lequel on a soi-même sombré. Au cours de sa visite aux sorcières (acte IV, scène I), Macbeth lance au monde surnaturel l'ultimatum du désespoir :

« *Dussiez-vous déchaîner les vents et les lancer sur les églises... Dût le trésor des semences de la nature être bouleversé au point d'en écœurer les puissances de destruction, répondez-moi!* [1] »

Au point d'en écœurer les puissances de destruction. C'est un appel lancé vers l'absolu du mal, l'aveu aussi d'un échec. L'univers va se rétrécissant autour de Macbeth, les apparitions énigmatiques, les symboles terrifiants, et jusqu'aux équivoques du langage par lesquelles des forces mauvaises se font un jeu de troubler l'esprit, tracent autour de lui un cercle bientôt infranchissable, cercle, plutôt, qu'il ne pourra briser qu'en plongeant dans la mort. On assiste à un durcissement progressif de cette âme qui se dépouille de l'épouvante à force d'horreurs,

J'en ai presque oublié le goût de la peur [2]. »

que gagne l'insensibilité (voyez l'étrange réponse à l'annonce de la mort de sa chère complice), et qui aborde le dernier combat avec la constatation de la fatale inanité de son effort et de la vie. La lassitude infinie qu'expriment les vers fameux :

Demain, encore demain, tous les demains s'en vont sournoisement, à pas menus, de jour en jour, jusqu'à l'ultime syllabe inscrite au registre du Temps; et toutes les journées d'hier ont éclairé des fous cheminant vers la

1. *Ibid.*, acte V, sc. I, v. 52.
2. *Ibid.*, acte V, sc. V, v. 59.

poussière de la mort. Brève flamme, éteins-toi! La vie n'est qu'une ombre qui passe, un pauvre acteur qui se pavane et se trémousse une heure sur la scène, et qu'ensuite on n'entend jamais plus ; c'est un conte, raconté par un idiot, plein de vacarme et de furie, qui ne signifie rien [1].

est un aboutissement logique. On y retrouve la hantise du thème du Temps (le plus impératif de tous dans l'esprit des Élisabéthains), celui de la Mort, la métaphore de la flamme que son souffle éteint, celui du jeu illusoire sur la scène du monde, enfin le jugement définitif d'un agonisant hors du salut sur l'agitation bruyante et démente d'une vie à laquelle rien ne peut plus donner un sens. L'intelligence, à son tour, cède devant le complot de l'absurdité tramé par le mal tout-puissant ; il ne reste que le courage obstiné de l'ours attaché au poteau, et qui meurt comme un héros sénéquéen, en retroussant ses babines.

L'univers de *Macbeth* est un univers de tromperie, d'épouvante et de mort. Tout entier dédié au surnaturel frauduleux, qui opère dans la pénombre, dans les cavernes de la nuit, dans le demi-jour hésitant entre un fantôme et une hallucination, où les cris sont d'effroi, les invocations du délire verbal, les prophéties des équivoques. Pas un vers qui ne soit chargé d'un sens symbolique, pas une image qui ne déclenche un frémissement, pas une ambiguïté qui ne contienne la sourde ironie d'une menace. Triomphe de la densité lyrique, cette pièce s'apparente à une moralité qui serait désespérée, avec la constante nostalgie d'un ordre divin, d'une santé universelle, ravagés par l'expérience du mal. La révolte n'y a point de place sous la forme métaphysique qu'elle occupe dans l'univers du *Roi Lear* — chez le héros c'est, à mesure qu'il est acculé à l'échec, un défi sans recours jeté à l'absurdité même d'un acte

1. *Ibid.*, v. 19.

inexpiable, tandis que, des douces tentations de la pitié, de la bonté, de la tendresse, émane une lumière fixe et voilée, entrevue par instants à travers les brumes du cauchemar. Le miracle poétique est tel que le drame le plus intensément noir de Shakespeare apparaît le plus riche de poésie concrète, nette, tendue aux limites de la rupture, et qu'on se laisse prendre au mirage d'une vision tragique jusqu'à l'imaginer personnelle. L'excès même du triomphe du mal prépare pour un avenir prochain l'établissement de valeurs positives que l'expérience poétique doit attendre encore quelque temps pour mûrir.

Si, dans l'excès même de la victoire du mal au sein des ténèbres, *Macbeth* reste une tragédie aux contours précis, organisée, cohérente, où tous les effets s'enchaînent suivant une logique poétique rigoureuse, *Le Roi Lear*, au contraire, paraît la Tragédie du Désordre dans la démesure de l'absurde. Personnages, action, poésie : tout garde l'empreinte d'un prodigieux effort pour atteindre, au-delà des données du monde naturel, les régions indéterminées de l'absolu, et y porter l'ébranlement de la destruction. De l'univers de *Hamlet* se dégage une odeur sèche de soufre et de mort ; celui de *Macbeth* est tout gluant de sang et d'obscurité ; dans *Othello*, malgré la brûlante tempête qui disperse la flotte turque, Méphistophélès opère dans une île, entre les velours noirs d'une antichambre étouffée — dans *Le Roi Lear*, le grand vent de la folie hurle dans la nuit sur une lande illimitée, et ses rafales furieuses déracinent le chêne et le roseau du même souffle rageur. Auprès de *Lear*, les autres tragédies nous semblent raisonnables, bien composées, à la mesure de l'homme. Ici, plus de frontières entre le sublime et le grotesque, entre la connaissance et l'aberration, entre l'homme et son contraire, peut-être même entre l'homme et la divinité. Tout est emporté par le tourbillon d'une tempête symbolique du dérèglement universel. Hamlet, Macbeth, Othello se posaient des problèmes personnels, qu'il ne tenait qu'à eux de résoudre comme des hommes pourraient les résoudre, et c'est en eux qu'ils portaient, objectivement, s'ils l'eussent voulu, la responsabilité de leur destinée. Hamlet, Macbeth sont lucides jusqu'à l'écœurement d'eux-mêmes ; Othello, s'il est victime de son erreur, du moins cette erreur est-elle psychologiquement explicable, et ne met-elle pas en question la validité foncière de la raison abusée. Mais si tout se passe dans un monde malade, le sens du monde lui-même n'est-il pas réductible à une impensable absurdité. Dans *Le Roi Lear*, la violente querelle intentée à l'ordre d'un univers cohérent disloque jusqu'aux assises de la raison. Transitions, nuances, enchaînements logiques : tout cède devant la brutalité de l'assaut. La densité de la pièce n'est pas de la même qualité que celle de *Macbeth*, où chaque image, chaque mot, chaque rythme concourent à un effet total, dirigé dans un seul sens ; mais elle est aussi compacte, malgré le brutal écartèlement des thèmes, et la vigueur des contrastes ou des parallélismes, qui nous font osciller d'un pôle à l'autre, d'un sarcasme à une malédiction, d'une niaiserie à un trait de sublime, par éclairages massifs, coups de sonde brusques, balbutiements exaspérés, radotages incalculables. On ne pénètre pas dans l'univers de Lear : on le contemple, horrifié, de l'extérieur ; on est le témoin d'un cataclysme que rien ne peut arrêter.

En premier lieu, les personnages, ici plus qu'ailleurs, échappent à toute confrontation avec le vraisemblable et le réel. Étrangement irréels, leur « psychologie » reste rudimentaire, et on les dirait ébauchés à grands coups de pouce, dans quelque matière tenace, suivant le modèle des catégories traditionnelles, encore que leur vitalité soit indiscutable. Lear domine de toute sa stature, Lear et Cordélia — car c'est entre eux que le drame se joue ; un roi sénile, dont l'ancêtre primitif est le Hieronimo de Kyd, et qui passe de l'aveuglement à la lucidité par les voies atroces de la folie ; une fille de la lignée des Iphigénies, vouée dès ses premiers pas à l'injustice et à la mort. L'emportement constant de Lear, qui met ses humeurs robustes au service d'une sottise infantile, et le pousse aux découvertes à coups de révélations tragiques, contraste avec la calme dignité de Cordélia, dont la réserve, les réticences laissent toujours inexprimé le pur trésor de ses sentiments. Entre ces extrêmes, un bouffon qui toujours jaillit du grotesque au sublime et inversement, conscience miroitante et déréglée de la situation et des caractères. Puis, des comparses, qui remplissent la tragédie de bruit et d'événements. Violemment contrastés, opposés, ou bien ironiquement en doublure, ou en bordure, du thème central et des personnages majeurs, aucun qui ne soit taré, inachevé, ou louche, par quelque trait de son caractère. Aucun, non plus, qui atteigne à la perfection allégorique du mal. Dans cette galerie de figures aux traits grimaçants ou sévères, c'est le couple de louves Regan-Goneril qui l'emporte par la noirceur ; elles ont la cupidité, l'hypocrisie, la cruauté ; la jalousie les change en tigresses lorsque le désir pour le même homme les possède, et elles sont capables d'aller jusqu'au crime passionnel et jusqu'au suicide. Cornwall a la dureté froide, l'insensibilité des âmes à sens unique. Edmund, bâtard envieux, Machiavel taré, joue avec un empressement vigoureux les traîtres de tragédie, prêt, au bout de l'échec, à ce geste final (et superflu) de générosité qui persuade d'autant moins qu'il est plus attendu. Albany, en qui coule un peu du « lait de l'humaine tendresse », est faible, indécis, trop mou pour avoir quelque influence sur les événements. Kent, brutal dans le dévouement, a la bonté maladroite et l'âme fruste. Gloucester, crédule et emporté, capable de plaisanteries de mauvais goût, commet la même erreur que Lear ;

il y perd l'honneur et la vie. Edgar, le fils légitime, préfère la fuite au combat, pour se réfugier dans la simulation physique et mentale de la déchéance. Ajoutons un personnage ou deux, comme le Gentilhomme ou Curan, au rôle chorique — et, dans cette liste, étrangement, chacun brille de son éclat particulier, impose sa personnalité, malgré cette irréalité foncière qui nous frappe tout d'abord. Tous sont individualisés d'étonnante façon, comme s'ils recherchaient quelque absolu vers lequel les pousserait la force intérieure de leur caractère, et comme si, par surcroît, tous les éléments de la pièce à laquelle ils donnent vie, contribuaient à leur tour à les rendre plus intensément réels. Il y a comme une inter-action entre les personnages et les événements, une correspondance symbolique, dont l'effet, du simple point de vue technique, est de créer une unité d'atmosphère absolue entre tant d'éléments diversement contrastés. Le thème central de la folie de Lear est accompagné, souligné, coloré par la folie relative, fonctionnelle, ou simulée des personnages qui l'entourent : le bouffon, fou, professionnel ; Edgar, fou par camouflage ; Gloucester et Kent, qui atteignent les limites extrêmes de ce que la résistance humaine peut supporter avant de céder à la folie véritable. A ce dérèglement volontaire ou instinctif de la raison, s'ajoute le désordre des éléments naturels qui amplifie les oscillations entre les pôles opposés d'un univers stable et humain, et d'un enfer de l'absurde, où les propositions les plus simples deviennent des monstres pour l'intelligence. La folie n'est rien d'autre qu'une conception du monde individualisée à se rompre, et qui sans cesse bute contre l'obstacle massif des réalités de commune mesure. Ce qui la caractérise dramatiquement, c'est la tension des états mentaux, et l'irresponsabilité. Ce qui la provoque, c'est aussi, dramatiquement, la révélation brusque d'une réalité au-dessous des apparences auxquelles on avait donné l'adhésion de sa foi et de son cœur, réalité qui remet tout en question. Nul ne devient fou qui ne soit prédisposé à l'être, car la folie et la raison se rejoignent par l'intensité de la vie intérieure qui précède et suit le dérèglement de l'esprit. Les êtres passionnément engagés dans une foi, dans une affection, dans un amour, qui donnent pour eux un sens à la vie, ne peuvent supporter sans dommage pour leur équilibre mental le choc émotif de cette brusque révélation. C'est une amputation trop douloureuse, un traumatisme intolérable qui déchaîne le chaos. L'expression « fou de douleur » n'a pas d'autre sens, si elle en a un. La folie utilisée par les dramaturges se situe ordinairement sur le plan émotif, et les effets qu'ils exploitent sont ceux du paroxysme dans l'expression et de la violence exaspérée dans le comportement. Ils n'en tirent pas nécessairement des vérités nouvelles pour éclairer d'une lumière mieux distribuée la zone d'ombre qui subsiste dans l'accident d'une conception normale du monde. Mais ce qui sépare Hieronimo de Lear, c'est que la folie de celui-ci passe du plan émotif au plan intellectuel, et, pour tout dire, métaphysique. Ce n'est pas la brusque disparition d'un être cher, qui jette Lear dans la démence, mais la prise de conscience d'une erreur, c'est-à-dire la révélation d'une différence irréconciliable entre ce qu'il a cru être le réel et ce qui se cachait sous le voile des apparences. Le rôle de l'erreur dans la carrière du héros tragique est si important, qu'on peut s'étonner à bon droit qu'il n'ait pas fait l'objet d'une étude méthodique. Lear se trompe doublement, en ce qu'il prend pour de l'amour la simulation de l'amour, et en ce qu'il prend pour de l'indifférence l'amour véritable dont l'expression n'atteint pas celle de la simulation. Le renversement des valeurs qui s'opère à mesure qu'il est amené à rendre à chaque apparence sa véritable nature : voilà la purgation tragique qu'il subit et est le sujet de la pièce. Et cette purgation s'opère par la folie, c'est-à-dire encore par le brusque assaut des sollicitations ironiques d'une contre-réalité. D'où la remise en question de l'univers tout entier, et de ses dieux, sous les coups répétés et furieux des armes les plus meurtrières du mal : le vertige de la connaissance et la tentation du néant.

La violence même faite à la raison dans le premier incident de la pièce balaie d'un seul coup toutes les réserves que l'esprit critique pourrait formuler. Nous sommes projetés avec une vigueur incroyable dans un univers incroyable, où il n'est plus de place pour la moindre incrédulité. Ce royaume extravagant, situé hors du temps et de l'espace (en dépit d'un réalisme symbolique qui, par endroits, nous rattache encore à la terre), où la pompe la plus solennelle préside au partage des biens et des affections, n'est pas un royaume pourri à la façon de celui du Danemark. Il est livré aux impératifs arbitraires d'un illogisme foncier, qui procède par ukases à l'instauration du chaos. Le mal vient de l'intelligence abusive et abusée, qui tranche sans discernement entre l'hypocrisie et la sincérité, qui choisit avec l'entêtement des dieux aveugles de combler les impurs et de dépouiller la vertu. La farouche colère du roi soulevée par la protestation de Kent, est la première indication du climat de la tragédie. C'est au plus haut point de tension que les passions sont amenées ; l'outrance de la malédiction sur Cordélia, le bannissement de Kent, donnent le ton des éclats qui se préparent, mais déjà la persistante ironie de la réalité méconnue accompagne comme en sourdine l'aberration des décisions présomptueuses : « Que ta sincérité soit ta dot », clame Lear furieux à Cordélia — ce sera, en effet, sa seule dot. La malédiction contient ici le pathétique élément de vérité, tout comme, plus tard, les extravagances de langage contiendront l'éclair d'une vérité foudroyante. « Il a toujours chéri notre sœur plus que nous », dit Goneril à Regan, après le partage, « et avec quelle pauvreté de jugement il vient de la rejeter est trop évident»[1]. Voilà le crime initial.

La tension ira croissant de scène en scène, à mesure que les écailles seront arrachées des yeux du roi, la « pauvreté de jugement » s'enrichira de l'expérience démentielle, et l'ironie dramatique elle-même prendra la forme suraiguë d'une violente opposition entre les éléments de grotesque et de sublime d'une situation désespérée. Lear est condamné au dépouillement du vieux moi, dépouillement spirituel qui doit suivre le dénuement matériel auquel son geste le livrait. L'explosion de rage qui le jette contre Goneril (acte I, scène IV), sa stupéfaction irritée à la vue de Kent au pilori (acte II, scène IV), l'accumulation des affronts qui, chaque fois, soufflent l'espoir obstiné auquel Lear farouchement se raccroche de tenir pour réel ce qui s'effrite à chaque coup : tout le conduit à la conclusion : « *O fou ! j'en perdrai la raison!* [2] » C'est alors que Lear tourne franchement le dos au passé, et qu'il déteste son erreur. La rage et la haine prennent possession de lui. Il s'élance dans la nuit qui tombe, par la seule porte restée ouverte : celle qui conduit aux espaces nus de la lande rase où tous les paroxysmes libérateurs sont permis. Ténèbres complémentaires de l'esprit et de la nature, au sein desquelles les forces incontrôlables de la passion et du ciel se conjuguent pour une ronde insensée. Ce n'est plus la lande équivoque de *Macbeth* où les maléfices assaillent l'homme de tentations dérisoires, c'est le parfait espace vide où l'homme peut se grandir aux proportions des éléments naturels, où sa malédiction peut gronder aussi haut que dans le tonnerre, où le défi jeté à sa nature même aboutit à la tragique exclamation : « *Allons, allons, ôtez-moi ces oripeaux* [3] *!* » cri suprême

1. *Le Roi Lear*, acte I, sc. II, v. 212.
2. *Ibid.*, acte II, sc. IV, v. 286.
3. *Ibid.*, acte III, sc. IV, v. 106.

du dépouillement. L'homme apparaît alors dans sa nudité primitive, livré à la misère de sa condition, bestial, enragé, démoniaque, proie lucide des passions exultantes qui le lacèrent en même temps que les vents le fouaillent, la pluie le trempe, la foudre le courbe, et que le sol chancelle sous ses pieds.

A mesure que la raison se désagrège, les vérités sans substance se détachent par lambeaux, et les commentaires des folies convergentes tirent peu à peu de la confusion une nouvelle échelle des valeurs. Le bouffon peut offrir sa marotte à Kent qui « prend le parti de qui tombe en disgrâce », concéder à Lear le seul titre qui lui reste, celui de « fool », proposer ses paradoxes, ses chansons et ses saillies en sarcastique échange des articles de foi périmés, tandis qu'Edgar associe, dans le portrait qu'il trace de soi, les traits des bêtes symboliques dont les passions vicieuses composent l'image de l'homme : « porc par la paresse, renard par l'astuce, loup par la voracité, chien par la rage, lion pour la proie » [1], et cherche à se définir par les attributs les plus répugnants. Qui êtes-vous, demande Gloucester, vos noms ? Et Edgar répond : « Le pauvre Tom, qui mange la grenouille aquatique ; le crapaud, le têtard, la salamandre et le triton ; qui, dans la rage de son cœur, lorsque le malin se déchaîne, mange la bouse avec délices, avale les vieux rats et les chiens crevés, boit le vert manteau des étangs... » [2]. Cette écœurante vision de l'animalité à laquelle il semble que l'homme doive se résigner à appartenir lorsque la plus noble de ses fonctions, la raison, défaille devant le réel, est devenue la seule réponse possible aux outrages qu'elle a subis. Dans son ardente révolte, Lear se complaît à s'identifier lui aussi à la bête, et sa sympathie est immédiate pour le « pauvre Tom ». Après les malédictions, l'apostrophe aux

1. *Ibid.*, acte III, sc. IV, v. 91.
2. *Ibid.*, acte III, sc. IV, v. 126.

éléments, après l'incohérente parodie de la justice rendue qui arrache des larmes secrètes à Edgar, le baume du sommeil viendra apaiser un Lear à bout de forces, et marquer la ligne de partage entre la raison et la folie. Lorsque Lear réapparaîtra, sous l'appareil fantasque des fleurs, qui sont les attributs dramatiques de la folie, il débouche sur un monde qui ne le décevra plus. Sa bouche garde le goût amer des colères passées. La brusquerie refroidie de ses sarcasmes, le développement organisé autour du thème de la luxure « *Prospère la copulation* [1] », les remarques cruelles et inconscientes sur les yeux crevés de Gloucester, tout cela baigne dans la lumière dispersée d'une connaissance nouvelle qui comporte des bribes des vérités d'autrefois, ramenées à leur valeur véritable, et associées aux fragments disparates d'un monde qui cherche sa cohésion. Lear ne peut plus être déçu, mais il peut encore souffrir. Il a appris la souffrance et, dans sa chair endolorie et son esprit mutilé s'est installée la résignation. Troisième état de sa folie : il est lucide, calme, et il accepte l'épreuve qu'il lui reste encore à subir. Ce malade impuissant, écrasé, ce géant dont les gestes désordonnés menaçaient le ciel et dont les imprécations retentissaient sur la lande dévastée, n'est plus qu'un vieillard désarmé que soigne Cordélia. Le réveil de Lear a lieu aux accents d'une douce musique, symbole des réconciliations spirituelles, et dans l'enveloppante atmosphère du pur amour de sa fille enfin retrouvée. La tendresse rayonnante de Cordélia illumine cet instant pathétique où l'amour reprend ses droits sur l'orgueil, sur la colère et sur la haine. Elle apparaît à ses yeux comme un esprit — « *Vous êtes un esprit, je le sais, quand êtes-vous morte ?* [2] » — elle *est* un esprit, le symbole même de l'amour tant menacé, mais indestructible, et que Lear

1. *Ibid.*, acte IV, sc. VI, v. 115.
2. *Ibid.*, acte V, sc. VII, v. 49.

avait méconnu. Le rachat de Lear, comme toutes les rédemptions, s'opère ainsi par l'amour, précédant de peu le sacrifice suprême, qui est aussi la connaissance suprême. Lear trouve enfin sa vraie clairvoyance, celle qui s'exprime en termes hésitants et humbles :

« *Je vous en prie, ne vous moquez pas de moi : je suis un très vieil homme et très fou, de quatre-vingts et plus, pas une heure de plus ni de moins ; et, pour dire vrai, j'ai peur de ne pas avoir toute ma tête. Il me semble que je vous connais, et que je connais cet homme ; et pourtant, je n'en suis pas sûr ; car je ne sais pas très bien quel est cet endroit, et malgré tous mes efforts, je ne me rappelle pas très bien ces vêtements et je ne sais pas non plus où j'ai dormi hier soir. Ne riez pas de moi ; car, par ma foi, je pense que cette dame est ma fille Cordélia.* [1] »

et demande son pardon :

« *Ne m'en veuillez pas. Je vous en prie, oubliez et pardonnez ; je suis vieux et quelque peu fou* [2]. »

La communion est parfaite, la réconciliation totale. Mais les remous de la tempête agitent encore le royaume, et le chaos déchaîné ne pardonne pas. L'injustice première qui a déclenché le désordre portera jusqu'au dernier fruit. La convoitise et la haine n'ont pas épuisé leurs effets destructeurs. Le monde dont Lear s'est spirituellement détaché n'en continue pas moins d'être la proie des forces mauvaises, et l'injustice poursuivra, comme il se doit, la plus pure, au moment de son plus grand triomphe moral. Il est significatif que dans l'agitation meurtrière du cinquième acte, où les louves s'entre-tuent, où la trompette d'Edmund

1. *Ibid.*, acte IV, sc. VII, v. 59.
2. *Ibid.*, acte IV, sc. VII, v. 83.

sonne prophétiquement la victoire du bon sur le mauvais, où enfin le mauvais lui-même est touché par la grâce avant la mort, il nous faille assister à la fin ignominieuse du symbole le plus rayonnant de l'innocence et de l'amour. Cordélia meurt pendue dans sa prison à la seconde où elle allait être libérée : jeu cruel du hasard, mais jeu nécessaire, car cette mort, seul aboutissement logique de la conception du monde qui fait le fond de la tragédie, permet la sublimation finale de l'âme de Lear. Penché sur le cadavre de sa fille, Lear murmure la question sans réponse : « Pourquoi un chien, un cheval, un rat sont-ils en vie, et toi tu es sans souffle » [1], suivie du balbutiement « jamais, jamais, jamais, jamais, jamais » et de l'exclamation mystérieuse qui accompagne la brisure du cœur et ouvre sur l'au-delà les fenêtres magiques par où les âmes s'en vont : « Regardez là! regardez ses lèvres! Regardez là... là! »

Le supplice est terminé. Lear s'est détaché de la « roue de feu » où son erreur l'avait cloué. La tonitruante querelle intentée à l'univers se clôt dans la spiritualité la plus haute, et la purgation douloureuse du roi arrogant et rageur aboutit aux confins inconnus où gîte sans doute l'espoir. Le monde bestial terrifiant, dans lequel passent les ombres dangereuses des passions mauvaises, paraît à la fin irréel. L'outrance même du mal, sous ses formes les plus haïssables, épuise les chances du règne du chaos. La tragédie personnelle de Lear et de Cordélia, sans cesser d'être profondément humaine, s'élève à l'universalité. La souffrance intolérable démantèle d'abord la raison, et l'abîme paraît toujours plus profond jusqu'où elle peut sombrer. Mais vient un temps pour la pitié, une limite où s'épuise le mal, et, comme une onde bienfaisante, l'amour baigne le cœur et ouvre les yeux. Lear peut mourir après Cordélia, mais c'est une mort sereine que le dramaturge

1. *Ibid.*, acte V, sc. III, v. 307 à 312.

oppose à l'insupportable injustice, et peut-être faut-il voir dans cette pièce où culminent la révolte, la cruauté, l'emportement, la promesse d'une victoire sur l'absurde qui, par sa démesure même, a lassé les forces du mal.

Toutefois, deux tragédies encore se présentent, en cette fin de « période noire », dont l'une, *Coriolan*, soulève des problèmes politiques, et l'autre, *Timon d'Athènes*, par le fracas des invectives et la vigueur exceptionnelle qu'y prend le thème de la haine, laisse loin derrière elle même la tragédie du *Roi Lear*. Toutes deux racontent l'histoire et la chute d'un héros impressionnant par les qualités de l'esprit et du caractère, mais rebelle à la société où il évolue. On ne retire ni de l'une ni de l'autre tragédie cette impression accablante de désillusion ou de désespoir que nous laissent les grandes œuvres qui les précèdent, malgré l'échec dramatique de la carrière de Coriolan, malgré l'explosion de rage misanthropique de Timon qui remplit les trois cinquièmes de la pièce. C'est, sans doute, que l'un et l'autre sont des héros « imparfaits », en ce sens que le bruyant procès qu'ils intentent à leur patrie et à l'humanité n'a pas la justification profonde que leur souffrance ou leur noblesse apportait à d'autres héros. Coriolan pèche par excès d'individualisme et d'orgueil, au point de paraître une superbe machine de guerre, et d'offrir une image déformée, avilie, à force de particularisme, du sentiment de l'honneur. Timon, qui est la bonté personnifiée, prend figure d'allégorie de la haine lorsqu'il a cessé de jouer celle de la générosité. Il y a, chez l'un et chez l'autre, comme une déformation, comme un rétrécissement de la personne humaine, et une inconsistance de comportement qui, malgré la magnifique (et diverse) rhétorique dramatique de l'un et de l'autre, modifient la qualité de l'émotion qu'ils pourraient nous donner, et nous laissent insatisfaits.

C'est que le débat qui oppose le héros tragique à son entourage ou à lui-même, et qui, dans les grandes œuvres, constituait la matière dramatique humaine transmuée en poésie, est ici absent, ou si brusquement résolu, qu'il n'a pas pour fonction essentielle de nous émouvoir. Coriolan nous est offert tout d'une pièce, soldat valeureux, surhumain d'audace et de force (il dépasse tous les Horaces de Corneille, vieux et jeunes!), mais aussi d'insensibilité. Le portrait qu'on trace de lui à plusieurs reprises, pour tenter de justifier son attitude, de *l'expliquer* aux yeux de l'humanité commune, fait de lui un monstre de guerre, à l'aise seulement dans le carnage et le combat, et poussant les vertus militaires à un degré difficilement compatible avec la norme de l'humain. Voyez l'éloge que Cominius fait de Coriolan devant le Sénat :

« *Ainsi entré virilement dans l'âge de l'adolescence, il a grandi comme une mer ; et, depuis lors, dans le choc de dix-sept batailles, il a soustrait la palme à tous les glaives. Pour ce récent combat, devant et dans Corioles, j'avoue que je ne puis vous en parler dignement : il a arrêté les fuyards ; et par son rare exemple, forcé le lâche à se moquer de sa terreur : comme les goémons devant un navire sous voile, les hommes se courbaient et sa proue fauchait leurs rangs ; son glaive, sceau de la mort, happait la proie qu'il avait désignée ; de la tête aux pieds, il n'était plus qu'une chose sanglante, dont chaque geste était marqué par un cri d'agonie ; tout seul, il a franchi le portail mortel de la ville, qu'il a rougi d'inévitables morts ; sans aide, il en est ressorti, puis, revenant avec un brusque renfort, il a fondu sur Corioles comme un météore : et tout, alors, fut à lui. Mais, bientôt, la rumeur du combat revint percer son oreille aux aguets ; alors, aussitôt, son esprit excité ravive sa chair fatiguée, et il s'élance vers le champ de bataille, où on le voit courir tout fumant sur des monceaux de cadavres, comme s'il en faisait son incessant butin...*[1] »

1. *Coriolan*, acte II, sc. II, v. 98 et sq.

Certes, nous avons ici l'expression vigoureuse et nuancée d'un tempérament guerrier comme seul le Shakespeare de la dernière période pouvait nous la donner. La splendeur des images, la vivacité du mouvement, l'exaltation même de l'orateur dont le ton, les rythmes, les mots, composent un portrait *en action* de cet homme incomparable : tout contribue à échauffer notre sensibilité. Mais ce qui nous apparaît, en même temps que l'extraordinaire vitalité de ce guerrier, c'est la brutale inconscience d'une force aveugle qui fait du courage une vertu superflue. Le courage de Macbeth que la mort par le fer n'épouvante pas et qui sème partout, lui aussi, des images de mort, est humanisé par ses terreurs devant les mystères de la nuit et de la mort, et Antoine, autre guerrier surhumain, cosmique, est aussi grand par la générosité que par l'audace. Mais Coriolan n'est rien qu'ivresse des coups donnés et des blessures reçues, orgueil de sa qualité de soldat romain, mépris pour le peuple, emportement contre toute contrainte qui lui viendrait de l'amour, d'une vie civile pacifique et organisée politiquement. Tour ce qui n'est pas exploit militaire, témérité, extase de la bataille, n'est que bassesse et indignité. La chose est si évidente que la vieille sagesse de Ménénius tremble chaque fois que Coriolan doit paraître ailleurs que sur le champ de bataille, et l'on s'étonne que l'on ait pu, il y a quelques années, faire servir ce personnage à une cause politique, en le présentant comme la victime du peuple incapable d'apprécier ses vertus. « Il n'y a pas plus de piété en lui que de lait dans un tigre mâle », dit Ménénius en une autre occasion (acte V, sc. IV), et Coriolan, en effet, est tout prêt à ravager Rome, dont il oublie qu'il est le fils. S'il cède à la prière de sa mère qui vient l'exhorter à épargner la Cité, c'est bien plus par orgueil encore que par pitié. Son insolence ferait de lui l'égal d'un dieu, s'il avait l'éternité, et un trône au ciel. Sa capitulation, suivie de près par sa chute ignominieuse, n'est pas le fait d'un dieu, ni d'un pur héros.

Mais cela ne veut pas dire que les tribuns ne soient pas détestables, ni que la foule romaine soit la contrepartie que Shakespeare offre à notre admiration sans mélange. L'exaltation que donne la victoire dans les dangers de la guerre, l'orgueil implacable qui s'ensuit et qui, chez Coriolan comme chez Aufidius, conduit à la pose et à la trahison, sont, dans une certaine mesure, favorisés, dans leurs excès mêmes, par la veulerie du peuple et le chantage héroïque auquel doivent se livrer les héros. Entre les plébéiens et les patriciens, Shakespeare ne choisit pas et laisse la balance égale. Il est significatif que l'apologue conté par Ménénius pour apaiser la révolte soit celui des membres et de l'estomac: car si la populace est inconsistante et désordonnée, malodorante et ingrate, les patriciens, égoïstes et satisfaits de leur panse, sont symbolisés par le ventre, où stagne la nourriture, et, qui contient aussi les ignobles résidus de la digestion. D'un côté, la vulgarité, le vice, les exigences sournoises et tyraniques, la lâcheté, de l'autre la satisfaction de la bête repue, l'orgueil qui déshumanise, l'affectation insolente d'une supériorité qui laisse le sens de la responsabilité s'endormir dans la jouissance égoïste de privilèges maintenus par l'habitude et l'intimidation.

La tragédie de Coriolan n'est pas celle du héros sans tache que la foule ingrate rejette et renie, non plus que celle du peuple trahi par ses chefs. C'est celle d'un état politique et social imparfait, tel qu'il apparaît à la conscience poétique d'un artiste riche d'expérience humaine et qui transforme en matière dramatique une situation complexe : celle de la société romaine où évolue Coriolan. Les guerriers, les politiciens, ne sont pas opposés les uns aux autres comme les symboles de deux conceptions idéales de la vie, pas plus que les plébéiens et les patriciens ne représentent les aspects antithétiques d'une conception sociale et politique entre lesquels il faudrait choisir. Une constante ironie, perceptible à travers l'exagération, par le choix des images, dans les remarques faites par les personnages les plus méprisables, dans la futilité même de la carrière désordonnée de Coriolan, donne à la pièce une richesse implicite qui interdit de l'utiliser pour l'illustration d'une thèse. Tout ce qu'on peut dire, c'est qu'elle est destructrice plutôt que constructive, et, comme telle, elle s'inscrit, avec ses beautés qui sont grandes, dans la période de désillusion.

Cette période va maintenant se clore par les bruyants éclats de colère et de haine de Timon d'Athènes, le misanthrope le plus affirmé, le plus catégorique et le plus universel de toute la série des « mécontents ». Timon, le plus généreux des hommes, devient l'ennemi le plus acharné de l'espèce humaine, passe de l'extrême bonté à l'excès de la détestation. Le drame de cette conversion radicale est simplifié au point de paraître une précipitation arbitraire de la situation, amenée sans résistance au seul bénéfice de l'invective contre la totalité de l'humanité. Le passage, en effet, d'une position à une autre, bien qu'il soit préparé soigneusement par la gradation de la déception de Timon, est suivi d'effets si rapides et si brutaux que la tragédie prend figure d'apologue, ou de parabole. Il n'y a pas de tragédie proprement personnelle, comme dans *Lear*, où les liens affectifs soient si profonds d'un personnage à un autre que leur rupture soudaine provoque cet effarement de la conscience qui se traduit par le changement total d'une vision du monde et projette le héros du plan individuel sur le plan universel. Timon fait confiance à tous les hommes sans discernement, et sans discernement les désavoue et les maudit. Le lyrisme opulent des premières scènes, où la magnificence sensuelle s'allie à un débordement joyeux de la générosité, où tout contribue — joyaux, œuvres d'art, amour, festins, musique — à donner de la civilisation athénienne l'image d'un humanisme parfait, bien assis dans la dignité, l'amitié, la noblesse, s'oppose au lyrisme vengeur des emportements brusquement déchaînés. Le monde où s'épanouit l'âme de Timon est trop beau pour être vrai. Il y distribue les présents et les bienfaits avec une prodigalité digne d'un dieu, comme si les trésors terrestres qu'il possède étaient aussi inépuisables que les élans de son amour pour les hommes. Tous, d'ailleurs, reconnaissent sa noblesse, admirent son désintéressement. Dans la plénitude de son cœur comblé, Timon peut pleurer des larmes de joie, tant la félicité qu'il éprouve à dispenser le bonheur fait déborder sa tendresse. Dans cette atmosphère dorée, rutilante de bijoux, pleine de la joyeuse rumeur des banquets, les mains se tendent, les cœurs s'échangent, les coupes circulent — quelle tentante vision d'un paradis sur la terre, et comme le généreux et crédule Timon peut sourire des avertissements sarcastiques du cynique Apemantus!

Apemantus, l'aigre philosophe, ne se nourrit pas d'illusions. Il a percé à jour l'hypocrisie générale, car ce monde que Timon conçoit à son image, noble, généreux, reconnaissant, apparaît à Apemantus dans toute sa laideur bestiale, et les Athéniens sont pour lui des singes et des babouins. Comme le grimaçant Thersite dévêtait le monde héroïque de l'état-major grec de son faux éclat de grandeur, de même Apemantus arrache à coups de sarcasmes et d'insultes les lambeaux de vernis qui recouvrent la pourriture des corps et des cœurs. Il précède Timon dans la haine et le dégoût, il se complaît dans cette conscience qu'il a d'une vérité hideuse encore cachée aux yeux de Timon, il se repaît de son mépris pour l'humanité. Cette voix prophétique du scandale retentit d'un bout à l'autre de la pièce, et ricane de satisfaction. Apemantus prévoit l'ingratitude des « amis » de Timon avec une joie outrageante au moment où Timon exulte le plus de tendre confiance et pardonne à l'insulteur. Son rôle dramatique est important et complexe, car sa clairvoyance haineuse prépare la désillusion de Timon, mais, plus tard, la qualité de cette haine sera contrastée avec la haine de Timon. Par ailleurs, son attitude envers Timon met en relief l'attachement inaltérable des serviteurs pour leur maître, attachement qui ennoblit encore, et contre son gré, la haute figure de l'Athénien.

Lorsque Timon est averti des premiers effets de sa prodigalité, il s'écrie « Vous verrez combien vous vous méprenez sur ma fortune : je suis riche par mes amis » (acte II, sc. II). Riche, en effet : sans transition, c'est la ruine, l'effondrement. Sans transition aussi, sinon la courte scène où Timon, aux abois, offre son cœur et son sang en échange de l'or qu'il n'a plus, c'est le déchaînement de la rage et la possession de la haine. Jamais, dans aucune pièce, avons-nous assisté à un revirement aussi subit, aussi total. Timon se sépare de l'humanité d'un seul bloc. Debout devant les murs d'Athènes qu'il vient de quitter, stature gigantesque de la solitude et de la haine, il profère sa première malédiction, plus absolue que celle de Lear, plus assurée que celle de la Médée antique. Cette rhétorique sauvage, conduite avec une rigoureuse logique, n'épargne aucune des formes possibles par lesquelles le chaos est appelé à sévir sur le monde qu'elle renie. Chaque valeur positive trouve son contraire, chaque vertu son antithèse, chaque élément son ennemi. C'est l'ordre même de la société, l'équilibre de la nature humaine, la santé, la pureté, l'innocence, qui sont maudits. De toutes parts fondent sur la ville les noirs oiseaux du malheur que rallie la voix puissante de Timon.

« *Piété, scrupule, dévotion aux dieux, paix, justice, vérité, respect du foyer, repos des nuits, bon voisinage, instruction, mœurs, métiers et professions, hiérarchies, rites, coutumes et lois, déclinez dans le désordre de vos contraires, et vive le chaos*[1] *!* »

Timon appelle passionnément tous ces maux que redoutait Ulysse dans sa peur du désordre, ces catastrophes que déchaînait sur la société le crime d'un souverain. Rien n'échappe à sa malédiction : ce qu'il souhaite c'est la confusion universelle, la désintégration de l'ordre humain dans sa totalité. Nul personnage n'avait encore eu ces accents. Nul dieu, peut-être, ne pourrait les avoir. Timon, par sa haine, passe les limites de l'humanité. Il entre dans une solitude grandiose, aux confins de la bestialité, ayant exclu tout compromis possible avec la nature humaine, n'exceptant de sa malédiction que la seule personne de son intendant, par un reste dérisoire de pitié. Il extirpe de son être ce qui pourrait encore le rattacher à la race des hommes, se nourrit de viles racines, chasse en les maudissant les visiteurs curieux ou apitoyés qui voudraient le reprendre et creuse sa tombe. Il charge Alcibiade et son armée de détruire de fond en comble la ville ingrate et de noyer ses habitants dans le sang ; il donne à Phrynia et à Timandra, qui accompagnent le général, mission de corrompre la chair jusqu'à l'os, évoquant le spectre terrifiant de la pourriture vénérienne ; il engage avec Apemantus un âpre débat, tournant en dérision son insolente pitié, lui reprochant sa bassesse, sa misère, son amour sordide de la vie, à lui, le contempteur des hommes, lui dont la haine lucide avait prévu la chute de Timon. Mais Timon déteste Apemantus par-dessus tous les autres hommes, parce que la haine d'Apemantus vient de sa vilenie foncière, tandis que la sienne est provoquée par les outrages dont sa grande âme a souffert. Timon se place au-dessous de l'humanité par dégoût de s'être senti au-dessus, et d'avoir appar-

1. *Timon d'Athènes*, acte *IV*, sc. I, v. 15.

tenu à la grande race des hommes désintéressés et généreux. Tandis qu'Apemantus se délecte à avoir raison, à systématiser sa haine pour la satisfaction de son intelligence, Timon s'enfonce dans un désespoir irrémédiable ; l'un se gorge de sa vomissure, comme un chien qu'il est, l'autre finit par être envahi par l'immense lassitude de Macbeth : « *Ce monde hypocrite m'écœure* [1] » et, pour lui, point d'autre issue que la mort. Il associe la nature entière à sa malédiction, parce qu'elle est pareillement corrompue. Les bêtes s'entre-dévorent et se tuent, comme les astres eux-mêmes qui se combattent et se volent dans le ciel. L'universelle loi est celle de le tromperie et du vol. Rien, dans toute la création, qui puisse apporter la moindre lueur d'espoir, le moindre apaisement. Timon mourra dans l'enveloppement infini du mal.

Sa malédiction s'apaise, cependant, faute de trouver quoi maudire, et il prépare sa dissolution dans la mort. Cette mort de Timon, que rien ne provoque, sinon le mouvement tragique de la pièce dont elle est l'aboutissement nécessaire, a la grandeur émouvante des flots qui s'apaisent après une furieuse tempête, et le rythme du vers rappelle ici la lourde nostalgie des morts royales de Macbeth ou d'Othello :

« ... *ma longue maladie, la vie et la santé, commence à se guérir, et le néant m'apporte tout* [2]. »

Le néant lui apporte tout. Après sa faillite, c'est à la mort qu'il demande tous les bienfaits. L'amour déçu, après la colère, après la malédiction, après le refus d'être l'amour, se dissout dans l'absence éternelle, réconcilié avec la terre, jetant aux hommes détestés la dernière insulte d'une épitaphe qui leur enjoint de s'éloigner, et de laisser le cadavre à la garde de la

1. *Ibid.*, acte IV, sc. III, v. 376.
2. *Ibid.*, acte V, sc. II, v. 189.

grande voix de la mer. Car c'est devant la mer symbolique que Timon a creusé sa tombe :

« ... *dites à Athènes que Timon a construit sa demeure éternelle sur la plage de l'onde salée, et une fois par jour, de sa mousse écumeuse, la houle turbulente ira la recouvrir* [1]. »

la mer mouvante, aveugle et informe, montagnes de rage et lac placide d'indifférence, symbole toujours de l'éternité, du chaos et de la beauté.

Mais la tragédie ne saurait se clore sur ce message purement négatif. Un homme, Flavius le bon serviteur, a échappé à la malédiction générale, et c'est la possibilité du rachat pour la cité maudite. Un autre, jeune et beau, chassé comme lui d'Athènes, Alcibiade, reçoit du destin mission de servir de lien entre le passé et l'avenir, entre le vice et la vertu, la malédiction et l'espoir. C'est lui qui pourrait être l'instrument de la haine de Timon, et châtier les insolents et les mauvais. Les Sénateurs, humblement, le supplient d'épargner la Cité, comme ils avaient supplié, sans succès, Timon, de pardonner et de revenir. Timon était le haut honneur, la fleur parfaite, de leur civilisation. On a méconnu les trésors de son amour, parce qu'on les a confondus avec les trésors terrestres, facilement symbolisés par l'or. La défaite de Timon se mue en victoire après sa mort. La terreur du châtiment fait se repentir l'ingratitude, courber la tête à la vieillesse coupable, et trembler la ville entière. Les Sénateurs plaident coupable, offrent la décimation, demandent pitié. Le pardon, l'amour, reprennent leurs droits. Alcibiade revient, non pas comme le Vengeur sanguinaire que Timon aurait voulu qu'il fût, mais comme « le berger qui s'approche du bercail et choisit les moutons infectés sans

1. *Ibid.*, acte V, sc. II, v. 217.

les massacrer tous » (acte V, sc. IV, v. 42). Entre le monde idéal que Timon prenait pour réel et le monde de corruption qui, dans son esprit, était le seul possible à défaut de l'autre, c'est le monde normal qui retrouve vie, celui que va régir Alcibiade, avec « la branche d'olive et le glaive », où de la guerre sort la paix, où la paix diminue les chances de la guerre, éternelle balance entre le mal et le bien, où le bien peut-être, comme le souhaitait Timon, sans pouvoir devenir un absolu, au moins murira les trésors féconds de la vie.

La mort de Timon d'Athènes, c'est la mort de l'univers de Hamlet, de Macbeth et de Lear. Mort resplendissante et définitive, symbole des renouveaux désormais possibles. Shakespeare est allé, dans cette pièce, à l'extrême limite de sa conception tragique du monde, et son porte-parole a reculé, une fois de plus, mais la dernière, les bornes du désespoir. Parce que, comme nous l'indiquions en abordant cette tragédie, son héros ne connaît pas de conflit personnel, intime, et limité à une affection bien circonscrite, parce que, en d'autres termes, il se situe en dehors de toute « crise psychologique » dont on croit qu'elles seules peuvent provoquer le chef-d'œuvre, on a rarement donné à *Timon d'Athènes* la place que mérite cette œuvre magnifique. Elle est des plus hautes. Dire que la « valeur dramatique » de la pièce est aussi mince que sa valeur poétique [1] » est, à mon sens, une grave erreur. Les thèmes majeurs auxquels Shakespeare donne vie poétique dans les œuvres qui procèdent du même esprit y sont développés avec la même abondance d'images, les mêmes rythmes impérieux, le même ton de grave et profonde conviction. Le diptyque du bien et du mal, l'ambivalence de l'or, le thème de l'ingratitude, celui de la mort, les symboles cosmiques des astres, de la tempête et de la mer y

1. *Timon d'Athènes*, éd. Les Belles-Lettres, préface de F. C. Danchin, p. XXIII.

prennent un relief surprenant. Timon, certes, dépasse l'humanité et sa grande voix est comme une trompette dénonciatrice dont les accents éclatants sont insupportables au moment du jugement dernier. Mais, dans son immense solitude, géant par l'amour et par la haine, il est le redoutable symbole d'une tentative désespérée.

Sans la malédiction et sans la mort de Timon, la courbe de l'œuvre n'eût pas été parfaite. Dégagée du fini dans le mal, l'expérience shakespearienne peut se poursuivre par-delà le néant absolu qui est pour Timon le souverain bien. On ne saurait rester dans ce vide effrayant, après un reniement radical de la création et de soi-même, sans succomber au vertige où toute substance se perd. Mais encore fallait-il tenter cette aventure suprême qui conduit à l'indicible pour que la conscience se reprenne, si, après la chute, on constate que le cœur continue de battre. La position métaphysique de Timon est intenable, mais il fallait qu'elle fût occupée pour donner la victoire à Alcibiade, victoire de la jeunesse du monde, annonciatrice des victoires de l'amour.

Si malaisé qu'il soit d'établir avec précision les dates respectives de composition du groupe de ces tragédies, on aime à penser que, logiquement, *Antoine et Cléopâtre* est la somptueuse transition qui conduit aux dernières pièces et au silence. Le monde romain de *Coriolan* est un monde belliqueux, sordide et instable, et, réflexion faite, assez étroit ; le monde grec de *Timon* appelle la malédiction, et le soleil se couvre de honte tandis que Timon plonge au néant. Mais un soleil resplendissant se lève sur le monde de Cléopâtre : celui de l'immortalité.

La pièce, certes, est une tragédie : on y assiste à l'écroulement d'un empire, à la ruine d'un général incomparable, à la mort d'une reine sans pareille pour le charme et la séduction. Antoine, Cléopâtre, sont les victimes de l'Amour, de la Guerre, de la Fortune. Ils régnaient sur un tiers du monde antique, au sommet de la puissance et de la gloire, *imperator* qui ne compte plus ses triomphes, reine qui décourage l'adulation. La passion les possède, et les exalte au-dessus de l'humanité commune, mais non plus dans l'angoisse et le durcissement d'eux-mêmes, non plus pour faire d'eux les démons torturés et rebelles de la négation et du mal. Et la grandiose architecture de ce bonheur s'effondre, l'empire se désagrège, les armées, les flottes fuient, le général se jette sur son glaive, la reine cherche refuge dans la mort. C'est, apparemment, une faillite totale : une fois de plus, la Mort est le grand vainqueur.

Mais ce n'est là qu'une apparence. Entre le monde d'*Antoine et Cléopâtre* et celui des tragédies précédentes, le contraste est éclatant. L'astre shakespearien est sorti de la zone d'ombre, et il est entré dans la lumière. Un rayonnement prodigieux baigne maintenant son ellipse, et la révolution se poursuit dans un poudroiement doré. A la surface de l'astre, c'est encore l'agitation, la contention, le désordre, sur une échelle cosmique dont l'ampleur nous remplit d'étonnement, mais les nuées sont dissipées, l'échec terrestre ne conduit plus à l'impasse métaphysique où le héros, naguère, s'anéantissait. Il n'y a plus de cataclysme spirituel : au contraire, la mort d'Antoine est un triomphe, celle de Cléopâtre une transfiguration.

Comment la chose est-elle possible ? Nous sommes tout de suite avertis de la grandeur et de la faiblesse d'Antoine, mais tout de suite aussi l'horizon tragique se déploie sur les espaces illimités du ciel. Les quelque vingt premiers vers, deux répliques des héros, et voici les proportions de la scène où le drame va se jouer qui défient l'imagination, voici les personnages posés dans leurs relations exactes : Mars cuirassé, l'esclave d'une gitane, l'un des trois piliers du monde devenu le bouffon d'une prostituée — mais aussitôt ces répliques :

CLÉOPATRE

Si c'est vraiment de l'amour, dites-moi combien.

ANTOINE

Misérable, l'amour qui peut se mesurer.

CLÉOPATRE

Je veux marquer jusqu'où l'amour peut arriver.

ANTOINE

Alors tu trouveras un nouveau ciel, une autre terre.

Cela donne la mesure, les dimensions de l'univers qui contient les amants, la mesure aussi de leur ambition. Antoine dispose d'un tiers du monde, et ce monde est trop petit pour contenir son amour. Il sacrifie délibérément cet espace mesquin à son immense passion :

« *Que Rome s'abîme dans le Tibre, et que la voûte immense de l'empire ordonné s'écroule ! Mon espace est ici*[1] *!* »

Jamais encore la sensualité n'avait atteint cette magnificence, jamais elle ne s'était ainsi attribuée les privilèges d'un univers spatial, sinon dans les *conceits* métaphysiques d'un Donne à la recherche d'un absolu clandestin. Mais précisément aucune pièce n'est plus éloignée de la recherche métaphysique dans l'expression qu'*Antoine et Cléopâtre.* Aucune non plus qui donne davantage l'impression d'une sublimation constante, d'un transfert inévitable de la vie sensuelle profonde sur un plan mythique et surhumain. Les images cosmiques abondent, qui se plaquent sans effort sur l'univers terrestre et lui confèrent le prestige, les dimen-

1. *Antoine et Cléopâtre, acte* I, sc. I, v. 33.

sions célestes, et cet empire qui va de Rome à Athènes, et d'Athènes aux rives du vieux Nil, n'est que le théâtre accidentel d'une aventure qui se termine aux confins des étendues inter-stellaires. Sur ce fond vaste et glorieux, divers et mouvant, la stature d'Antoine se détache, toujours plus haute et plus magnifique, grand par l'audace et la beauté, plus grand encore dans la défaite et devant la mort. Il n'est pour lui pas de conflit destructeur. Il a fait son choix de l'amour qui divinise, et écarté d'avance tous les motifs de révolte et de désespoir. Si la passion le brûle et le détruit, si elle lui fait perdre son empire, fait de lui un lâche au moment décisif où se joue sa destinée, il n'en est pas amoindri, il est au-dessus du malheur, le mal ne le dégrade pas. Ses colères redoutables, ses abandons à la tendresse et à la sensualité, ses erreurs de tactique, et jusqu'à son suicide manqué, tout laisse le héros intact. C'est l'amour qui le maintient à ces hauteurs surprenantes, et, pourquoi ne pas le dire, son érotisme. Antoine est le héros érotique par excellence, la revanche sublime de l'amour sur Angelo, sur les hypocrites, les impuissants et les désaxés sexuels, les mélancoliques et les jaloux. Entre la femme et le monde, entre l'action et l'étreinte, Antoine choisit de se réaliser pleinement par la communion de la chair :

« *Voici qui ennoblit la vie !* (il l'embrasse) *quand c'est un couple comme nous qui le faisons* [1]. »

Il n'est pas un cerveau politique qui échafaude froidement ses plans comme le blême et dur César, ni un chef militaire qui se grise de la rumeur des combats ; la gloire, le pouvoir, n'ont d'attraits pour lui que dans la mesure où ils sont dédiés à Cléopâtre, où ils permettent ces effusions parfaites entre ces deux êtres uniques qu'ils

1. *Ibid.*, acte I, sc. I, v. 36.

sont devenus par l'acceptation totale des servitudes de l'amour. Ce n'est pas la honte de la fuite qui accable le héros, car il est plus grand que l'adversité — c'est l'annonce de la mort de Cléopâtre qui le dépouille de tout esprit de résistance au désespoir, de tout amour de la vie :

ANT.

Elle est morte.

MAR.

Morte.

ANT.

Eros, désarme-moi. Le dur labeur du jour est terminé, il faut dormir [1].

On l'avait vu superbe dans les orgies, épique dans le combat, furieux sous l'insulte jusqu'à exulter dans cette vengeance de caractère nettement érotique qu'est la flagellation du messager de César, déchaîné contre l'insaisissable Cléopâtre, possession toujours perdue et regagnée, il est maintenant, non par un suprême effort de la volonté, comme les héros cornéliens, mais avec une aisance incomparable, avide de reprendre ailleurs le dialogue interrompu de l'amour. Il n'est, pour cet amour, pas de mort possible, pas de dégradation possible, pas d'*absence* possible. Voilà ce qui donne un sens à la vie, à la mort. Il ne meurt pas pour s'évader, il meurt pour rejoindre, pour nier la séparation. Il quitte un monde désormais vide parce que Cléopâtre ne l'habite plus, une vie sans objet parce que ce n'est plus celle de Cléopâtre. La noblesse, la magie incorruptibles se sont fixées sur d'autres rives, et c'est là qu'il faut aller :

Allons, ôte l'armure : les sept replis du bouclier d'Ajax ne comprimeraient pas mes battements de cœur.

1. *Ibid.*, acte IV, sc. XIV, v. 34.

Oh, éclatez, mes flancs ! Pour une fois, sois plus fort que ta prison, mon cœur, brise ta fragile enveloppe! Allons, Eros, fais vite! Fini, plus de soldat! Allez! ferraille bosselée, je vous ai fait parfois honneur. Laisse-moi un moment. (Sort Eros.) *Cléopâtre, je vais te rejoindre, et implorer ton pardon de mes larmes. Il doit en être ainsi, car désormais tout retard m'est torture ; une fois le flambeau éteint, couche-toi, et cesse d'errer : tout effort désormais gâche son œuvre; oui, la force elle-même s'empêtre dans son élan : apposons donc le sceau, et ce sera la fin. Eros! — Je viens, ma reine. Eros ! — Attends-moi ! Au pays où les ombres reposent sur des fleurs, nous irons la main dans la main, et notre démarche allègre attirera tous les regards: Didon avec Enée y perdront leur cortège, car tout le monde nous suivra. Allons, Eros, viens donc* [1] *!* »

L'amour ici transfigure le climat tragique, et l'on mesure (soit dit en passant) toute la distance que Shakespeare a parcourue depuis la mort de Roméo, et peut-être même depuis celle d'Othello. Ici, pas de *pose*, le héros ne se voit pas dans une lumière dramatique ; il n'imagine pas, comme Roméo, les arabesques des vers dans la chair fragile ni n'accuse les étoiles mauvaises, il ne se complaît pas, comme Othello, à l'effet que produira sur les auditeurs le récit de sa mort, il est tout entier possédé par la hâte de rejoindre Cléopâtre, il a la vision de l'éternité somptueuse qui se prépare pour eux. Il pense l'au-delà en fonction du miracle de leur amour.

Cléopâtre est la partenaire idéale de cet amant grandiose. Non que j'aie le dessein d'étudier ici son caractère (d'autres l'ont fait, et n'ont même fait que cela), mais elle est la face féminine qui donne au couple héroïque ses raisons d'immortalité. Elle est le pôle rayonnant de la sensualité de la femme, avec la même franchise, avec la même impudeur. Elle est la « reine

1. *Ibid.*, acte IV, sc. XIV, v. 37.

enchanteresse », qui « appauvrit toute description », symbole mythique de la séduction qui toujours nourrit le désir, pour qui se bâtissent et croulent les empires, et qui reste à jamais la figure incorruptible sur sa galère aux voiles pourpres, dont le sillage entraînait les vents amoureux. Elle est femme dans la plénitude, à peine nostalgique pour le blé vert de sa jeunesse « *Quand j'étais salade verte, avec le jugement en herbe*[1]... », toute consentante au désir « *O cheval bienheureux, de porter le fardeau d'Antoine*[2] *!* » jalouse avec fureur (elle aussi, flagelle les messagers), prête à dépeupler l'Égypte pour envoyer des courriers à Antoine, mais surtout elle a du pouvoir transfigurateur de l'amour la même conception qu'Antoine, elle a la même foi, la même exaltation. C'est son ardente imagination qui revêt Antoine des qualités qui le transcendent au-dessus des humains, et font de lui l'égal d'un dieu. L'adoration et la douleur font naître ces images extraordinaires qui n'appartiennent pas à l'attirail érotique habituel des poètes, mais qui empruntent à la cosmologie élisabéthaine leur puissance d'évocation :

« *O mes filles, voyez ! La couronne de l'univers se défait. Mon seigneur ! Oh, la guirlande de la guerre est fanée, l'étendard du soldat abattu. Les garçons et les filles ont maintenant stature d'hommes ; plus rien au-dessus d'eux, plus rien de remarquable n'est offert aux regards curieux de la lune*[3]. »

Et ne faut-il pas rappeler l'admirable portrait d'Antoine, déjà cité dans un chapitre précédent[4]. où il apparaît avec ces proportions gigantesques et ces attributs surnaturels qui le désignent pour occuper une place

1. Acte I, sc. v, v. 73.
2. Acte I, sc. v, v. 20.
3. Acte I, sc. xv, v. 62.
4. Voir p. 253.

dans la galerie fabuleuse des métamorphoses mythologiques :

> *His face as the heavens; and therein stuck*
> *A sun and moon*[1]...

La réalité de cette vision est si grande et si vive à ses yeux que l'imagination, ajoute-t-elle, est ici vaincue par la Nature, qui seule a pu concevoir et former un tel homme, prodige de la Création. De tout son être, elle tend, elle aussi, à rejoindre Antoine sur les prairies d'asphodèles, et elle imagine la mort comme un passage vers l'amour. Dans le duel qu'elle engage avec César, sa victoire sera l'aspic. Au cours de ces dernières scènes, où elle frustre César du seul butin qu'il valût la peine de faire figurer dans son cortège, elle prépare un autre triomphe pour des lieux encore plus sacrés que la Rome des Empereurs. Elle a rendu à Antoine sa grandeur cosmique, et elle va se hausser jusqu'à lui. La mort de Cléopâtre est un des plus grands moments du théâtre universel. L'intensité de ces minutes dépasse tout ce que Shakespeare avait écrit jusqu'ici. L'Égyptienne fantasque et raffinée, la femme sensuelle et frivole, la fuyarde d'Actium, s'embarque pour le Cydnus, à la rencontre d'Antoine. C'est un départ soigneusement réglé, où la femme et la reine rivalisent de courage et de naturel. Accomplissement d'un rite, royale pompe funèbre, et pourtant allégresse extatique de l'amour impatient, sûr de sa consommation. La grandeur de cette mort n'est pas dans la fierté de cette pompe, elle est dans la certitude de l'identité de l'amour et de l'immortalité, dans cette surprenante alliance de noblesse et de simplicité, de la reine et de la femme, qui, dans le bavardage final, opère comme une magie :

1. Voir p. 253.

« *Donnez-moi mon manteau, mettez-moi ma couronne; j'aspire à l'immortalité*[1]... »

L'étoile orientale s'éteint aux yeux terrestres, mais s'allume pour d'autres regards. Le sommeil que donne l'aspic est le sommeil de l'amour.

La signification profonde d'*Antoine* et *Cléopâtre*, c'est donc, à mon sens, la spiritualité retrouvée. La lourde chape de plomb qui pesait sur l'univers est levée, l'horreur de la mort se dissipe, le triomphe du mal n'est plus la seule récompense promise aux passions humaines, la révolte n'est plus la seule attitude possible contre des dieux indifférents ou cruels. L'expérience tragique de Shakespeare a parcouru tout le cycle infernal, et la première réconciliation s'opère dans un monde éclatant, tout bruyant du fracas des armes, traversé d'ambitions politiques grandioses, mais poétisé par un amour immortel. L'homme, cette fois-ci, accepte sa condition, il mesure ses faiblesses sans dégoût, mais il connaît aussi sa grandeur. L'impossible entreprise d'être soi-même ne se solde pas par un échec, parce que la vraie spiritualité de l'homme, que tant d'orages avaient obscurcie, finit par se faire jour. Cela ne signifie pas que le mal soit définitivement terrassé, ni que le serpent n'osera plus montrer sa tête, mais cela signifie qu'il n'est plus assuré d'être toujours le seul vainqueur. L'exaltation de cette découverte fait frémir chaque vers d'*Antoine et Cléopâtre*, et monte à chaque pas que les héros font vers la mort. Mais nous sommes encore dans un univers tragique, où la révélation n'est possible, et totale, que dans la suprême épreuve de l'abandon d'un monde fini pour un monde infini. Il est rassurant que le passage se fasse avec le sens de l'éternel. Mais ce n'est là, peut-on dire, que le premier pas vers

1. Acte V, sc. II, v. 281.

une vision nouvelle et encore plus exaltante de la vie. Dans ce qu'il est convenu d'appeler « les dernières pièces » de Shakespeare, c'est cette vision nouvelle, définitivement rassurante, qui nous est donnée.

Dans *Périclès*, *Cymbeline*, *Le Conte d'hiver* et *la Tempête*, le mal, certes, est loin d'avoir disparu. Mais il n'est plus le seul souverain. Ce ne sont pas, comme on le dit parfois, des pièces d'évasion, où l'influence amollissante de Beaumont et Fletcher incline Shakespeare à préférer l'invraisemblable et l'irréel à la réalité tragique, et à tisser du rêve sur la trame d'aventures entièrement imaginaires. Le goût plus marqué du public pour les « masques » et le romanesque ne saurait non plus apporter une explication suffisante. Shakespeare, par ses héros, a subi lui aussi sa purgation. Son expérience, dans la représentation poétique du mal, est aussi vaste, aussi profonde qu'une expérience humaine peut l'être. Il y a acquis une connaissance aiguë de la complexité de la vie, et aucun problème ne lui est étranger. Mais ce qui, précisément, s'est toujours offert à lui avec une constante ténacité, c'est la hantise d'un ordre, d'un équilibre, qui ne sauraient être atteints que par l'écrasement des forces mauvaises et le triomphe du bien. Toutes les pièces tragiques, si désespérées qu'elles soient, se dénouent sur une indication symbolique de la restauration d'un ordre meilleur. On ne peut conclure par le chaos, même si l'ordre restauré n'est qu'une trêve fragile. La tragédie se déroule entre ces deux trêves, maillons nécessaires de l'enchaînement du malheur. « Pleine de bruit et de fureur », elle montre l'homme écrasé par le destin, esclave de ses passions, victime promise à la mort. L'homme lutte, se débat, se révolte, maudit, renonce, disparaît. Mais Fortinbras succède à Hamlet, et Albany au roi Lear. Les successeurs ne valent pas ceux qu'ils remplacent, mais ils assurent la continuité de la vie. A chaque étape, la vie gagne.

L'expérience poétique aussi. Shakespeare est suffisamment maître de son art pour se rire des remarques vétilleuses que les critiques peuvent lui adresser. Sa technique lui appartient en propre, et sa marque suprême, c'est l'absolue liberté. J'entends par là une aisance surprenante à utiliser les conventions du théâtre de son temps. On a pu parler de négligence dans la construction, la présentation des caractères, l'ordonnance générale de ses dernières pièces. Il ne faut y voir, selon moi, qu'un acquiescement souverain aux sollicitations de son génie. Cela n'explique rien, dira-t-on — mais il n'y a rien à expliquer. Son imagination se meut dans les libres espaces ouverts devant lui par l'exploration du monde terrestre et divin de la dernière tragédie romaine et orientale, qui lui proposait des continents, la mer, les cieux et l'au-delà. Libre dans le choix des incidents, de passer de la chronique à la poésie, de l'individu au symbole, du réalisme à la magie, de la science à l'alchimie. On lui propose une pièce inachevée, et il reprend les personnages, les conduit à travers les aventures les plus romanesques, pour ne retenir que les thèmes favoris, qu'il transpose sur un autre plan de réalité. Les trois derniers actes de *Périclès*, où l'on reconnaît sa griffe, sont, du point de vue de la logique pure, un chef-d'œuvre d'invraisemblance. Mais c'est une invraisemblance consentie, souriante, sans aucune perversité. Nous entrons décidément dans le royaume magique où, tout à l'heure, Prospéro sera le maître absolu. Cette magie, toutefois, n'est que l'apothéose poétique d'une conception nouvelle de la vie. Elle n'est qu'un moyen esthétique, pour illustrer la foi retrouvée dans le destin de l'homme, non plus grâce à une victoire *par* la mort, mais en dehors d'elle, et sans elle. Au déclin de sa carrière, Shakespeare se retourne vers la jeunesse, et son thème implicite est toujours celui de la fécondité, de la résurrection, de l'exaltation à vivre. Il est remarquable que les symboles séduisants de ces pièces soient les jeunes filles, ou jeunes femmes, guettées par le malheur, mais que l'amour attend aussi, et fera siennes pour un triomphe indiscuté. Marina, Imogène, Perdita, Miranda : toutes si assurées de l'intégrité de leurs âmes et qui traversent sans souillure et sans désespoir les épreuves diverses que le destin, le hasard, la convoitise, la mauvaise volonté des hommes leur imposent. Elles parlent, et c'est une incantation tranquille qui désarme le jeu cruel du mensonge et de l'absurde. Ou bien c'est un débat animé, où elles s'échauffent et se défendent avec la conviction vigoureuse que leur donne le sens instinctif qu'elles ont de cette intégrité. Marina dans la maison de prostituées, Imogène en butte aux assauts de Cloten et à la trahison de Iachimo, Perdita devant la colère de Polixène, Miranda devant celle de Prospéro. La tragédie, c'est *leur* tragédie, c'est leur défense contre ce qui reste d'hostilité dans le monde, ce qui reste d'hypocrisie, de jalousie, de désir impur. Elles luttent contre ce qui voudrait les étouffer, les soumettre, les avilir. Elles luttent pour leur intégrité et pour les droits de la jeunesse et de la vie.

Quoi d'étonnant si, dans cette vision nouvelle du monde, les vieilles générations sont sacrifiées! Ce sont les parents qui soulèvent les orages, par leur imprévoyance, leur aveuglement soudain, quelque crime qu'ils ont commis, victimes qu'ils sont des antiques servitudes du mal. Pour eux, les épreuves, avant la régénération. Mais toujours la régénération, qui est l'acceptation de la montée vers la vie de la jeunesse menacée, tout autant que le remords de la faute. Périclès perd et retrouve Thaïssa et Marina, Cymbeline ses fils, Posthumus sa femme, Léontès, la proie du « monstre aux yeux verts » au même titre qu'Othello, pleure de joie à la résurrection d'Hermione et au retour de Perdita, Prospéro enfin, le plus lucide, le plus maître de soi des pécheurs, et le plus miséricordieux, prépare avec soin le bonheur de Miranda et le retour dans son duché.

Quoi d'étonnant encore si les thèmes de printemps, de fécondité, de vie palpitante et sensuelle, fleurissent partout ? L'univers pastoral de la Bohême opposé à la cour plus raffinée de la Sicile est le lieu où se prépare le rachat. Celui du pays de Galles, sauvage et fleuri, est la contre-partie du monde corrompu de la cour de Cymbeline. L'île de Prospéro est l'endroit littéralement magique où se trame la revanche de la bonté et du pardon. Le rôle joué par les fleurs dans le *Conte d'hiver*, par la musique et les chansons dans *la Tempête*, le chant funèbre dans *Cymbeline*, les échappées lyriques partout, contribuent puissamment à créer cette atmosphère nouvelle, qui trouve sa plus parfaite expression dans la magie de *La Tempête*. Les dieux sont appelés à l'aide, bénisseurs immatériels des unions terrestres. Mieux encore, les esprits prennent forme humaine et sont astreints à l'œuvre de régénération.

Il est parfaitement logique de trouver au bout de la course le magicien Prospéro. Shakespeare devait à son génie de finir par le symbole le plus puissant et la pièce la plus sereine. Mais tout ici n'est que symbole, à commencer par le titre, cette tempête shakespearienne que l'on retrouve dans chaque pièce, et qui n'est ici qu'un prologue fulgurant, dont Prospéro reste l'ordonnateur souverain. Il est significatif que le thème tragique central de la pièce soit le vieux thème de la vengeance. Car Prospéro est un homme frustré qui se venge. Victime de la trahison, il court jusqu'au dernier moment le risque d'y succomber à nouveau. Mais sa vengeance n'aurait pas de sens si elle n'était que châtiment des criminels. Son pouvoir, sa magie, n'auraient pas de sens. Cet homme tout-puissant, aux terribles colères, qui asservit la fange et l'esprit insubstantiel, n'a de cesse qu'il n'ait préparé la régénération de ses ennemis. C'est la suprême victoire, celle de l'esprit sur la matière, de la musique sur le chaos, de l'amour sur la haine. En un mot, de l'homme sur soi-même. Prospéro veut être le magicien des émerveillements féconds tournés non vers l'extase immobile, mais vers l'avenir. Il rend à Ariel sa liberté, et sa plus grande rage est contre l'irrachetable Caliban, lequel d'ailleurs n'appartient pas entièrement à l'humanité, ou, du moins, pas encore. Faut-il voir dans cette exclusion la finale ironie du dramaturge, puisqu'il ne se résout pas à faire de Caliban un personnage antipathique et dénué de toute sensibilité ? C'est Caliban, en effet, qui est le plus sensible à la poésie de l'île, c'est lui que la musique bouleverse de pure et gratuite félicité. Il a beau être un « diable » sur qui se perd la bonté de Prospéro, cet être fangeux, ni homme ni poisson, fils de la sorcière aux yeux bleux Sycorax, et qui cherche éperdument à recouvrer son royaume, fût-ce au prix de l'alliance avec un bouffon et un ivrogne, n'est peut-être pas inaccessible à la grâce. Il sort sur des paroles de repentir. Prospéro l'emmènera-t-il dans son duché retrouvé, ou lui laissera-t-il la pleine possession de son île ?

Prospéro, en tout cas, retourne de son plein gré à la condition humaine. Il se dépouille de son manteau de magicien, brise sa baguette magique, et promet de noyer son livre « plus profond que la sonde ait jamais descendu ». Évitons les développements faciles sur le sens de cette abjuration. Testament poétique ? Soit. Réconciliation avec l'homme serait plus exact, ou, du moins, plus satisfaisant pour qui cherche à donner à l'œuvre de Shakespeare un sens complet et harmonieux. Si la *Tempête* contient un message terminal, ce ne peut être que celui-là. Dans l'esprit de Prospéro, il n'y a pas de conflit déchirant. Il y a la connaissance du bien et du mal, l'admission de la souffrance et de l'animalité, mais la violence et la cruauté cèdent finalement le pas à la clémence. Prospéro, au contraire d'Antoine et de Cléopâtre, n'a pas de pensée pour l'au-delà. Ou, s'il y fait allusion, c'est pour conclure à l'irréalité de la vie et de la mort tout ensemble :

« *Nous sommes faits de même étoffe que nos rêves, et notre pauvre existence est un îlot dans le sommeil*[1]. »

On croirait presque entendre Macbeth. Presque! C'est une constatation tragique qui vient après une grande colère. Mais elle n'est pas inspirée par le désespoir. Elle implique, au contraire, une foi positive dans la valeur de la vie, telle qu'elle est, avec toutes ses tares, mais aussi toutes ses beautés. C'est après avoir évoqué les esprits pour bénir les rites nuptiaux que Prospéro choisit de faire surgir devant les yeux de Miranda émerveillée de vrais êtres humains, en substance de chair. Et c'est alors l'exclamation inoubliable, qui est un cri de foi :

... O prodige !

Combien de belles créatures vois-je ici assemblées !
Comme l'humanité est belle ! O monde splendide et neuf
Qui contient de pareils habitants !

FIN

1. *La Tempête*, acte IV, sc. I, v. 156.

CHRONOLOGIE DES ŒUVRES DE SHAKESPEARE

I. LES PIÈCES

TITRE	Représentation :	Publication
Henri VI, 1, 2, 3	1592	1623
Richard III	1592-1593	1597
Titus Andronicus	1592-1594	1594
La Comédie des erreurs	1593	1623
La Mégère apprivoisée	1593-1594	1623
Peines d'amour perdues	1593-1594	1598
Les Deux Gentilshommes de Vérone	1593-1595	1623
Roméo et Juliette	1594-1595	1597
Le Songe d'une nuit d'été	1595	1600
Richard II	1595-1596	1597
Le Roi Jean	1595-1596	1623
Le Marchand de Venise	1596	1600
Henri IV, 1	1596-1597	1598
Henri IV, 2	1597-1598	1600
Beaucoup de bruit pour rien	1598	1600
Henri V	1599	1600
Jules César	1599	1623
Comme il vous plaira	1599-1600	1623
Les Joyeuses Commères de Windsor	1599-1600	1602
Hamlet	1601	1603
La Nuit des rois	1602	1623
Troïlus et Cressida	1602	1609
Tout est bien qui finit bien	1602-1604	1623
Mesure pour Mesure	1604	1622
Othello	1604	1622

Macbeth	1605-1606	1623
Le Roi Lear	1605-1606	1608
Antoine et Cléopâtre	1606-1607	1623
Coriolan........................	1606-1607	1623
Timon d'Athènes	1607	1623
Périclès........................	1608	1609
Cymbeline	1609-1610	1623
Le Conte d'hiver	1610-1611	1623
La Tempête......................	1611	1623
Henri VIII	1613	1623
Le Folio (*Œuvres complètes*........		1623

II. LES POÈMES

Venus and Adonis	1593
The Rape of Lucrece........................	1594
The Passionate Pilgrim (éd. Jaggard)	1599
The Phœnix and Turtle	1601
The Sonnets	1609

III. PIÈCES ATTRIBUÉES A SHAKESPEARE
COMMUNÉMENT APPELÉES
« LES APOCRYPHES »

	Représentation	Publication
Arden of Feversham	1590	1592
Locrine	1595	1595
Edward III......................	1595	1596
Mucedorus	?	1598
The First Part of Sir John Oldcastle..	1599	1600
Thomas Lord Cromwell...........	?	1602
The London Prodigal	?	1605
The Puritan	1607?	1607
A Yorkshire Tragedy	1605-8	1608
The Merry Devil of Edmonton.....	1607	1608
Fair Em	1605?	1631?
The Two Noble Kinsmen	?	1634
The Birth of Merlin	?	1662
Sir Thomas More	1590-5	1844

BIBLIOGRAPHIE SOMMAIRE

I. LES ŒUVRES

1. *Œuvres complètes :*
Édition d'Oxford (O.U.P.) se présente en 3 vol : *Comedies*, *Histories*, *Tragedies*, ou en un seul.
Édition *Everyman* : 3 vol.

2. *Pièces séparées :*
Édition *Arden*, en cours de réfection (30 vol. parus).
Édition *New Shakespeare*, complète.
Ces deux éditions avec introductions, commentaires, notes, indispensables à l'étudiant.

II. LES TRADUCTIONS

1. *Œuvres complètes :*
Édition *La Pléiade*, 3 vol ; traductions de F.-V. Hugo et divers auteurs. Commentaires critiques sur chaque pièce par Henri Fluchère ; notes de Henri Fluchère et Jean Fuzier.
Édition *Le Club Français du Livre*, 7 vol., avec texte original en regard ; traductions et introduction par divers auteurs.

2. *Pièces séparées:* Éditions bilingues, avec introductions et notes de divers auteurs.
Collection *Les Belles-Lettres*, 33 vol. parus.
Collection *Aubier*, 17 vol. parus.

III. LA CRITIQUE

a) *Ouvrages généraux* — en anglais.

BENTLEY, G. E. : *The Jacobean and Caroline Stage*, 2 vol., 1941.
BRADBROOK, M.C. : *Themes and Conventions of Elizabethan Tragedy*, 1935.
CHAMBERS, E.K. : *The Elizabethan Stage*, 4 vol., 1923.
ELIOT, T.S. : *Selected Essays*, 1932.
ELLIS-FERMOR, U. : *The Jacobean Drama*, 1936.
FARNHAM, W. : *The Medieval Heritage of Elizabethan Tragedy*, 1936 ; rééd., 1956.
KNIGHTS, L.C. : *Drama and Society in the Age of Jonson*, 1937.
TILLYARD, E.M.W. : *The Elizabethan World Picture*, 1943.
WILSON, F.P. : *Elizabethan and Jacobean*, 1945.
WRIGHT, Louis B. : *Middle-class Culture in Elizabethan England*, 1935 ; rééd., 1958.

b) *Biographie.*

GIBSON, H.N. : *The Shakespeare Claimants*, 1962.
LEE, Sir Sidney : *A Life of William Shakespeare*, 1922.
QUENNELL, Peter : *Shakespeare*, 1963.
ROWSE, A.L. : *William Shakespeare*, 1963.
WILSON, Dover : *The Essential Shakespeare*, 1946.
(Les ouvrages de Peter Quennell et de A.L. Rowse traduits en français.)

c) *Sources.*

BULLOUGH, Geoffrey : *Narrative and dramatic sources of Shakespeare*, (5 vol. parus), 1941-64.

d) *Critique.*

Parmi les très nombreux ouvrages, de tendances diverses et de points de vue souvent divergents, on lira avec fruit :

ALEXANDER, P. : *Shakespeare*, 1964.
ARMSTRONG, E. : *Shakespeare*'s *Imagination*, 1946.
BOWERS, F.T. : *Elizabethan Revenge Tragedy*, 1959.
BRADLEY, A.C. : *Shakespearean Tragedy*, 1949.
CAMPBELL, L.B. : *Shakespeare's Histories*, 1930.
CHARLTON, H.B. : *Shakespearean Comedy*, 1945. *Shakespearean Tragedy*, 1948.
GRANVILLE-BARKER, H. & HARRISON, G.B. : *A Companion to Shakespeare Studies*, 1946. *Shakespeare Criticism* (The World Classics, 3 vol).
GRANVILLE-BARKER, H. : *Prefaces to Shakespeare*, 1927-1947.
HALLIDAY, F.E. : *A Shakespeare Companion*, 1952.
HOROWITZ, David : *Shakespeare, an Existentialist View*, 1965.
LAWRENCE, W.W. : *Shakespeare Problem Comedies*, 1931.
MAHOOD, M.M. : *Shakespeare's Word play*, 1957.
MIDDLETON MURRY, J. : *Shakespeare*, 1948.
PARTRIDGE, E. : *Shakespeare Bawdy*, 1947.
REESE, M.M. : *Shakespeare, his world and his work*, 1953.
SPENCER, Th. : *Shakespeare and the Nature of Man*, 1945.
SPURGEON, Caroline : *Shakespeare's Imagery*, 1952.
TILLYARD, E.M.W. : *Shakespeare's History Plays*, 1944.

Shakespeare's Problem Plays, 1950.
Shakespeare's Last Plays, 1938.
TRAVERSI, D.A. : *Approach to Shakespeare*, 1938 ; rééd., 1956.
WILSON KNIGHT, G. : *The Wheel of Fire*, 1930 ; rééd., 1949.
The Shakespearean Tempest, 1940.
The Crown of Life, 1947.

e) *Ouvrages en français.*

ARNOLD, P. : *Ésotérisme de Shakespeare*, 1955.
BALDENSPERGER, F. : *La Vie et l'œuvre de Shakespeare*, 1945.
CAZAMIAN, Louis : *L'Humour de Shakespeare*, 1945.
CONNES, Georges : *Le Mystère shakespearien*, 1926.
DARMESTETER, J. : *Shakespeare*, 1893.
DELATTRE, Floris : *Shakespeare et la guerre*, 1947.
Divers Auteurs : *Shakespeare* (Génies et Réalités), 1963.
FLUCHÈRE, Henri : *Essais critiques sur l'œuvre dramatique — Shakespeare*, La Pléiade, 1961.
GILLET, Louis : *Shakespeare*, 1930.
HUGO, Victor : *William Shakespeare*, 1863.
JACQUOT, J. : *Shakespeare en France, mises en scène d'hier et d'aujourd'hui*, 1964.
JUSSERAND, J.J. : *Shakespeare en France sous l'Ancien Régime*, 1898.
KOTT, Ian : *Shakespeare, notre contemporain* (traduit du polonais), 1964.
LEFRANC, A. : *Sous le masque de William Shakespeare* (2 vol.), 1918.
A la découverte de Shakespeare (2 vol.), 1945-1950.
LEMONNIER, Léon : *Shakespeare*, 1945.
LONGWORTH CHAMBRUN, Clara : *Shakespeare retrouvé*, 1947.

MAURICE, Martin : *Master William Shakespeare*, 1953.
PARIS, J. : *Shakespeare par lui-même*, 1954.
REYER, P. : *Essai sur les idées dans l'œuvre de Shakespeare*, 1947.

N.B. — Le quatrième centenaire de la naissance de Shakespeare a donné lieu à d'innombrables publications. Entre autres, on consultera avec intérêt les numéros spéciaux consacrés à Shakespeare en 1964 par les revues et périodiques suivants : *Europe*, *Études Anglaises*, *Revue d'Histoire du Théâtre* (avril 1964 et janvier 1965), *Les Lettres françaises*, *Publications de la Faculté des Lettres de Strasbourg*.

DU MÊME AUTEUR

Aux Éditions Gallimard

LAURENCE STERNE. *De l'homme à l'œuvre. Biographie critique et essai d'interprétation de Tristram Shandy.*

tel

Volumes parus

145. Bronislaw Malinowski : *Les Argonautes du Pacifique occidental.*
146. Erwin Panofsky : *Idea (Contribution à l'histoire du concept de l'ancienne théorie de l'art).*
147. Jean Fourastié : *Le grand espoir du XXe siècle.*
148. Hegel : *Principes de la philosophie du droit.*
149. Sören Kierkegaard : *Post-scriptum aux Miettes philosophiques.*
150. Roger de Piles : *Cours de peinture par principes.*
151. Edmund Husserl : *La crise des sciences européennes et la phénoménologie transcendantale.*
152. Pierre Francastel : *Études de sociologie de l'art.*
153. Gustav E. von Grunebaum : *L'identité culturelle de l'Islam.*
154. Eugenio Garin : *Moyen Âge et Renaissance.*
155. Meyer Schapiro : *Style, artiste et société.*
156. Martin Heidegger : *Questions I et II.*
157. G. W. F. Hegel : *Correspondance I, 1785-1812.*
158. G. W. F. Hegel : *Correspondance II, 1813-1822.*
159. Ernst Jünger : *L'État universel* suivi de *La mobilisation totale.*
160. G. W. F. Hegel : *Correspondance III, 1823-1831.*
161. Jürgen Habermas : *La technique et la science comme « idéologie ».*
162. Pierre-André Taguieff : *La force du préjugé.*
163. Yvon Belaval : *Les philosophes et leur langage.*
164. Sören Kierkegaard : *Miettes philosophiques — Le concept de l'angoisse — Traité du désespoir.*

165. Raymond Lœwy : *La laideur se vend mal.*
166. Michel Foucault : *Les mots et les choses.*
167. Lucrèce : *De la nature.*
168. Élie Halévy : *L'ère des tyrannies.*
169. Hans Robert Jauss : *Pour une esthétique de la réception.*
170. Gilbert Rouget : *La musique et la transe.*
171. Jean-Paul Sartre : *Situations philosophiques.*
172. Martin Heidegger : *Questions III et IV.*
173. Bernard Lewis : *Comment l'Islam a découvert l'Europe.*
174. Émile Zola : *Écrits sur l'art.*
175. Alfred Einstein : *Mozart (L'homme et l'œuvre).*
176. Yosef Hayim Yerushalmi : *Zakhor (Histoire juive et mémoire juive).*
177. Jacques Drillon : *Traité de la ponctuation française.*
178. Francis Bacon : *Du progrès et de la promotion des savoirs.*
179. Michel Henry : *Marx I (Une philosophie de la réalité).*
180. Michel Henry : *Marx II (Une philosophie de l'économie).*
181. Jacques Le Goff : *Pour un autre Moyen Âge (Temps, travail et culture en Occident : 18 essais).*
182. Karl Reinhardt : *Eschyle. Euripide.*
183. Sigmund Freud : *Correspondance avec le pasteur Pfister (1909-1939).*
184. Benedetto Croce : *Essais d'esthétique.*
185. Maurice Pinguet : *La mort volontaire au Japon.*
186. Octave Nadal : *Le sentiment de l'amour dans l'œuvre de Pierre Corneille.*
187. Platon : *Hippias mineur, Alcibiade, Apologie de Socrate, Euthyphron, Criton, Hippias majeur, Charmide, Lachès, Lysis.*
188. Platon : *Protagoras, Gorgias, Ménon.*
189. Henry Corbin : *En Islam iranien,* I.
190. Henry Corbin : *En Islam iranien,* II.
191. Henry Corbin : *En Islam iranien,* III.
192. Henry Corbin : *En Islam iranien,* IV.
193. Herbert Marcuse : *L'Ontologie de Hegel et la théorie de l'historicité.*
194. Peter Szondi : *Poésie et poétique de l'idéalisme allemand.*

195. Platon : *Phédon, Le Banquet, Phèdre.*
196. Jean Maitron : *Le mouvement anarchiste en France,* I.
197. Jean Maitron : *Le mouvement anarchiste en France,* II.
198. Eugène Fleischmann : *La philosophie politique de Hegel.*
199. Otto Jespersen : *La philosophie de la grammaire.*
200. Georges Mounin : *Sept poètes et le langage.*
201. Jean Bollack : *Empédocle,* I *(Introduction à l'ancienne physique).*
202. Jean Bollack : *Empédocle,* II *(Les origines).*
203. Jean Bollack : *Empédocle,* III *(Les origines).*
204. Platon : *Ion, Ménexène, Euthydème, Cratyle.*
205. Ernest Renan : *Études d'histoire religieuse* (suivi de *Nouvelles études d'histoire religieuse).*
206. Michel Butor : *Essais sur le roman.*
207. Michel Butor : *Essais sur les modernes.*
208. Collectif : *La revue du cinéma (Anthologie).*
209. Walter F. Otto : *Dionysos (Le mythe et le culte).*
210. Charles Touati : *La pensée philosophique et théologique de Gersonide.*
211. Antoine Arnauld, Pierre Nicole : *La logique ou l'art de penser.*
212. Marcel Detienne : *L'invention de la mythologie.*
213. Platon : *Le politique, Philèbe, Timée, Critias.*
214. Platon : *Parménide, Théétète, Le Sophiste.*
215. Platon : *La République (livres I à X).*
216. Ludwig Feuerbach : *L'essence du christianisme.*
217. Serge Tchakhotine : *Le viol des foules par la propagande politique.*
218. Maurice Merleau-Ponty : *La prose du monde.*
219. Collectif : *Le western.*
220. Michel Haar : *Nietzsche et la métaphysique.*
221. Aristote : *Politique (livres I à VIII).*
222. Géralde Nakam : *Montaigne et son temps. Les événements et les* Essais *(L'histoire, la vie, le livre).*
223. J.-B. Pontalis : *Après Freud.*
224. Jean Pouillon : *Temps et roman.*
225. Michel Foucault : *Surveiller et punir.*

226. Étienne de La Boétie : *De la servitude volontaire ou Contr'un* suivi de sa réfutation par Henri de Mesmes suivi de *Mémoire touchant l'édit de janvier 1562.*
227. Giambattista Vico : *La science nouvelle (1725).*
228. Jean Kepler : *Le secret du monde.*
229. Yvon Belaval : *Études leibniziennes (De Leibniz à Hegel).*
230. André Pichot : *Histoire de la notion de vie.*
231. Moïse Maïmonide : *Épîtres (Épître sur la persécution — Épître au Yémen — Épître sur la résurrection des morts — Introduction au chapitre Helèq).*
232. Épictète : *Entretiens (Livres I à IV).*
233. Paul Bourget : *Essais de psychologie contemporaine (Études littéraires).*
234. Henri Heine : *De la France.*
235. Galien : *Œuvres médicales choisies,* tome 1 *(De l'utilité des parties du corps humain).*
236. Galien : *Œuvres médicales choisies,* tome 2 *(Des facultés naturelles — Des lieux affectés — De la méthode thérapeutique, à Glaucon).*
237. Aristote : *De l'âme.*
238. Jacques Colette : *Kierkegaard et la non-philosophie.*
239. Shmuel Trigano : *La demeure oubliée (Genèse religieuse du politique).*
240. Jean-Yves Tadié : *Le récit poétique.*
241. Michel Heller : *La machine et les rouages.*
242. Xénophon : *Banquet* suivi d'*Apologie de Socrate.*
243. Walter Laqueur : *Histoire du sionisme,* I.
244. Walter Laqueur : *Histoire du sionisme,* II.
245. Robert Abirached : *La crise du personnage dans le théâtre moderne.*
246. Jean-René Ladmiral : *Traduire : théorèmes pour la traduction.*
247. E. E. Evans-Pritchard : *Les Nuer (Description des modes de vie et des institutions politiques d'un peuple nilote).*
248. Michel Foucault : *Histoire de la sexualité,* tome 1 *(La volonté de savoir).*
249. Cicéron : *La République* suivi de *Le Destin.*

Composition Bussière
et impression B.C.I.
à Saint-Amand (Cher), le 10 janvier 1995.
Dépôt légal : janvier 1995.
Premier dépôt légal : septembre 1987.
Numéro d'imprimeur : 1/121.
ISBN 2-07-071126-9./Imprimé en France.

71687